Sebastian Schwägele, Birgit Zürn, Friedrich Trautwein (Hrsg.)

Planspiele - Erleben, was kommt

ZMS-Schriftenreihe

Band 5

Die Schriftenreihe des Zentrums für Managementsimulation (ZMS) der Dualen Hochschule Baden-Württemberg Stuttgart fördert Innovationen rund um die Planspielmethode.

ISSN: 2192-7502

DHBW
Duale Hochschule
Baden-Württemberg
Stuttgart

Zentrum für
Management
Simulation

Sebastian Schwägele, Birgit Zürn, Friedrich Trautwein (Hrsg.)

Planspiele - Erleben, was kommt

Entwicklung von Zukunftsszenarien und Strategien

Bibliografische Informationen der Deutschen Nationalbibliothek

Die Deutsche Nationalbibliothek verzeichnet diese Publikation in der Deutschen Nationalbibliografie; detaillierte bibliografische Daten sind im Internet über *http://dnb.d-nb.de* abrufbar.

Schwägele, Sebastian; Zürn, Birgit; Trautwein, Friedrich (Hrsg.):
Planspiele – Erleben, was kommt : Entwicklung von Zukunftsszenarien und Strategien / Sebastian Schwägele ; Birgit Zürn ; Friedrich Trautwein (Hrsg.). –

Norderstedt: Books on Demand GmbH, 2014

(ZMS-Schriftenreihe ; Bd. 5)

ISSN 2192-7502

ISBN 978-3-7357-9302-7

Lektorat: Birgit Zürn

Layout und Satz: Sebastian Schwägele

Umschlaggestaltung: Sebastian Schwägele

Herstellung und Verlag: BoD - Books on Demand, Norderstedt

Inhaltsverzeichnis

Beiträge auf Planspiel+

Vorwort der Herausgeber[1]

Unsere heutige Zeit ist geprägt von Veränderungen, Schnelllebigkeit und Umbrüchen. Und fast täglich wird in der Presse von Krisen berichtet, beispielsweise von gewalttätigen Auseinandersetzungen in der Ukraine, dem Bürgerkrieg in Syrien, Unruhen in den arabischen Ländern. Nicht zu vergessen sind auch die Sturmfluten an der Küste, die Hochwasserwelle von Passau bis Hamburg, die immer noch andauernden Proteste im Zusammenhang mit dem Bau eines neuen Bahnhofs in Stuttgart.

All diesen Situationen ist gemeinsam, dass sie von Menschen einen Umgang mit kritischen Situationen verlangen, der Schaden möglichst von Menschen und materiellen Gegenständen fernhalten oder verhindern sollen. Meist gestaltet sich die Sachlage sehr komplex, extrem dynamisch und unübersichtlich.

Wie Menschen auf solche verantwortungsvollen Situationen vorbereitet werden sollen, ist eine Fragestellung, die nicht erst in den letzten Jahren entstanden ist. Vor einer solchen stand bereits Christoph Weickhmann vor 350 Jahren. In seinem 1664 erschienenen Buch „New-erfundenes grosses Königs-Spiel“ beschreibt er eine Abwandlung der klassischen Schachspiels. Sein Ziel ist es, durch die Abwandlungen das Schachspiel der Realität anzupassen, um es dann zur Ausbildung für militärische Situationen nutzen zu können. Von da ab beginnt eine bewegte Geschichte der Methodenentwicklungen, die mal freiere, mal strengere Spielformen (rigid-rule-games und free-form games, vgl. Blötz 2005) hervorbrachte. Von großer Bedeutung für die methodischen Ansätze der heutigen Planspielmethode sind die Entwicklungen ab Mitte des letzten Jahrhunderts. In dieser Zeit wurde die Nutzung des methodischen Kerns für die Optimierung von Strategien und Systemen verwendet, ein Bereich, der unter dem Namen Operational Research bekannt wurde. Das Ziel war auch hier, das Potenzial des Zusammenspiels von Simulation realer Geschehnisse und realen Menschen mit Hilfe eines „spielerischen“ Ansatzes zu nutzen. Gesucht wurde nach Möglichkeiten, potenzielle zukünftige Entwicklungen zu verstehen und mit diesen umgehen zu lernen.

Dick Duke, einer der Urväter der modernen Planspielmethode veröffentlichte 1974 das bekannte Buch „Gaming – The Futures Language“ und beschreibt darin die Planspielmethode als Form der Kommunikation, welche vor allem auf die Zukunft

---

[1] Sämtliche Begriffe in diesem Sammelband gelten geschlechtsunabhängig. Aus Gründen der Vereinfachung und besseren Lesbarkeit wird die männliche Form verwendet, sofern es sich nicht explizit um weibliche Akteure handelt.

ausgerichtet ist (vgl. Duke 1974, S. 11). Im Gegensatz zu anderen Kommunikationsformen bietet sie für Duke im Planspiel die Möglichkeit, in einem interaktiven Austausch- und Diskussionsprozess Entwicklungsmöglichkeiten vorauszudenken und adäquate Reaktionen zu entwickeln.

Das Europäische Planspielforum 2013 widmete sich der Herausforderung, Menschen auf Unsicherheiten, Krisen und Situationen vorzubereiten, die durch Kontrollverlust geprägt sind. Diskutiert wurden aber auch Möglichkeiten, die dabei entstehenden Chancen durch Wachstum, Technologiesprünge und neue Methoden und Verfahren zu nutzen. Der vorliegende Sammelband führt die Diskussion der Tagung fort, vertieft und ergänzt sie um weitere Diskussionsbeiträge. Im Fokus des Forums wie auch dieses Buches steht die Frage, wie spielerische Ansätze dazu beitragen können, mit den oben beschriebenen Herausforderungen umzugehen und diese offensiv zu nutzen.

Der vorliegende fünfte Band der ZMS-Schriftenreihe umfasst eine Reihe von Beiträgen, die schwerpunktmäßig aus dem Hochschulkontext kommen. Allen gemein ist, dass sie Planspiele oder ähnliche Lehr-Lern-Methoden einsetzen, um den Herausforderungen der Zukunft besser begegnen zu können. Die ersten vier Artikel nutzen Planspiele zur Strategiefindung in verschiedenen komplexen Szenarien. Im Mittelteil werden konkrete Planspiele und -konzepte zu Themenfeldern wie der Logistik, der Nachhaltigkeit aber auch zu internationaler Zusammenarbeit und Bilingualität vorgestellt. Der letzte Teil ist Forschungsansätzen gewidmet, die ebenfalls einen erfolgreicheren Umgang mit Unsicherheit, mit Komplexität und Zukunftsszenarien zum Ziel haben und hierfür die Planspielmethode nutzen.

Auch in diesem Band der Schriftenreihe verbindet das cross-mediale Format das klassische Printmedium mit den Vorzügen neuer medialer Möglichkeiten. Im zweiten Abschnitt des Buches „Beiträge auf Planspiel+“ stehen Appetizer zu Blog-Beiträgen, die in voller Länge auf der Internet-Plattform **Planspiel+** zu finden sind. Über QR-Codes oder die URL ist die Verbindung zu den Artikeln möglich.

Die multimediale Plattform **Planspiel+** ist konzipiert als „Wissensmarktplatz“ für die Community. Ziel ist es, Planspielinteressierten Informations- und Interaktionsangebote zu machen und den Austausch und die Innovationskraft der Community zu stärken. Einer der Bausteine von **Planspiel+** ist der Blog, in dem Planspieler Ansätze, gute Ideen oder kritische Fragen beleuchten können. Er gibt auch die Möglichkeit, von Konferenzen, Summerschools und Tagungen zu berichten und so Erfahrungen zu teilen.

Neben dem Blog bietet **Planspiel+** aber weit mehr: Es steht eine umfassende Literaturdatenbank mit einer großen Zahl an Quellen aus dem Themenfeld Planspiel zur Verfügung. Die Suchfunktion hilft dabei, schnell die passenden Quellen zu finden. Zudem sind viele Quellen mit Rezensionen versehen. Der Bereich Fragen & Antworten ermöglicht es, fachspezifische Themen und spezielle Fragen zu diskutieren. Die Rubrik Veranstaltungen informiert über Möglichkeiten, sich auch in der realen Welt zu treffen und auszutauschen. Und über zahlreiche Linklisten finden Interessierte auch planspielaffine Institutionen und beispielsweise Planspielwettbewerbe. Die Pläne für die Zukunft sehen vor, die Angebote von **Planspiel+** nach und nach weiter auszubauen.

Wir möchten mit diesem Band fachlichen Input liefern, damit sich die Methode auch zukünftig weiterentwickelt. Außerdem möchten wir dazu anregen, sich aktiv an diesem Entwicklungsprozess zu beteiligen.

Stuttgart, den 31. März 2014
Birgit Zürn, Sebastian Schwägele und Friedrich Trautwein

Literaturverzeichnis

Blötz, Ulrich (2005): Planspiele in der beruflichen Bildung – Auswahl, Konzepte, Lernarrangements, Erfahrungen. 4. überarb. Auflage. Bonn: Bundesinstitut für Bildungslehre.

Duke, Richard D. (1974): Gaming - The Future's Language. SAGE Publications. New York, London, Sydney, Toronto: John Wiley & Sons.

Weickhmann, Christoph (1664): New-erfundenes grosses Königs-Spiel. Mit angehencktem und darauss gezogenem Staats-und Kriegs-Rath ... in den Truck gegeben durch Christoph Weickhmann.

Aus dem Sandkasten in die Vorstandssitzung

Verbindung von Planspiel und echter Entscheidungsunterstützung

Kai Berendes, Magne Myrtveit

Planspiele sind bewährte Lehr-/Lernumgebungen. Doch mit Blick auf die betriebliche Praxis fehlt die konkrete Entscheidungsunterstützung. Zu weit weg ist das Planspiel von der Situation der Teilnehmer. Genau hier setzt der Beitrag an. Idee ist es, im Rahmen des Transfers die hinter einem Planspiel liegenden Simulationsmodelle auf Herausforderungen der eigenen Unternehmung anzuwenden. Herausforderungen wie z.B. der Umgang mit Volatilität in Rohstoffpreisen und Wechselkursen bei der Unternehmenssteuerung oder Risiken und Chancen aus einer alternden Belegschaft im Personalmanagement werden mit Echtdaten in Szenarien simuliert. Neben den wichtigen Lerninhalten von Planspielen wird darüber unmittelbarer Nutzen in Form von konkreter Entscheidungsunterstützung geschaffen.

Business planning games already belong to the set of proven learning environments. However, the question how to operationalize the learnings from the planning simulation in the real-world business situation, often remains unanswered. It is certainly an option to process the outputs from the planning game in different ways. Still, bridging the simulated game plan and the actual business plan together, can require substantial effort along a vaguely defined process, leading up to an end-result with unclear validity. This is where situation-specific management games can make a great contribution. The idea is that the simulation model within the planning game reflects the concrete challenges and opportunities faced by the players in their own work. It can be challenges relating to volatility in commodity prices and exchange rates, or it can be risks and possibilities relating to an aging workforce, all of which can be studied based on scenarios fed with real business data. In addition to the immediate learnings gained from experiencing alternative futures within the simulated environment, a close connection between the simulated business and the real business generates immediate additional value in the form of concrete decision support.

1. Planspiele als didaktisches Instrument

Das Planspiel hat sich über viele Jahre zu einem beliebten didaktischen Instrument entwickelt. Der Kern der Methode ist in der Literatur in vielfältiger Weise dargestellt. Dabei wird - ganz allgemein formuliert - mit einem Planspiel das Ziel verfolgt, planungsbedürftige (Handlungs- , Ereignis-) Situationen zu simulieren, um diese besser zu verstehen, erfahren oder einschätzen zu können (vgl. u.a. Blötz 2003). In guten Aus- und Weiterbildungsprogrammen kommt eine Planspielvariante fast ohne Ausnahme mindestens in einem Baustein oder Lernmodul sowohl inner- als auch überbetrieblich zum Einsatz. Die weite Verbreitung ist sicher auch mit der hohen Komplexität der heutigen Zeit zu begründen. Volatilität, Unbestimmtheit und Mehrdeutigkeit haben sich zu dauerhaften Merkmalen der Geschäftswelt entwickelt. Die neue Realität ist die VUCA[1] Welt. Umso mehr sind Lehr-/Lernmethoden gesucht, welche die Zusammenhänge transparent machen und die Wirkungen von Entscheidungen über die Zeit (unter Berücksichtigung von Zeitverzögerungen und nicht linearer Systemdynamik) greifbar machen. Planspiele können einen Beitrag leisten, für die von Dörner (1989) genannten Stolperfallen im Umgang mit Komplexität zu sensibilisieren:

1. Fehler: Beschränkung auf Ausschnitte der Gesamtsituation
2. Fehler: Übergeneralisierung
3. Fehler: Mangelnde Einsicht in die Zielwidersprüche
4. Fehler: Unbeachtete Neben- und Fernwirkungen
5. Fehler: Fehleinschätzungen exponentieller Entwicklungen
6. Fehler: Tendenz zur Übersteuerung
7. Fehler: Tendenz zu autoritärem Verhalten

Es reicht jedoch mit Blick auf die betriebliche Praxis offensichtlich für eine erfolgreiche Unternehmenssteuerung nicht aus, diese Denkfehler in einem Planspiel im Rahmen einer Aus- oder Weiterbildung zu erleben und mögliche Strategien in einer Transferaufgabe zu diskutieren. Immer wieder zeigen sich Entscheider überrascht über die tatsächliche Systemdynamik - auch wenn Vorerfahrungen über ein Planspiel vorliegen. Das schliesst auch sehr träge Entwicklungen wie beispielsweise eine alternde Belegschaft mit ein. Nur langsam steigt die Zahl der Unternehmen, die sich aktiv auf den demographischen Wandel einstellen und Risiken und Chancen managen. Eine hilfreiche Erklärung bieten die Arbeiten von Kahneman (2011) zu schnellem und langsamem Denken. An vielen Beispielen wird in seiner Arbeit eindrücklich

---

[1] Der Begriff VUCA setzt sich zusammen aus Volatility, Uncertainty, Complexity, Ambigutes und geht zurück auf das US Militär bereits Ende der 90er-Jahre.

beschrieben, wie sehr das intuitive, schnelle Denken Einschätzungen und letztlich Entscheidungen fehlleiten kann. Es sind Hilfestellungen gesucht, welche zum richtigen Zeitpunkt das notwendige langsame, rationale Denken aufrufen und vor einer übereilten, kurzsichtigen Sichtweise schützen.

In den folgenden Abschnitten wird am Beispiel des Megatrends demographischer Wandel aufgezeigt, wie ein Planspiel in Verbindung mit einer auf Echtdaten basierenden Simulation funktionieren kann. Es bleibt im Zusammenspiel nicht bei einer Sensibilisierung auf eine weitsichtige, systemische Sichtweise für die nachhaltige Unternehmenssteuerung stehen, sondern zeigt im zweiten Schritt konkrete Handlungsfelder auf, die in die Entscheidungsgremien einfliessen. Mit anderen Worten ausgedrückt: man verlässt die Spiele im Sandkasten und bearbeitet vorstandsrelevante Themen. Der Kritikpunkt des mangelnden Realitätsbezugs von einem Planspiel wird aufgelöst.

2. Komplexität meistern - das VUCA Planspiel

Übergeordnetes Lernziel in diesem Planspiel ist die gezielte Auseinandersetzung mit der Sytemdynamik in den Funktionen einer Unternehmung entlang der Wertkette. Die Teilnehmer erfahren, wie Kundennutzen entsteht, indem die gewünschte Qualität begonnen mit der Entwicklung über die Beschaffung und Produktion an den Kunden geliefert wird. Es gilt zu erkennen, dass die eigenen Entscheidungen nicht nur direkte Wirkungen in einer Funktion zeigen, sondern auch zeitverzögerte Nebeneffekte. Dazu werden die Planspielteilnehmer nicht nur auf mehrere Unternehmen aufgeteilt, sondern innerhalb einer Unternehmung auf verschiedene Funktionen verteilt. So wird jeder Teilnehmer aktiv eingebunden und bekommt mit seinem eigenen PC Zugriff auf ein eigenes Bündel an Entscheidungsparametern. Auf eine differenzierte Darstellung des technischen Aufbaus des Netzwerkplanspiels auf der Basis der Simulationssoftware Dynaplan Smia soll an dieser Stelle verzichtet werden. Einen Eindruck über die Benutzeroberfläche gibt die Abbildung 1.

Zu sehen ist die Funktion HR, die sich u.a. mit den Themen einer alternden Belegschaft und Fachkräftemangel auseinandersetzt. Noch immer wird an vielen Stellen der Unternehmung davon ausgegangen, dass Personalressourcen unbegrenzt an jedem Ort in der gewünschten Qualifikation zur Verfügung stehen. In dem VUCA Planspiel wird daher der Mitarbeiterbestand in verschiedenen Funktionsclustern differenziert sowie das Merkmal Alter ergänzt. In den einzelnen simulierten Spielperioden erfolgt so nicht nur eine Auseinandersetzung mit der quantitativ verfügbaren Mitarbeiterkapazität. Vielmehr geht es auch um die Frage, ob das heutige Mitarbeiterportfolio die Umsetzung der Strategie mit den notwendigen Jobfamilien sichert. Die zentrale Herausforderung in dieser Funktion ist es, die aufgrund langer Qualifizierungszeiten und Alterung eher träge Personaldynamik mit der hohen Marktdynamik auszubalancieren.

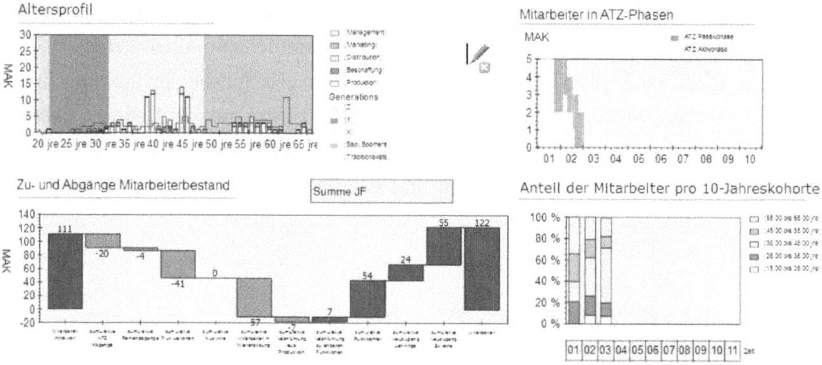

Abb. 1: Ausschnitt aus dem Planspiel VUCA - Bericht in der HR Funktion über die Dynamik des Mitarbeiterbestands.

Eine Besonderheit in dem Planspiel, die für den Übergang zu der folgenden Managementsimulation hervorzuheben ist, stellt die für die Teilnehmer transparente Modellstruktur dar. D.h. neben den üblichen Ein- und Ausgabecharts werden auch die wesentlichen Treiber mit ihren wechselseitigen Abhängigkeiten sichtbar (vgl. Abbildung 2). Die Visualisierung repräsentiert 1:1 die hinter dem Planspiel liegende Rechenlogik - das Planungsmodell. Die Darstellung erlaubt dem Anwender eine vertiefte Auseinandersetzung mit den relevanten Treibern im Planspiel und kann diese mit den tatsächlichen Treibern in seiner Unternehmensfunktion abgleichen.

3. Vom Spielen im Sandkasten zu konkreter Entscheidungsunterstützung in der Unternehmenssteuerung

Stimmen die Treiber im Planspiel mit denen im realen Geschäft überein? Mit welchen zeitlichen Wirkungen ist mit Blick auf die konkrete Ausgangslage im Unternehmen zu rechnen?

Diese Fragen bleiben im eigentlichen Planspiel unbeantwortet, sind aber zentral in der Unternehmenssteuerung. Die Idee ist es nun, nicht bei den Erkenntnissen über die Wirkungszusammenhänge oder wie in dem Beispiel oben aufgeführt einer Sensibilisierung zum Thema Demographischer Wandel stehen zu bleiben, sondern konkret einen Beitrag im Rahmen der Entscheidungsfindung über eine Managementsimulation zu leisten, welche den Charakter eines Planspiels beibehält, jedoch direkt an der Unternehmensrealität ansetzt.

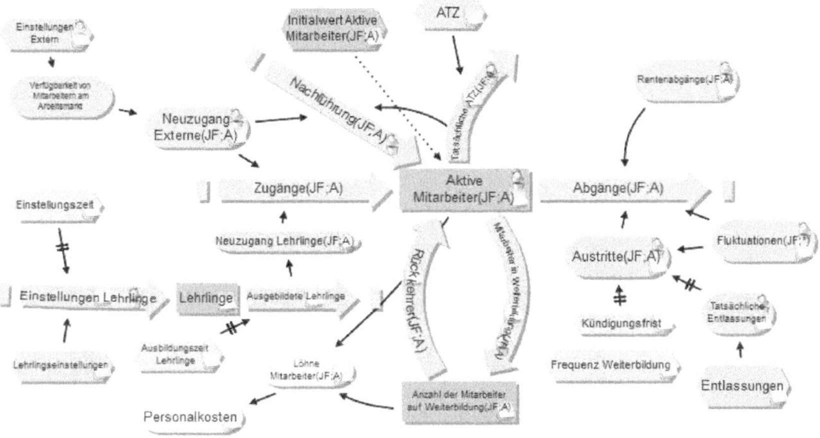

Abb. 2: Transparente Modellstruktur hinter den HR Berichten ermöglicht die Auseinandersetzung mit den zentralen Treibern.

Auf den Punkt gebracht lautet die zentrale Aufgabe der Unternehmenssteuerung, dauerhaft im Geschäft zu bleiben. Dazu müssen auf der einen Seite die aktuellen, laufenden Aktivitäten im Jahr optimiert werden und auf der anderen Seite die zukünftige Ausrichtung über mehrere Jahre gestaltet werden. Ein zentrales Managementinstrument ist dabei die Unternehmensplanung. Genau hier findet sich der im ersten Abschnitt geschilderte Kerngedanke eines Planspiels wieder: „[..] die Simulation planungsbedürftiger Situationen“. Jetzt allerdings nicht reduziert auf ein Lehr-/ Lerninstrument, sondern als ein Planungswerkzeug, welches in den kontinuierlichen Planungsprozess eingebettet ist.

4. Der Weg in die Vorstandssitzung

Dreh- und Angelpunkt bildet das Planungsmodell. Im Gegensatz zum Planspiel wird jetzt die reale Ausgangslage in dem Modell hinterlegt. Unterstützt wird das durch leistungsfähige Standardschnittstellen wie beispielsweise zwischen Dynaplan

Smia und SAP Business Warehouse. Auf Knopfdruck können so je nach Anforderungen des Planungsprozesses unterjährig oder jährlich aktuelle Unternehmensdaten wie Mitarbeiterbestände oder Kostensätze und Preise für Produkte hinterlegt werden. Nach der Festlegung der Startlinie ist das Modell bereit für die Anwendung in Entscheidungsgremien.

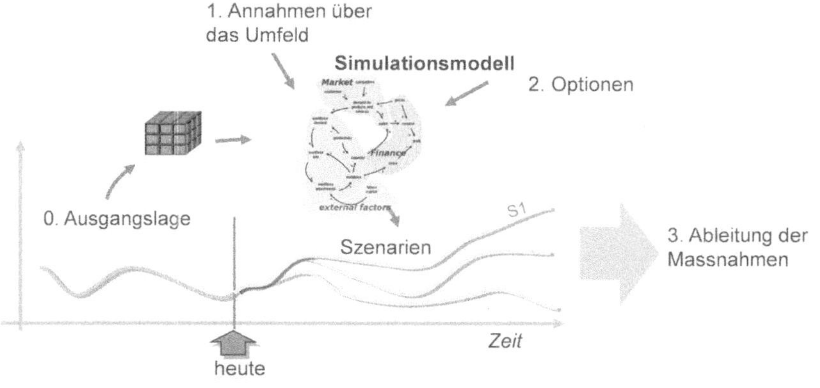

Abb. 3: Entdecken zukünftiger Zeitpfade und Ableitung konkreter Handlungsoptionen über Szenariosimulation.

Im ersten Schritt werden die zu erwartenden Veränderungen des Unternehmensumfeldes aufgegriffen und in den Modellannahmen abgebildet. Im Kontext der Unternehmensplanung sind das z.B. Annahmen über den weiteren Verlauf des Ölpreises und der Wechselkurse oder auch Markteinschätzungen. Oder es sind mit Blick auf die weiter oben im Planspiel herausgestellte Personalfunktion z.B. Annahmen über das Renteneintrittsalter. Ziel ist dabei nicht eine punktgenaue Prognose, die in einem komplexen dynamischen System ohnehin nicht möglich ist (vgl. Vester 2002). Aufgrund der hohen Dynamik der Parameter lassen sich über die Szenariotechnik eine Vielfalt von Entwicklungen beschreiben, um letztlich die zukünftige Umfeldentwicklung in Bandbreiten abzubilden. Nach der Analyse der sich ergebenden Chancen und Risiken gilt es, diese im zweiten Schritt mit Handlungsoptionen auszubalancieren. Über gezielte Eingriffe wie Veränderungen der Preispolitik oder der Einstellungspolitik im Planungsmodell werden die Herausforderungen adressiert. Dabei erhalten die Entscheider über die schnelle Simulationsfunktion unmittelbar Rückmeldung über die mögliche zukünftige Wirkung der abgebildeten Massnahmen. Ohne die sonst übliche Zeitverzögerung können über die Simulation verschiedene Optionen bewertet werden und im letzten Schritt die richtigen Stossrichtungen für die Sicherung des Geschäftserfolgs abgeleitet werden.

Der aufgezeigten Arbeit mit dem Planungsmodell geht die Modellbildung voraus. Den Startpunkt der Modellierung bildet die Erarbeitung des Modellzwecks und der Modellgrenzen, die sich aus den strategischen Fragen der Unternehmung ableiten. Z.B. im Zusammenhang mt dem strategischen HR Management: Stellt das Mitarbeiterportfolio die Umsetzung der Geschäftsfeldstrategie in Zukunft sicher? Mit diesen Rahmenbedingungen werden im nächsten Schritt die relevanten Variablen definiert und näher beschrieben. Es folgt die Operationalisierung der Zusammenhänge. Dabei werden Zeitverzögerungen wie Entwicklungszeiten berücksichtigt und Rückkopplungsschleifen wie eine Nachbesetzungspolitik auf Basis der Gap-Analyse zwischen Bestand und Bedarf eingebaut. Nach einer Validierung steht das Simulationsmodell für die oben geschilderte Planungsanwendung bereit. Grundsätzlich können die Simulationsmodelle direkt in Managementsitzungen genutzt und die Wirkung potenzieller Maßnahmen simuliert sowie fundiert diskutiert werden. Wo früher regelmäßig ein Auftrag in das (Personal-) Controlling ging, um die eine oder andere Maßnahme durchzurechnen, können die Entscheider heute direkt auf die Diskussion reagieren und entsprechende Analyseergebnisse mit den daraus folgenden Handlungsfeldern zeitnah diskutieren.

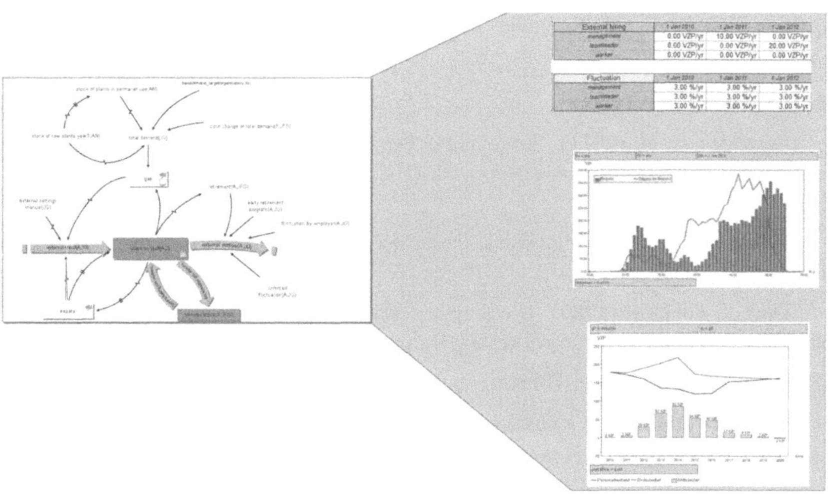

Abb. 4: Von den Fragen über das Planungsmodell zur konkreten Entscheidungsunterstützung am Beispiel Strategisches Personalmanagement.

Die Modellbildung wird erleichtert über die Visualisierung der wichtigen Beziehungen der Treiber untereinander. Neben der typischen Datensicht in Tabellen in marktgängigen Planungswerkzeugen wie z.B. Excel steht damit wie auch schon beim Planspiel eine Struktursicht zur Verfügung (vgl. Abbildung 4). Über diese Transparenz steigt insbesondere die Akzeptanz der Anwender. Denn was nützt ein noch so komplexes Planungsmodell, wenn die Anwender dieser „black-box" misstrauen?

5. Pfadfinder für eine komplexe Welt

Unter den aktuellen wirtschaftlichen Rahmenbedingungen können die Vernetztheit und ihre Dynamik in der Entscheidungsfindung nicht unberücksichtigt bleiben. „Keep it simple and stupid" ist ein gutes Prinzip, wenn es richtig angewendet wird und nicht übersimplifiziert wird. Planspiele helfen dabei, die Grenzen einer linearen Denkweise aufzuzeigen. Manager müssen sich in einer immer komplexer werdenden Welt behaupten. Mit der Weiterentwicklung des Planspiels in eine Managementsimulation mit konkretem Unternehmensbezug, steht Entscheidern ein „Werkzeug für den Weitblick" zur Verfügung, in der Entscheidungsalternativen unter Berücksichtigung von Unbestimmtheit und Risiko durchgespielt werden können. Mit hoher Geschwindigkeit gibt die simulationsgestützte Planungsfunktion Transparenz über die zu erwartende Wirkung der heutigen Entscheidungen in der Zukunft und damit den richtige Pfad für eine erfolgreiche Gestaltung der Zukunft.

Literaturverzeichnis

Berendes et. al. (2011). Strategische Personalplanung - Die Zukunft heute gestalten. In: Das Demographie Netzwerk (Hg.): DemographieManagementkompakt. Wirtschaftsverlag NW.

Blötz, Ulrich (2003). Planspiele in der beruflichen Bildung. Bertelsmann: Bielefeld.

Dörner, Dietrich (1989). Die Logik des Misslingens. Strategisches Denken in komplexen Situationen. rororo-Verlag: Reinbek.

Kahneman, D. (2011). Thinking, fast and slow. Macmillan Us: New York.

Vester, F. (2002). Die Kunst vernetzt zu denken. Dtv: München.

Business Wargames zur Entwicklung von Strategien

Nils Högsdal, Manuel Pflumm, Felix Daul

Die Unternehmensstrategie und die Generierung von neuen Geschäftsmodellen sind im Zeitalter der Globalisierung von besonderem Interesse. Die Implementierung und die Kommunikation von Strategien ist jedoch eine große Herausforderung für Vorstände und Geschäftsführungen. Business Wargames und Unternehmenssimulationen sind ideal geeignet, um eine gemeinsame Sprache der Strategie im Management und dem Unternehmen zu schaffen. Durch Business Wargames können verschiedene strategische Alternativen risikolos erprobt und evaluiert werden. Diese Arbeit beschäftigt sich mit der historischen Entwicklung und Definition, der Typisierung sowie der Durchführung eines Business Wargames. Außerdem wird ein Anwendungsfall eines Business Wargames dargestellt. Abschließend wird die Arbeit zusammengefasst und ein Ausblick gegeben.

In the time of globalization the role of a company's strategy and the creation of new business models is more important than ever. CEOs and Executive Boards are challenged to implement and communicate strategies within the own company. Business wargames and management simulations are a highly efficient way to create a common understanding of the strategy in the company. By using business wargames it is possible to try different strategies and to evaluate the various alternatives without any risks.This paper topics the historical development, the definition and the typification of business wargames. Additionally an example of a business wargame usage is presented. The paper concludes with an evaluation of the results and an outlook on further research.

1. Einleitung

Die Entscheidungen für das Management werden zunehmend komplexer und das Umfeld instabiler. Laut einer Gallup-Studie 2012, ist schlechtes Management Hauptursache für fehlendes Engagement von Beschäftigten, welches jährlich Milliarden Euro von Kosten verursacht (vgl. Gallup 2012). Vielfältige Entscheidungen sind mit hohem Einsatz verbunden und können den Ertrag erheblich steigern, aber auch das gesamte Unternehmen gefährden. Eine Studie unter fast 3000 Entscheidungsträgern sieht dabei die Entwicklung neuer Geschäftsmodelle als das Thema für Führungskräfte an, welches aktuell am schnellsten an Bedeutung gewinnt. Business Wargaming wird dabei als vielversprechender Weg gesehen, komplexe Entscheidungssituationen zu betrachten und die Umwelt, strategische Freiheitsgrade der Entscheidungen sowie mögliche Handlungsoptionen zu evaluieren. Ein Business Wargame ist eine Rollenspielsimulation in einer dynamischen Wirtschaftssituation (vgl. Kurtz 2003). Es wird von verschiedenen Teams gespielt, die jeweils einen anderen Stakeholder in einer bestimmten unternehmerischen Situation verkörpern (Wettbewerber, Kunden, Aufsichtsräte). Ein Business Wargame wird in der Regel über mehrere Runden gespielt. Jede Spielrunde simuliert einen bestimmten Zeitraum. Außerdem sollten stets eine intensive Recherche und ein Überblick über die Trends und Hypothesen der im Wargame betrachteten Branche vorausgehen.

2. Business und Management Wargames

Ziel des Business Wargames ist es, dass die Teilnehmer gemeinsam Zukunftsszenarien für ihr Unternehmen auf Basis einer strategischen Analyse entwickeln und diese „spielerisch“ umsetzen. Business Wargaming ist eine Methodik, die auf dem Einsatz von Simulationsmodellen und Szenariotechniken basiert. Infolge des Durchspielens von strategischen Optionen innerhalb des Business Wargames sollen die Teilnehmer Stärken und Schwächen der eigenen Unternehmung ermitteln sowie ein besseres Verständnis für das Umfeld erhalten. Sie teilen damit Aspekte von Computer- und Videospiel-Klassikern wie Age of Empires II oder Starcraft (vgl. Dunnigan 2000). Dennoch sind diese nicht dafür gedacht, Strategien für Unternehmen zu entwickeln. Der folgende Abschnitt welche untersucht historischen Entwicklung von Wargames, grenzt diese von klassischen Strategiespielen und (Unternehmens-)Planspielen ab. Zudem erfolgt eine Definition des Begriffs und eine Einteilung anhand möglicher Ausprägungen und Gestaltungsoptionen von Business Wargames.

2.1 Historische Entwicklung der Business Wargames

Erste Ansätze von Strategiespielen mit Eigenschaften von Wargames lassen sich in China und Indien bereits 500 Jahre v. Chr finden. Ein Vorläufer des Schachspiels ist das in Indien entstandene Chaturanga. Bei diesem Spiel wurden erstmals Spielsteine mit unterschiedlichen Eigenschaften und ein Würfel (als Zufallselement) eingesetzt. Dadurch konnten Einheiten wie Bogenschützen, Speerkämpfer und Kavallerie unterschieden werden. Somit stieg die Übertragbarkeit des Spiels auf das reale Schlachtfeld (vgl. Oriesek, Schwarz 2009).

Durch die rasche technologische Entwicklung des Militärs spätestens ab der Renaissance ließen sich jedoch die Eigenschaften der Truppeneinheiten immer schwieriger auf ein Brettspiel übertragen. Dessen geschuldet entwickelten sich die ersten offenen Kriegsspiele. Diese erlauben „freidefinierte“ Spielzüge, erfordern aber einen Schiedsrichter, welcher das Ergebnis der Schlacht und somit der Simulation anhand weicher Kriterien entscheidet. Geschlossene Wargames haben hingegen festgelegte Eigenschaften der Einheiten mit klaren Regeln hinsichtlich der Spielzüge und lassen den Ausgang aufgrund harter Kriterien ermitteln. Die rasch zunehmende Komplexität führte zu einer Vorherrschaft von offenen Wargames. Erst die Einführung von Computern konnte hier eine Brücke schlagen, da dieser Hunderte von Berechnungen in nur wenigen Sekunden durchführen konnte (vgl. Poorvash 2010; Oriesek, Schwarz 2009; Dunnigan 2000).

Das *Naval War College* setzte 1958 erstmals in großem Rahmen computergestützte Wargames zur Ausbildung von Marine-Offizieren ein. Etwa zur gleichen Zeit wurden Wargames auch für den betriebswirtschaftlichen Sektor entdeckt.

Abbildung 1 zeigt, wie sehr sich die Anforderungen zwischen einem Wargame und einem Business Wargame ähneln. Trotzdem entstand das erste betriebswirtschaftliche Wargame „TOP MANAGEMENT DECISION SIMULATION“ der *American Management Association* erst 1956. Getrieben wurde die Entwicklung dadurch, dass viele, die im zweiten Weltkrieg in den Streitkräften gedient hatten, auch in der Wirtschaft Karriere machten und ihre militärischen Erkenntnisse übertrugen (vgl. Högsdal 2013). In den folgenden Jahren setzte eine rasche Entwicklung von Business Wargames ein, welche durch die Verbreitung des Computers und die Erkenntnisse u.a. der System Dynamics Group am MIT (Massachusetts Institute of Technology) beschleunigt wurden.

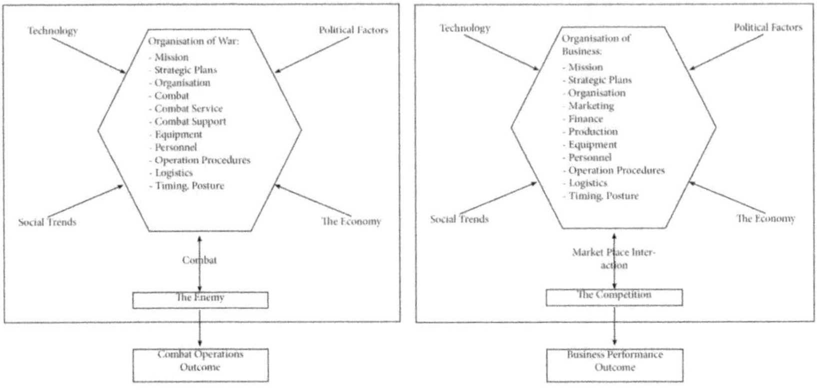

Abb. 1: Analogie zwischen Kriegsumfeld und Businessumfeld (vgl. Poorvash 2010)

Anfang der 1980er Jahre wurden Computer bezahlbar, die Kosten für die notwendige Hard- und Software sanken innerhalb von weniger als 20 Jahren um 99 % (vgl. Högsdal 2013). Ende der 1980er Jahre explodierte die Vielfalt von computerbasierten Wargames, da sehr viele Computerspiele Elemente und Ideen von bekannten Wargames aufgriffen und weiterentwickelten. Wargames sind seitdem nicht mehr klar zu unterscheiden, da die Grenzen zwischen Simulationen, Modellen und Spielen zusehends verschwimmen (vgl. Oriesek, Schwarz 2009; Poorvash 2010; Dunnigan 2000). Poorvash ist der Meinung, dass die Namen *Competitive Role-Playing Exercise* oder *Competitive Simulation* Business Wargames besser von der breiten Masse an Wargames abgrenzen würden (vgl. Poorvash 2010). Ebenso ist die Planspiel-Methodik als ein an das Business Wargame angrenzendes Werkzeug zur strategischen Ausrichtung von Unternehmen zu sehen[1].

2.2 Business Wargaming – Architektur

Business Wargaming ist eine Methodik, die auf den Einsatz von Simulationsmodellen und Szenariotechniken basiert. Wie bei einem Unternehmensplanspiel enthält dieses eine Regel- und eine Rollenspielkomponente. Es unterscheidet sich aber von der Zielsetzung: Statt dem Lernen steht das gemeinsam Entwickeln von Zukunftsszenarien das Unternehmen auf Basis einer strategischen Analyse im Mittelpunkt. Durch

[1] Mehr zum Thema Planspielmethodik ist in Poorvash 2010, S.145ff. zu finden.

die Vermittlung der internen und externen Erfolgsfaktoren werden die Teilnehmer befähigt, auf unterschiedlichste Zukunftsentwicklungen sinnvoll und schneller im Sinne der Unternehmensziele reagieren zu können. Dies „führt im Idealfall zu einer validierten Bewertung der Zukunft und einer umsichtigen Ableitung von Handlungsoptionen bei erheblicher Unsicherheit“ (Oriesek und Schwarz 2009, S. V).

In der Literatur besteht Uneinigkeit darüber, durch welche Architektur sich ein Business Wargame auszeichnet. Oriesek und Schwarz (2009) vertreten hier die Meinung, dass Business Wargames per se auf keinen computergestützten Simulationen basieren können. Sie argumentieren, dass bei Computersimulationen die Vernetzung der Spielparameter sowie die Sensitivitäten im Modell bereits im Vorfeld definiert sind. Dadurch ist die Vielfalt an möglichen Szenarien, die die Teilnehmer durchspielen sollen, stark eingeschränkt, welches dem Grundgedanken des Business Wargames widersprechen würde. Rubel (2006) erweitert die Ansichten von Oriesek und Schwarz derart, dass er den Einsatz einer Computersimulation nicht ausschließt. Dabei sieht er die Computersimulation als unterstützendes Element der Rollenspielsimulation als eigentlichen Kern des Business Wargames.

Die Autoren dieses Artikels sehen in Anlehnung an Rubel die Integration der angeführten Elemente Rollenspielsimulation und computergestütztes Planspiel als notwendig an, die komplexen Anforderungen an ein Business Wargame bewältigen zu können. Dabei ist jedoch zu unterstreichen, dass ein computergestütztes Planspiel zwar grundsätzlich ein dynamisches Simulationsmodell abbildet, aber nicht mit einer Computersimulation gleichzusetzen ist. Ein Planspiel besteht aus einer Umweltsimulation, einer Rollenspiel- und einer Regelspielkomponente und unterscheidet sich dadurch von einer einfachen Simulation (vgl. Högsdal 2004; Kern 2003). Entsprechend der dargestellten Planspielkomponenten zeigt sich, dass die Abgrenzung der beiden lernaktiven und für das Business Wargame relevanten Methoden Rollenspiel und Planspiel fließend verläuft. Während die Charakteristik der Übernahme von Rollen durch die Teilnehmer im Rollenspiel (vgl. Rohn 1980) ebenfalls für ein Planspiel gelten kann, ist der einzige bedeutende Unterschied zwischen Rollenspiel und Planspiel darin festzumachen, dass im klassischen Rollenspiel keine Simulation von Umfeldbedingungen stattfindet (vgl. Trautwein 2004; Raffoul 2009).

Mit einem Business Wargame soll ein Analyseinstrument abgebildet werden, das sowohl qualitative Faktoren der Entscheidungsfindung als auch quantitative Größen vereint und damit umfangreiche Optionen des „Was-wäre-wenn“-Spiels im Sinne der strategischen Planung gewährleistet (vgl. Oriesek, Schwarz 2009). Dazu ist das computergestützte Planspiel mit einer stärkeren Adressierung der Rollenspielkomponente als Architektur des Business Wargames bestens geeignet. Im Folgenden sollen nun die Bestandteile eines Business Wargames dargestellt werden.

2.3 Business Wargame – Typologie

Auf Basis der in Kapitel 2.2 dargestellten Inhalte wollen wir in diesem Kapitel vorstellen, welche Grundbestandteile ein Business Wargame auszeichnen. Wie bereits dargestellt, besteht das Business Wargame aus einer Regel- und einer Rollenspielkomponente. Bei der Regelspielkomponente geht es um die Frage, wie sich ein strategischer Spielzug im Business Wargame auswirkt (z.B. mit Einführung eines neuen Produktes wird eine stärkere Marktdurchdringung erzielt). Die Rollenspielkomponente setzt dagegen den Kontext der Entscheidungsfindung, indem die Teilnehmer spezifischen Spielparteien zugewiesen werden und in deren Rolle schlüpfen müssen.

Zunächst sind die Ausgestaltung der Rollenspielkomponente und die damit verbundene Spielarena des Business Wargames näher zu betrachten. Dabei kann man zwischen homogenen und heterogenen Spielparteien unterscheiden. Bei einer homogenen Spielarena konkurrieren die Teilnehmer in verschiedenen, aber gleich ausgestalteten Unternehmen auf einem Oligopolmarkt. Damit werden nur die Aktionen der Unternehmen durch die Teilnehmer gesteuert, die Reaktionen der Umwelt der Unternehmen und damit der weiteren Marktteilnehmer (z.B. Kunden) erfolgt durch das Simulationsmodell. Diese Form der Homogenität könnte man sogar so ausweiten, dass das Business Wargame ohne Konkurrenz, also im Singleplayer-Modus durchgeführt wird. Im Gegensatz dazu werden bei einer heterogenen Spielarena alle Rollen der abgebildeten Marktteilnehmer durch die Teilnehmer übernommen, so dass alle Spielparteien aktiv gesteuert werden.

Hinsichtlich des Spielverhaltens innerhalb eines Business Wargames kann man zwischen einem „geschlossenen“ und einem „offenen“ Spielverhalten unterscheiden. Diese Diskussion geht analog mit der Frage, ob ein Planspiel „offen“ oder „geschlossen“ sein sollte (vgl. Klabbers 2001, Kriz 2001, Högsdal 2004). Beim geschlossenen Spielverhalten werden die Entscheidungsparameter, die Wirkungszusammenhänge und die Sensitivitäten des Modells im Vorfeld definiert; dies ermöglicht die Auswertung der Ergebnisse durch den Computer. Dem gegenüber steht der Ansatz des offenen Spielverhaltens, bei dem nur eine geringe Anzahl an Modellkomponenten bereits im Vorfeld definiert wird. Dadurch haben die Teilnehmer die Möglichkeit, Entscheidungsalternativen im Zuge des Business Wargames auszuarbeiten, die damit verbundenen Wirkungszusammenhänge und Sensitivitäten in Diskussion zu bestimmen und so die eigentliche Auswertung der Ergebnisse selbst zu übernehmen. Sofern die Ergebnisse jedoch nicht nur rein qualitativ eingeordnet werden sollen, sondern auch eine Quantifizierung der Effekte erfolgen soll („halboffener Ansatz"), ist ein modularer Planspielbaukasten vonnöten.

Die nachfolgende Abbildung soll die Business Wargame-Typologie zusammenfassen:

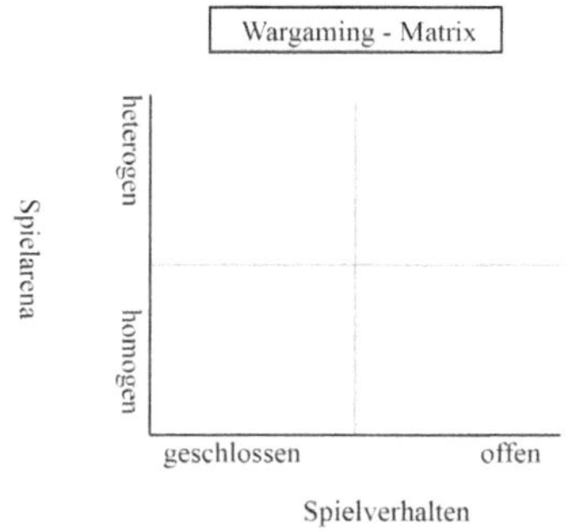

Abb. 2: Business Wargaming Typologie

Neben der Ausgestaltung von Spielarena und Spielverhalten als grundlegende Bestandteile eines Business Wargames zeigt Poorvash (2010) unterschiedliche inhaltliche Variationsmöglichkeiten eines Business Wargames auf:

- Financial versus Competitive: Financial Wargames behandeln detailliert die Vermittlung und Analyse der Finanzkennzahlen des Unternehmens in unterschiedlichen Situationen, während bei Competitive Wargames die unterschiedlichen Wettbewerber im Markt verstanden werden sollen.
- One-time versus Ongoing: One-time Wargames sind für den einmaligen Einsatz gestaltet. Ongoing Wargames verfügen über eine wiederholbare Aufgabenstellung mit festen Parametern oder Perioden.
- Education versus Decisions: Wenn ein Wargame als Lerneinheit (Education) eingesetzt wird, steht das Verstehen der Wettbewerbskräfte sowie das Erlangen eines Verständnises der Tragweite der Entscheidungen im Mittelpunkt. Decisions-Wargames werden explizit für die Strategieentwicklung und zur Entscheidungsfindung eingesetzt.
- Generic versus Custom: Hierbei wird die Detaillierung der Problemsituation und der Wettbewerbsmodelle unterschieden. Bei Generic Wargames wird das Spiel mit allgemeinen Annahmen durchgeführt, wobei für die Custom-Vari-

ante individuelle Ausgangssituationen und Modelle zur Adressierung kundenspezifischer Fragestellungen verwendet werden.

- Proactive versus Reactive: Proactive Wargames haben einen langen Zeithorizont. Dieser wird genutzt, um Strategien zu testen oder eine neue Strategie zu entwickeln. Bei Reactive Wargames ist die Aufgabe, unter Zeitdruck, bspw. in Krisen oder bei Überraschungen seitens der Marktkräfte oder Wettbewerber, die Aufgabenstellung bestmöglich zu meistern.

2.4 Spielparteien im Business Wargame

Die Teilnehmer nehmen je nach Ausgestaltung der Spielarena (siehe Kapitel 2.3) spezifische Rollen der einzelnen Unternehmen des Business Wargames ein und treffen ihre Entscheidungen für die nächste Spielperiode. Oriesek und Schwarz (2009) unterscheiden dabei vier grundlegende Rollen, die im Business Wargame abgebildet werden können:

- Unternehmens-Rolle: Die Teilnehmer übernehmen hier die Rolle des Unternehmens, das mit dem Business Wargame die Lösungen für strategische Problemstellungen zu finden versucht. Diese Rolle ist somit unabhängig von der Ausrichtung der Spielarena grundlegender Bestandteil des Business Wargames.
- Wettbewerber-Rolle: Hier werden die realen Konkurrenten des Unternehmens abgebildet. Bei einer heterogenen Spielarena haben so die Teilnehmer die Möglichkeit, ihr eigenes Unternehmen aus der Perspektive der Konkurrenz zu analysieren. Im Falle einer homogenen Spielarena entfällt diese Rolle oder wird von der Seminarleitung bzw. dem Computer übernommen.
- Marktrolle: Innerhalb der Marktrolle werden die Kunden sowie deren Kaufverhalten simuliert und damit die Entscheidung über den Absatz der Unternehmen.
- Kontrollrolle: Die Kontrollrolle hat die Seminarleitung inne. Sie stellt sicher, dass Gesetze, Regeln und der Zeitplan eingehalten werden. Hinzu kommt, dass die Kontrollrolle die Berechnungen anhand der Entscheidungen der spezifischen Rollen durchführt, deren Ergebnisse die Ausgangssituation für die nächste Simulationsrunde bilden (vgl. Oriesek, Schwarz 2009; Poorvash 2010).

Dabei ist jedoch hinsichtlich der Abdeckung aller möglichen Marktteilnehmer die von Oriesek und Schwarz (2009) definierte Marktrolle zu erweitern. Bei der Marktrolle darf es sich nicht nur allein um die Abbildung der Kunden handeln, weitere Akteure im Markt wie vorgelagerte Wertschöpfungsstufen, Dienstleister, Anbieter von Ersatzprodukten, Interessensvertretungen etc. müssen innerhalb dieser Rolle ebenfalls abgebildet werden, sofern das Business Wargame nicht allein die Analyse der Kunden adressiert.

2.5 Durchführung eines Business Wargames

Typischerweise werden Business Wargames in ein- bis dreitägigen Workshops durchgeführt. In der Vorbereitung des Business Wargames muss zu allen simulierten Spielparteien ein Storybook erzeugt werden, dass die Ausgangssituation zur Verfügung stellt und während des Business Wargames sämtliche identifizierten Szenarien fixiert. Mithilfe von Briefing-Dokumenten können die unterschiedlichen Spielparteien detailliert analysiert werden. Ziel soll sein, die Teilnehmer in die Lage zu versetzen, sich gezielt und umfassend in ihre Rollen einzuarbeiten. Die Briefing-Dokumente sollen dabei Informationen über die Organisationsstruktur, wesentliche Geschäftsfelder, strategische Partnerschaften sowie die wirtschaftliche Situation der jeweiligen Spielpartei liefern. Diese Inhalte können den Teilnehmern im Vorfeld des eigentlichen Business Wargame-Workshops zur Verfügung gestellt werden oder in einer Einführungsveranstaltung vermittelt werden. Die Moderation des Workshops übernimmt die Seminarleitung, die neben der Moderation die Regelbasis (Simulation) mit den von den Spielparteien getroffenen Entscheidungen füttert sowie die Kommunikation inklusive des Debriefings der sich ergebenden Resultate übernimmt.

Business Wargames werden in der Regel über zwei bis vier Spielrunden gespielt. Innerhalb einer jeden Spielrunde findet der Entscheidungsprozess innerhalb der Spielparteien statt. Die erste Spielrunde spiegelt gewöhnlich die Gegenwart wider, und basiert auf den zu diesem Zeitpunkt verfügbaren realen Daten (vgl. Oriesek, Schwarz 2009). Hinsichtlich der Entscheidungsphase kann je nach Spielvariation eine gleichzeitige Entscheidungsfindung aller Spielparteien oder eine sukzessive Entscheidungsfindung vollzogen werden. Bei der gleichzeitigen Entscheidungsfindung treffen die Teilnehmer unabhängig davon, welcher Spielpartei sie angehören, ihre Entscheidung auf Basis der Resultate der Vorperiode und den vorab definierten Prognosen zu der jeweiligen Spielrunde. Bei der sukzessiven Entscheidungsfindung erfolgt die Entscheidungsabgabe der Spielparten zu unterschiedlichen Zeitpunkten. So haben die Spielparteien, die die Firmen- und Wettbewerbsrollen innehaben, erste Entscheidungen zu treffen. Diese Entscheidungen werden an die Marktrollen weitergegeben, die auf Basis dieser „aktuellen“ Entscheidungen nun wiederum ihre Reaktionen definieren können. Zusätzlich zur reinen Weitergabe der harten Fakten, kann den Firmen-

und Wettbewerbsrollen die Option eingeräumt werden, ihre Angebote den relevanten Marktrollen zu präsentieren. Auf Basis der Angebote befinden die Marktrollen z.B. über die Attraktivität des Angebots und vergeben entsprechend Marktanteile (vgl. Oriesek, Schwarz 2009). Bei der sukzessiven Entscheidungsfindung muss gewährleistet sein, dass keine geheimen Absprachen zwischen Spielparteien und damit Regelverstöße zu Stande kommen.

Die Seminarleitung in ihrer Kontrollrolle fasst dann die qualitativen und quantitativen Größen der Entscheidungsfindung über alle Spielparteien zusammen und simuliert deren Folgen. Wenn alle Entscheidungen getroffen wurden, erfolgt eine Reflexion der Teilnehmer in einer Plenarsitzung hinsichtlich der getroffenen Entscheidungen. Durch den Austausch und die gegenseitige Beurteilung der Handlungsalternativen der Spielparteien werden die wichtigsten Erkenntnisse aus dem Business Wargame gewonnen. Das Feedback und die Darstellung der Ergebnisse bilden für alle Spielparteien den Ausgangspunkt für die nächste Spielrunde.

2.6 Anwendungsfelder

Abb. 3: Darstellung der Anwendungsfelder

Die Vorteile von Business Wargames machen sich bei Anwendungen, welche eine starke Dynamik, eine hohe Komplexität und viele Unsicherheiten bezüglich Märkten, Kunden und Reglements verfügen, besonders bemerkbar. Kurtz stellt folgende Fälle vor, in denen ein Einsatz von Business Wargames sinnvoll ist Kurtz 2002):

- „The company is facing new forms of competition, or a major new direct competitor, especially one not playing by the traditional rules.“
- „There is a critical lack of consensus about what the company's new strategic direction should be“
- „The company has large amounts of data and information about its markets and competitors, but doesn't seem to know what to do with it“

3. Fallstudie „Neue Geschäftsmodelle für einen Hidden Champion"

Ein typischer „Hidden Champion" als Markführer für Spezialmaschinen wollte mit seiner erweiterten Geschäftsleitung (ca. 20 Personen) differenzierte Wettbewerbsszenarien in einem dynamischen Umfeld analysieren und die neue strategische Ausrichtung diskutieren. Ein Schwerpunkt war neben der Vertriebsstrategie generell die Fragestellung, wie sich das Geschäftsmodell weiterentwickeln lässt.

Das Business Wargame wurde als 1,5-tägiger Workshop mit 20 Teilnehmern aus dem Topmanagement des Unternehmens durchgeführt. Abgebildet wurde – anhand realistischer Daten – die aktuelle Lage des Unternehmens, allerdings mit einem starken Abstraktionsgrad. Das Portfolio des Unternehmens wurde zu den drei wesentlichen Produktkategorien und zusätzlich dem Dienstleistungssegment zusammengefasst. Marktseitig wurden die fünf wichtigsten Kundensegmente dargestellt.

Der Ablauf des Wargames gestaltete sich wie folgt:

1. Jahr: Business as usual mit einem Set an bekannten Handlungsoptionen und Spielzügen, d.h. der Fokus lag auf Produktweiterentwicklungen, Vertriebswegen etc.. Aus dem Set der möglichen Spielzüge konnten die Teilnehmer (5 konkurrierende Teams mit jeweils 4-5 Teilnehmern) über eine begrenzte Zahl von Spielzügen entscheiden.
2. Jahr: Darauf aufbauend wurden im folgenden Jahr weitere mögliche Spielzüge freigeschaltet. Diese waren auf den ersten Blick teilweise unkonventionell, arbeiteten mit innovativen Value Propositions, neuen Wegen der Gestaltung der Kundenbeziehung, innovativen Wegen des Pricings und damit einer Umgestaltung der Umsatzströme, einem neuen Blick auf Partner, notwendige Ressourcen und den Aktivitäten. Als gedankliche Vorlage wurde hier das Business Model Canvas von Osterwalder und Pigneur (vgl. Osterwalder, Pigneur 2012) verwendet. Neben den vorgegebenen Spielzügen konnten weitere eigene Spielzüge entwickelt werden, welche diese Grundgedanken nutzen konnten.
3. Jahr: Über Nacht wurden diese Spielzüge evaluiert und durch ein Team von Experten in dem Management Wargaming Tool hinterlegt. Mit diesem Schritt konnte die Grenze zwischen dem geschlossenen und dem offenen Ansatz aufgehoben werden. Die Teams konnten am nächsten Morgen mit ihren eigenen Spielzügen das 3. Geschäftsjahr spielen. Die Software brachte sämtliche Ein-

zelmaßnahmen in einen Gesamtkontext und erlaubte zudem eine Rückkoppelung zur Unternehmensstrategie.

4. Jahr: zum Abschluss wurden sämtliche Spielzüge – soweit sie in der Realität nicht durch z.B. Patente geschützt sind – für alle Konkurrenten geöffnet, somit konnte eine weitere Objektivierung und Validierung erzielt werden.

Das Feedback zur Veranstaltung fiel äußerst positiv aus. Vielfältige Ideen, Maßnahmen und strategische Optionen wurden entwickelt, diskutiert, teilweise validiert und manchmal auch – ein für alle Mal – falsifiziert. Die folgende Abbildung zeigt eine generische Übersicht über verschiedene Ideen zur Weiterentwicklung und Optimierung des Geschäftsmodells:

<table>
<tr>
<td rowspan="2">Partners

Find Media-Partners to promote new offerings
Partner with businesses to create new experiences
Co-Branding efforts</td>
<td>Investments/ Assets

Invest into own stores in inner cities</td>
<td>Staff

Professional sales people will become consultants</td>
<td rowspan="2">Value Propositions
Products, Services

Use the brand to promote the coffee-experience (instead of the product)
Create an academy and consulting branch to help our clients to sell more</td>
<td>Costumer Relationships

Create a club
Move costumers into (free) service contracts</td>
<td rowspan="2">Market Segments

Segment customers by profitabiliy
Use Blue-Ocean-Strategy to understand non-customers
Find an easy entry into the „Rogers“ by allowing step-up
Increase the business with professional service providers</td>
</tr>
<tr>
<td>Working Capital

Revisit inventory strategy
Revisit payment conditions with the help of subscription modells</td>
<td>Processes

Consult clients
Remove typical distribution efforts from them
Customer service has to become pro-active</td>
<td>Sales Channels

Create Shop-in-chop concepts
Franchise stores
Direct sales via the club and options to „rent“</td>
</tr>
<tr>
<td colspan="3">Costs

Make revenues more variable and become more adaptive towards capacities
Revisit the advertising budget</td>
<td colspan="3">Revenue Streams

Create more constant and sustainable revenue streams
Smoothen out revenue stream
Revisit the option to either charge for consulting/academy services OR „split-the-difference“</td>
</tr>
</table>

Abb. 4: Generische Übersicht[2]

Die innerhalb des Business Wargames als erfolgreich identifizierten strategischen Spielzüge wurden auf realisierbare Maßnahmen heruntergebrochen und werden nun in mehreren Projekten umgesetzt. Gleichzeitig werden die Ergebnisse des Business Wargames in ein klassisches Planspiel umgesetzt, welches im nächsten Schritt für eine Seminarreihe zur Kommunikation der Strategie im Unternehmen eingesetzt wird.

2 Diese Übersicht basiert auf dem Buch „Business Model Generetion“ (Osterwald, Pigneur 2011/2012) und ist das Ergebnis einer Workshops von Prof. Dr. Nils Högsdal.

4. Zusammenfassung und Ausblick

Management- bzw. Business Wargames nutzen Simulation & Gaming-Ansätze weniger für Lehr- und Lernzwecke, sondern vor allem für die (gemeinsame) Entwicklung strategischer Handlungsoptionen und eine Analyse von deren Auswirkungen. Eine Stärke der vorgestellten (halb-)offenen Ansätze ist die Teilautomatisierung der direkten, indirekten und Folgewirkungen der Spielzüge. Da neben der Regelspielkomponente (welche eine einfache Simulation auszeichnet) auch eine Rollenspielkomponente enthalten ist, sind diese weniger für Prognosen, sondern primär für das Erkennen von Handlungsspielräumen und für die Entwicklung von Szenarien geeignet. Ein Lernen findet dennoch über einen deutlichen Erkenntnisgewinn aller Beteiligter statt. Im Folgenden möchten wir die Wertbeiträge aus dem Einsatz des dargestellten Business Wargaming-Ansatzes zusammenfassen:

- Entwicklung einer gemeinsamen Sprache: Die Teilnehmer entwickeln im Business Wargaming ein gemeinsames Verständnis für die Herausforderungen der Unternehmung.
- Business Wargaming adressiert die Weiterentwicklung des strategischen Denkens weg von einer reinen Produktorientierung hin zum „Denken in Geschäftsmodellen".
- Mit der Methode Business Wargaming können Unternehmen gefahrlos die Änderungen von Geschäftsmodellen auf ihre Validität prüfen, da Teilnehmer innerhalb des Business Wargaming einen breiten Katalog an neuen strategischen Spielzügen generieren.
- Die entwickelten strategischen Spielzüge und die möglichen Reaktionen von Wettbewerbern, Kunden und Lieferanten werden im dynamischen Kontext simuliert. Dies ermöglicht die Identifikation von effizienten Spielzügen und gibt Ansatzpunkte für die Diskussion um Erfolgsfaktoren für eine zukunftsorientierte Unternehmenssteuerung.

Bei allen Stärken darf allerdings nicht der dafür zugrunde liegende Aufwand vergessen werden. Die Entwicklung speziell gestalteter halboffener Wargames war klassischerweise eine Domäne von Strategieberatungen und erfordert Projektbudgets im sechs- bis siebenstelligen Bereich. Neue Entwicklungswerkzeuge und Modellierungsmethoden haben diesen Aufwand nun deutlich reduziert, die Entwicklung und Durchführung eines Wargames muss nicht teurer sein als vergleichbare Management-Konferenzen mit z.B. bekannten Rednern.

Literaturverzeichnis

Abele, Eberhard; Kuske, Philipp; Lang, Horst (2011): Schutz vor Produktpiraterie. Ein Handbuch für den Maschinen- und Anlagenbau. 1st Edition. Berlin: Springer Berlin.

Deltl, Johannes (2011): Strategische Wettbewerbsbeobachtung. So sind Sie Ihren Konkurrenten laufend einen Schritt voraus. 2., überarbeitete Auflage. Wiesbaden: Gabler Verlag / Springer Fachmedien Wiesbaden GmbH, Wiesbaden.

Dunnigan, James F. (2000): Wargames handbook. How to play and design commercial and professional wargames. 3rd ed. San Jose, Calif: Writers Club Press.

Gallup GmbH Deutschland: Jeder vierte Arbeitnehmer hat innerlich gekündigt 2012. Online verfügbar unter http://www.download.ff-akademie.com/Gallup-Studie.pdf, zuletzt geprüft am 03.03.2014.

Gilad, Ben; Junginger, Markus Götz (2010): Mit Business Wargaming den Markt erobern. Strategische Kriegsführung für Manager. 1. Aufl. München: Redline-Verlag.

Helmke, Stefan; Uebel, Matthias; Dangelmaier, Wilhelm (Hg.) (2013): Effektives Customer-Relationship-Management. Instrumente - Einführungskonzepte - Organisation. 5., überarb. Aufl. Wiesbaden: Springer Gabler.

Herman, Mark; Frost, Mark; Kurz, Robert (2009): Wargaming for leaders. Strategic decision making from the battlefield to the boardroom. New York: McGraw-Hill.

Högsdal, Nils (2004): Blended Learning im Management-Training. 1. Aufl. Lohmar: Eul Verlag (E-Learning, Bd. 5).

Högsdal, Nils (2013): Vom Deutschen Unternehmensplanspiel für zukünftige Eliten zum kompetenzorientierten Lernen für alle – die Evolution des Planspieleinsatzes in Deutschland, Folien zum Vortrag am 23.03.2013 auf dem SAGSAGA-Netzwerktreffen in Braunschweig.

Osterwalder, Alexander, Pigneur, Yves (2012): Business Model Generation, Frankfurt am Main.

Oriesek, Daniel F.; Schwarz, Jan Oliver (2009): Business wargaming. Unternehmenswert schaffen und schützen. 1. Aufl. Wiesbaden: Gabler (Uniscope).

Poorvash, Reza (2010): Szenariobasiertes Wargaming. Ein Instrument zur strategischen Entscheidungsunterstützung. Hg. v. Suhl, Leena. Norderstedt: Books on Demand.

Tiberius, Victor A. (Hg.) (2011): Zukunftsorientierung in der Betriebswirtschaftslehre. 1. Aufl. Wiesbaden: Gabler.

Washburn, Alan R.; Kress, Moshe (2009): Combat modeling. Dordrecht, New York: Springer (International series in operations research & management science, 134).

Managementsimulation als korporativer Lernprozess zur Rationalitätssicherung

Jan-Philipp Büchler, Sabine Quarg

Ein dynamisches Marktumfeld ist durch strategische Interaktion der Marktakteure gekennzeichnet und erfordert eine vorausschauende Berücksichtigung von strategischen Verhaltensweisen aktueller und potenzieller Wettbewerber. Klassische Methoden der Strategieentwicklung sind aufgrund ihrer Linearität und Statik nur bedingt zur strategischen Frühaufklärung und Entwicklung dynamischer Wettbewerbsstrategien geeignet. Managementsimulationen sensibilisieren Unternehmen für die Pfadabhängigkeit von strategischen Entscheidungen und dienen im Sinne eines korporativen Lernprozesses als Korrektiv linearer Strategieentwicklung.

Dynamic business environments are characterized by strategic interactions of competing firms requiring corporate foresight activities in order to anticipate future conduct of actual and potential competitors. The classic set of instruments and methods for strategy development are of limited suitability in dynamic markets because of their linear and static approach for assessing market strategies. Under these conditions, business simulations drive management attention towards strategic market interactions as well as path dependency created by specific courses of strategic action and help stimulating organizational learning for adjusting linearity in strategy development.

1. Herausforderung an die Strategieentwicklung im dynamischen Marktumfeld

Unternehmen stehen in einem vielfältigen Austausch mit ihrer Umwelt. Die Komplexität der Unternehmensumwelt und damit verbunden die Komplexität in den Unternehmen selbst ist in den letzten Jahren rasant angestiegen. Hierzu zählt z.B. eine steigende Anzahl von Markt- und Produktsegmenten, in denen Unternehmen aktiv sind. Infolgedessen nimmt die Unternehmenstätigkeit an Differenziertheit und Umfang zu. So werden Marktsegmente immer feiner abgegrenzt, Kundengruppen differenzierter bestimmt und Absatzregionen weltweit erschlossen. Damit steigt die regionale sowie globale Unternehmenstätigkeit für eine Vielzahl von Unternehmen. Ebenso nimmt die **Dynamik** der Unternehmensumwelt zu. So verändern sich die Anforderungen im Marktumfeld in immer kürzeren Zeitabständen. Zu nennen ist hier z.B. die Schnelllebigkeit von Trends, was zu erheblichen Verkürzungen von Produkt- und Technologielebenszyklen führen kann. Auch die Erwartungen seitens der Mitarbeiter eines Unternehmens oder rechtlich-administrative Rahmenbedingungen unterliegen zunehmend Veränderungen. Zahlreiche Anspruchsgruppen formulieren immer häufiger Erwartungen an Unternehmen, wobei das Management abwägen muss, welche dieser Ansprüche einzelner Interessengruppen seitens des Unternehmens berücksichtigt werden sollen.

Diese Vielfalt umschreiben die Begriffe der Komplexität und Dynamik. Das Management sieht sich mit einer Vielfalt an Ereignissen in Gegenwart und Zukunft konfrontiert. Diese Vielfalt birgt die Gefahr der Unübersichtlichkeit. Damit nimmt für das Management die Unsicherheit in der Entscheidungsfindung zu. Im extremen Fall kann es zu einem Verlust der Reaktions- und Aktionsfähigkeit eines Unternehmens im Vergleich zu seinen Wettbewerbern kommen.

Um Orientierung in dieser Vielfalt zu ermöglichen und Handlungsspielräume zu erreichen, ist eine Reduktion der Komplexität und Dynamik im Abbild des strategischen Managementprozesses meist unerlässlich. Diese Reduktion wird durch Selektion erreicht, d.h. es werden nur bestimmte Aspekte aus Umwelt und Unternehmen betrachtet, nur eine Beschäftigung mit bestimmten Fragestellungen zugelassen. Somit besteht das Problem, dass selektive Perspektiven den strategischen Managementprozess dominieren können. Die Reduzierung der Umweltkomplexität ermöglicht zwar die Problembearbeitung in überschaubaren Arbeitspaketen, allerdings bleibt die Komplexität der Umwelt unabhängig davon bestehen. Dies führt gegenwärtig immer häufiger dazu, dass sich innerhalb der Umwelt unerwartete Veränderungen ergeben, die einmal gefundene Bearbeitungsmuster und Routinen im Unternehmen obsolet werden lassen. Aus diesem Grund wird Management auch als fortlaufender Problemlösungsprozess umschrieben (vgl. Steinmann, Schreyögg 2005, S. 142).

Beziehungen zwischen Unternehmen und Umwelt sind aufgrund ihrer Komplexität und ihrer Mehrdeutigkeit damit nur im begrenzten Maße durch das Management beherrschbar. Es fehlt die Sicherheit in der Entscheidungsfindung. Das Risiko wird folglich zum grundlegenden Merkmal des Steuerungsprozesses in Unternehmen, da das Ausgeblendete unerkannt bleibt, seine Wirkungen für das Unternehmen zu potenziellen Überraschungen werden, die jederzeit auftreten können. Allerdings lässt sich der Unternehmens-Umwelt-Bezug im Management mithilfe der Planung bewältigen. Planung allein reicht jedoch nicht aus, unternehmensbestandskritische Situationen zu meistern. Es sind vielmehr zum anderen parallel laufende Aufgaben zu tätigen, die das Risiko durch kompensierende Maßnahmen begrenzen. Hierzu zählen z.B. Maßnahmen zur vorausschauenden Überwachung der Umweltentwicklung sowie zur Gegensteuerung.

Auf der Grundlage von Erkenntnissen aus der systemtheoretischen Analyse zweckorientierter Handlungssysteme zielen Lenkungsregeln darauf ab, bei grundsätzlicher Stärkung der Lern- und Selbstorganisationsfähigkeit von Systemen Gestaltungsmaßnahmen und Lenkungseingriffe so zu wählen, dass die Vernetzung und Eigendynamik der Systeme genutzt und dabei zugleich unkontrollierbare und nur schwer reversible Systemreaktionen vermieden werden (vgl. Ulrich, Probst 1995, S. 210ff.). Eine zentrale Herausforderung besteht darin, die Flexibilität und Innovationskraft, die im Mittelpunkt derartiger Konzepte steht, mit der Forderung nach Aufrechterhaltung der Effizienz des Systems in Einklang zu bringen. Erfolgreiches Management ist konsequenterweise nicht durch das Gelingen des „großen Wurfs“ definiert, sondern durch den harmonischen, ein Gleichgewicht zwischen Bewahrung und Wandel realisierenden Verlauf evolutionärer Systementwicklung (vgl. Malik 2003, z.B. S. 44ff., 105ff.). Welche Möglichkeiten sich einem Management hierzu eröffnen, wird in den nachfolgenden Ausführungen dargestellt.

2. Denkschulen in der Strategieentwicklung

2.1 Planungsschule: Lineare und deterministische Planungsannahmen

Als Begründer der Planungsschule gilt Ansoff (1965). Die Planungsschule versucht, den **Strategieentwicklungsprozess** als solchen formal und systematisch in Teilpläne herunterzubrechen und präzise Prozessabläufe zu definieren, um langfristig geplante Ziele bestmöglich zu erreichen. Planung, insbesondere strategische Planung, zwingt dazu, sich systematisch mit langfristigen Entwicklungen von Umwelt und Unternehmen zu beschäftigen. Damit sollen Tendenzen im Management ausgeglichen werden, sich nur auf dringende kurzfristige Probleme zu konzentrieren.

Die Planungsschule legt den Schwerpunkt bei der Strategieentwicklung auf eine Untergliederung in Prozessschritte und deren Formalisierung (vgl. Mintzberg, Ahlstrand, Lampel 1999, S. 63ff.). Nach dem Verständnis der Planungsschule ergeben sich Strategien aus einem kontrollierten, bewussten Prozess formaler Planung. Formal erfolgt eine Unterteilung in einzelne Teilschritte, die einer logischen Struktur folgen (siehe Abb. 1). Als Hilfsmittel dienen häufig Checklisten (vgl. Mintzberg, Ahlstrand, Lampel 1999, S. 65f.). Weitere Techniken, die im Rahmen des Strategieentwicklungsprozesses eingesetzt werden, sind die Szenario-Technik und Frühwarnkonzepte.

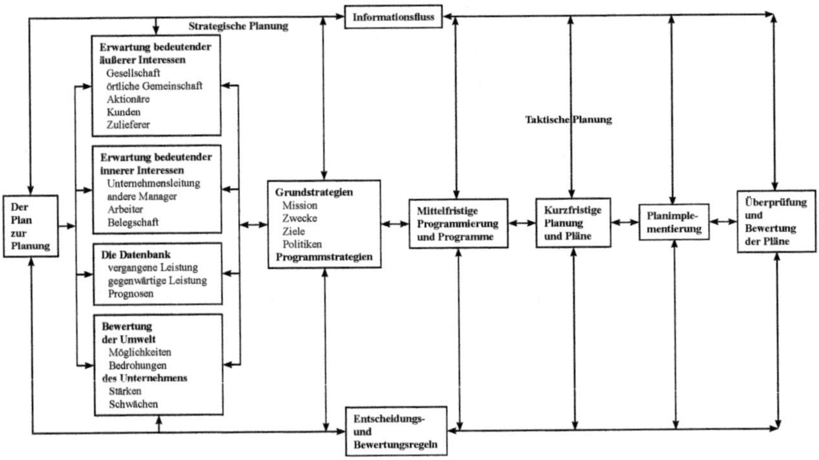

Abb. 1: Linearer Planungsprozess (vgl. Steiner 1979, S. 17)

Ausgangspunkt der Planung sind nach dem Verständnis der Planungsschule die aus der Umwelt- und Wettbewerbsanalyse generierten Ergebnisse. Zur Umsetzung vorab formulierter strategischer Ziele gilt es, mithilfe der strategischen Planung rational spezifische Maßnahmen konkret zu planen, mit deren Hilfe die formulierten Ziele erreicht werden können. Rationalität („Comprehensiveness“) lässt sich nach Bamberger, Wrona (2004, S. 378) durch prozedurale, informations- und methodenbezogene Aspekte erfassen. Hierzu zählen im Einzelnen die Vollständigkeit und das systematische Vorgehen im Rahmen der Aktivitäten, die Intensität und Tiefe von Informationsgewinnung und -analyse, die Einbeziehung von internem und externem Expertenwissen, die Verwendung systematischer Methoden oder die Koordination und explizite Formulierung von Problemlösungen, welche dann häufig in Form von Checklisten formal abgefragt werden.

Der Schwerpunkt dieser Denkschule liegt in der Betonung der **Planungsphase**. Die aus diesem Prozess hervorgehenden Strategien sind ausformuliert und müssen ausdrücklich festgehalten werden, damit sie unter detaillierter Beachtung von Zielen, Budgets, Programmen und Betriebsplänen verschiedenster Art im Unternehmen implementiert werden können. Die **Umsetzungsphase** der Strategie gilt dabei als Automatismus. Anpassungen der geplanten Maßnahmen sind während der Umsetzungsphase ausgeschlossen. Am Schluss des Prozesses dient eine strategische **Kontrollphase** als Prämissen- und Durchführungskontrolle zum Überprüfen der Wirksamkeit der geplanten Strategie.

Formale Planungsansätze lassen sich bevorzugt in wenig dynamischen, d.h. stabilen Umwelt-Unternehmenskonstellationen in regelmäßigen Abständen und schrittweise zur Entwicklung von Strategien einsetzen. Mithilfe dieser formalen Verfahren können große, meist divisionalisierte und zentral organisierte Unternehmen durch das Top-Management effizient gesteuert werden. Die Entwicklung und Definition der Strategien erfolgt schwerpunktmäßig durch Experten, d.h. einer Gruppe von Planungsspezialisten. Auf Basis umfangreicher quantitativer und qualitativer Informationen führen diese Experten mithilfe formaler Verfahren Analysen durch. Aus diesen Analysen werden durch Synthese, d.h. durch das Zusammensetzen der verschiedenen Einzelinformationen zu entsprechend logisch formulierten Erkenntnissen, Strategiealternativen aufgezeigt. Diese Alternativen sind vorausschauend auf die Zukunft des Unternehmens ausgerichtet, in einem rational-logischen Entscheidungsprozess bewusst und beabsichtigt entstanden.

Der klassische Strategiebegriff definiert Strategie dementsprechend als geplantes Maßnahmenbündel eines Unternehmens zum Erreichen seiner langfristigen Ziele (vgl. Chandler 1962, S. 23). Eine Strategie ist als Bündel miteinander verbundener Einzelentscheidungen zu verstehen, die sowohl Aussagen zur Positionierung des Unternehmens im Wettbewerb als auch maßnahmenbezogen Aussagen zur Ressourcenallokation treffen. Eine Strategie beschreibt damit eine generelle unternehmerische Handlungsmöglichkeit, die für das Unternehmen zu einer Position von verteidigungsfähigen Wettbewerbsvorteilen führt. Hierfür gilt es die für das Unternehmen wesentlichen kritischen Erfolgsfaktoren im Wettbewerb zu analysieren, die Umwelt auf Chancen und Bedrohungen abzusuchen, die Stärken und Schwächen des Unternehmens zu ermitteln und darauf aufbauend Strategien im Hinblick auf die strategischen Ziele zu entwickeln, zu bewerten und auszuwählen. Im Verständnis der Planungsschule gilt es, auf alles vorbereitet zu sein, um dann auf Veränderungen schnell reagieren zu können (vgl. Mintzberg, Ahlstrand, Lampel 1999).

Die Verantwortung für den allgemeinen Planungsprozess liegt grundsätzlich beim Top-Management. In der Praxis liegt jedoch die Verantwortung für die Ausführung des Strategieentwicklungsprozesses bei den Stabsexperten in der Planungsabteilung. Ihnen obliegt es, den Prozess der Strategieentwicklung zu untergliedern und formalisiert die entsprechend notwendigen Informationen zu erheben. Die Planer haben gemäß der Prämisse der Planungsschule, dass Analyse zur Synthese führt, die Aufgabe, relevante unternehmensexterne und -interne Informationen zur Erstellung der Ist-Unternehmenssituation zusammenzutragen und abzugleichen. Im Ergebnis dessen gilt es aufzubereiten, wie unter den gegebenen Rahmenbedingungen die gewünschte Soll-Unternehmenssituation zu erreichen ist. Im Mittelpunkt stehen damit eine eher formale Betrachtung und Darlegung, wie beabsichtigte Strategien in strategische Programme umgesetzt werden müssen. Diese Vorgehensweise hat ihre Berechtigung in einer stabilen Umweltsituation, die es ermöglicht, Entwicklungen mit einer bestimmten Wahrscheinlichkeit vorherzusagen.

Bei wenig stabilen und damit eher unvorhersagbaren Umweltentwicklungen empfiehlt sich diese Vorgehensweise eines eher auf Vorschriften setzenden Planungsverständnisses nicht, da Pläne ihrer Natur nach Flexibilität eher behindern.

Kritisch am Verständnis einer planungsorientierten Perspektive ist die Betonung einer ganzheitlichen, auf dem Wege einer geplanten Strategieentwicklung entstehenden Strategie (vgl. Mintzberg, Ahlstrand, Lampel 1999, S. 74f.; Welge, Al-Laham 1999, S. 30). Das sogenannte **synoptische Planungsideal** (zum Begriff siehe Bea, Haas 2013, S. 212) betrachtet eine sich schrittweise herausbildende Strategie eher im Hintergrund. Auch das Verständnis, dass Organisationsstruktur und -kultur als veränderbare Variable betrachtet werden, die an die Strategie angepasst werden können, stößt heute auf Kritik. Eine solche Sicht entspricht eher einem administrativen veralteten Managementverständnis.

Des Weiteren entstehen auch praktische Probleme in der Handhabung der strategischen Planung. Diese resultieren aus zu detailliert erarbeiteten Strategieplänen sowie der Vernachlässigung der Strategieimplementierung und der dazu benötigten Ressourcen. Auch wird die Sicht auf Systeme, interne Strukturen und Prozesse des Unternehmens eher weniger berücksichtigt. Infolgedessen fehlt eine Verknüpfung zum operativen Controlling. Darüber hinaus führt die Delegation der Strategieformulierung an die Planungsstäbe zu einer geringen Akzeptanz auf der ausführenden Ebene.

Der Nutzen einer Strategie wird aus einer planungsorientierten Perspektive heraus mithilfe der Instrumente Konkurrenzanalyse, Szenario-Technik und Frühaufklärungssysteme beurteilt. Szenario-Technik und Frühaufklärungssysteme werden in den nachfolgenden Ausführungen inhaltlich kurz dargestellt. Es wird darüber hinaus auch Bezug auf ihre heutige Bedeutung als Managementtechnik genommen.

Es ist zu konstatieren, dass sich strategische Fragestellungen aufgrund ihrer Eigenschaften einer logisch-stringenten Planungsrationalität weitgehend entziehen. Strategische Probleme lassen sich dahingehend charakterisieren, dass sie i.d.R. (vgl. Steinmann, Schreyögg 2005, S. 327ff.)

- unprognostizierbar, d.h. wichtige Entscheidungsparameter zur Entwicklung von Markt-, Kunden-, Wettbewerbsstrukturen kaum vorhersehbar sind,
- vielfältig, d.h. eine unüberschaubare Vielfalt an Ereignissen existiert, die dazu führt, dass Wichtiges von Unwichtigem schwer unterschieden werden kann,
- widersprüchlich in ihren einzelnen Aspekten,
- mehrdeutig in ihrer Wahrnehmung und Interpretation von Ereignissen und
- mangelhaft zerlegbar aufgrund ihrer komplexen Problemstruktur sind.

Für die Entwicklung des strategischen Managements lässt sich festhalten, dass sich ein Paradigmenwechsel vollzogen hat. Im Mittelpunkt steht nicht mehr die präskriptive Betrachtung von Strategien, die vorschreibt, wie Strategien formuliert werden sollten (vgl. Mintzberg, Ahlstrand, Lampel 1999, S. 17). Als besonders markante Entwicklung wird die abnehmende Planbarkeit strategischer Systeme gesehen. Insbesondere ist das Umfeld von Unternehmen durch Diskontinuitäten, Überraschungen und starke Turbulenzen gekennzeichnet. Dementsprechend haben sich Theorie und Praxis vom Ideal der plandeterminierten Unternehmenssteuerung verabschiedet. Im Zentrum der neueren Entwicklungen im strategischen Management steht gegenwärtig die Auseinandersetzung mit der Unplanbarkeit von Unternehmen und der Suche nach alternativen Modellen strategischer Steuerung (vgl. z.B. Malik 2013, 2011; Sull, Eisenhardt 2012; Molinsky 2012; Reeves, Love, Tillmanns 2012).

Zusammenfassend lässt sich feststellen, dass die Wahrnehmung traditioneller

Führungsfunktion in erster Linie auf die Managementfunktion Planung abzielt. Planung, insbesondere strategische Planung, zwingt dazu, sich systematisch auch mit langfristigen Entwicklungen von Umwelt und Unternehmen zu beschäftigen. Damit sollen Tendenzen im Management ausgeglichen werden, sich nur auf dringende kurzfristige Probleme zu konzentrieren.

Mit einer strategischen Planung verbunden ist auch die Möglichkeit zur Früherkennung von Problemen. Aber auch aktuelle Entscheidungen lassen sich unter dem Aspekt der längerfristigen Perspektive betrachten.

Im traditionellen Managementverständnis stellt Planung die zentrale Managementfunktion dar. Sie bedient sich aller Funktionen im Unternehmen, um den Plan zu realisieren (vgl. Schreyögg 1999, S. 388; Steinmann, Schreyögg 2005, S. 131ff.). Der Begriff der **plandeterminierten Unternehmensführung** umschreibt diesen Sachverhalt (vgl. Steinmann, Schreyögg 2005, S. 133). Die Planung als Prozess der Erkenntnis und Gestaltung der Zukunft gibt dem Unternehmen Richtung und Struktur, alle anderen Managementfunktionen sind der Planung nachgeordnet und stellen nur Mittel zur effizienten Planverwirklichung dar. Sie haben lediglich Instrumentalcharakter.

In dieser Sichtweise hat allein die Planung ein eigenständiges Steuerungspotenzial, alle anderen haben lediglich eine Mittelaufgabe ohne eigenständige Steuerungsmöglichkeit wahrzunehmen. Hier ist allerdings anzumerken, dass sich zum einen nicht alles rational planen lässt, da weder das Unternehmen noch seine Umwelt in ihrer Komplexität sicher erfassbar und prognostizierbar sind. Zum anderen müssen aber Entscheidungen trotz Komplexität, Dynamik und Mehrdeutigkeit der Entscheidungssituation getroffen werden. Dies geht nur durch Ausblendung bzw. Selektion irrelevanter oder konstanter Einflussfaktoren. Dies birgt jedoch strategische Überraschungen in sich. Darüber hinaus lässt das traditionelle Kontrollverständnis keine Überprüfung der dem Planungsprozess zugrunde liegenden Annahmen zu.

Dementsprechend ist ein neuer Bezugsrahmen für die Probleme des Strategischen Managements geschaffen worden. Planung, Organisation, Personalführung und Kontrolle sind gleichermaßen von Wichtigkeit. Alle Funktionen weisen ein eigenständiges Steuerungspotenzial auf (vgl. Schreyögg 1999).

2.2 Lernschule: Unzureichende Konvergenz in Richtung einer klaren Strategie

Die Lernschule betrachtet die Strategieentwicklung als einen sich herausbildenden Prozess in einer komplexen und unplanbaren Unternehmensumwelt. Aufgrund dieser bereits beschriebenen Umweltbedingungen ist das für die Strategieentwicklung notwendige Wissen in großen Organisationen meist in hohem Maße fragmentiert und dezentral vorhanden. Eine rationale Planung und anschließende Kontrolle von Strategien lehnen Vertreter der Lernschule daher ab. Stattdessen wird Strategieentwicklung als ein Prozess verstanden, in dem die Formulierung und Umsetzung von Strategien simultan verlaufen.

Die Ursprünge der Lernschule finden sich im fragmentierten und logischen **Inkrementalismus** und der evolutionären Theorie. Lindblom (1959), inspiriert durch die Beobachtung politischer Entscheidungsprozesse, entwickelt eine Steuerungskonzeption, deren Ergebnisse sich durch wechselseitig untereinander erfolgende Abstimmungsprozesse aller beteiligten Akteure ergeben. Bei dieser Methode, die er als *Muddling Through* bezeichnet, wird auf eine zentrale Koordination und eine strukturierte Planung verzichtet. Es handelt sich vielmehr um einen seriellen und fragmentierten Prozess. Quinn (1980) entwickelt diesen Grundgedanken im logischen Inkrementalismus weiter und vermutet eine grundsätzliche Logik in dem seriellen Prozess, welche es ermöglicht, die Fragmente aller beteiligten Akteure zu bündeln und in Richtung einer endgültigen Strategie zu lenken. Diese bildet sich in einem durch z.B. die Unternehmensleitung gestalteten Prozess heraus, der durch das logische Verbinden von internen Entscheidungen und externen Ereignissen gekennzeichnet ist und einen allgemeinen und geteilten Handlungskonsens zwischen den Akteuren vereinbart. Die zentrale Aufgabe der Unternehmensführung ist es, diese Handlungsströme mit den Ereignissen zu einem Fit zu entwickeln, sodass inkrementell eine bewusste Strategie daraus entsteht. Insofern bedeutet strategisches Management, die Denk- und Handlungsmuster aller Beteiligten miteinander in Einklang zu bringen.

Die Unternehmensführung bleibt dabei in ihrer zentralen Gestaltungsfunktion der Architekt der Strategie, allerdings besitzen die Mitarbeiter in der Unternehmensorganisation ein hohes Maß an gelernter Erfahrung und Kompetenz, die im Strategieprozess genutzt werden.

In diesem Sinne beschreibt Burgelman (1983) ein Prozessmodell der Strategieentwicklung und Planung, das davon ausgeht, dass strategische Initiativen tief in der Unternehmensorganisation entstehen und von Befürwortern im Mittelmanagement (sog. *Champions*) im Unternehmen unterstützt und schließlich von der Unternehmensführung aufgegriffen und in die endgültige Strategie integriert werden. Dieser Prozess ist grundsätzlich durch die unterschiedlichen Interaktionsmuster und den organisatorischen Kontext geprägt. *Championing* spielt dabei die zentrale Rolle für die

Integration von erfolgreichen und autonom entstandenen strategischen Verhaltensweisen auf der operativen Ebene in die Unternehmensstrategie (vgl. Burgelman 1983). Dies hängt von der Initiative und den Fähigkeiten der Akteure ab, die tief im Inneren der Unternehmenshierarchie gewissermaßen als interne Unternehmer handeln (sog. *Intrapreneurship*). Aufgrund dieser Kontextfaktoren und gelernten Interaktionsmuster kann erklärt werden, warum zwei weitestgehend identische Unternehmen bei der Bearbeitung eines völlig neuen Geschäftsfeldes verschiedene Strategien einschlagen (vgl. Noda, Bower 1996).

Die Lernschule stellt somit neben die **geplante Strategie**, die darauf gerichtet ist, die Ziele des Managements strukturiert und planvoll umzusetzen, die sog. **emergente Strategie**, die sich im Unternehmensalltag herausbildet und auf dem organisationalen Lernen und Handeln im Unternehmen beruht (siehe Abb. 2). Dabei wird der Organisation die Fähigkeit des Lernens und Experimentierens anerkannt, d.h. strategische Initiativen können in jeder Hierarchieebene entstehen, Rückkopplungen entgegengenommen und der Prozess so lange fortgesetzt werden, bis die Organisation ein Handlungsmuster herausbildet, das eine konsistente Gestaltung der Unternehmensressourcen unter Berücksichtigung der Unternehmensumwelt ermöglicht.

Abb. 2: Strategie als Handlungsmuster (vgl. Büchler 2014, S. 186)

Diese Perspektive der Lernschule bricht mit dem klassischen Grundsatz des strategischen Managements, wonach die Strategieformulierung vor der Implementierung erfolgen muss. Nach Nonaka, Takeuchi (1995) nimmt das strategische Lernen im Unternehmen eine zentrale Bedeutung ein und setzt bei der Bedeutung des impliziten Wissens (sog. Tacit Knowledge) und dessen Zusammenspiel mit dem expliziten Wissen an. Nach Nonaka, Takeuchi (1995, S. 18) lässt sich

> *„Explizites Wissen [...] in Worten und Zahlen ausdrücken und problemlos mit Hilfe von Daten, wissenschaftlichen Formeln, festgelegten Verfahrensweisen oder universellen Prinzipien mitteilen. Wissen ist demnach gleichbedeutend*

mit einem Computercode oder einer chemischen Formel. [...] Implizites Wissen ist sehr persönlich und entzieht sich dem formalen Ausdruck, es lässt sich nur schwer mitteilen. Subjektive Einsichten, Ahnungen und Intuition fallen in diese Wissenskategorie. Darüber hinaus ist das implizite Wissen tief verankert in der Tätigkeit und der Erfahrung des Einzelnen sowie in seinen Idealen, Werten und Gefühlen."

Unternehmen können Wissen meist erst dann nutzen, wenn es in expliziter Form vorliegt. Eine zentrale Aufgabe der Unternehmensführung ist es daher, einen Prozess des Wissensaustauschs und der Wissenstransformation zwischen den beteiligten Akteuren zu gestalten und zu lenken. Die vier grundlegenden Prozesse der Wissenstransformation beschreiben Nonaka, Takeuchi (1995) als Sozialisation, Externalisierung, Kombination und Internalisierung.

- **Sozialisation** beschreibt die implizite Weitergabe von stillschweigendem Wissen zwischen beteiligten Akteuren durch Beobachtung, Nachahmung und gemeinsame Aktivität z.B. Workshadowing. Es entstehen gemeinsame mentale Modelle und technische Fähigkeiten.
- **Externalisierung** umfasst die Umwandlung von implizitem Wissen eines Akteurs in explizites Wissen für die gesamte Organisation z.B. durch Dialoge, Diskussionen oder Handbücher und Roadmaps.
- **Kombination** schafft neues Wissen durch die Verbindung formal kodifizierten Wissens zwischen Personen und Funktionen aufgrund der Aggregation, Klassifikation und Interpretation von Informationen und Daten.
- **Internalisierung** bringt das explizite Wissen zurück zur stillschweigenden Form, z.B. durch die Verinnerlichung beim Learning by doing oder Training-on-the-Job.

In der Wissensspirale, dargestellt in Abbildung 3, wirken diese Transformationsprozesse auf dynamische und sich verstärkende Weise zusammen. In der Unternehmenspraxis wird dieses Zusammenspiel unter dem Begriff des kollektiven oder organisationalen Lernens zusammengefasst. Dabei wird unter anderem die Auffassung vertreten, dass die Strategie nicht nur vom organisationalen Lernen abhängt, sondern mittelbar auch von den Organisationsfähigkeiten, das implizite Wissen der beteiligten Akteure zu mobilisieren und den Prozess zu verstärken. Die fundamentalen Anforderungen an die Organisationsfähigkeiten werden in diesem Zusammenhang von Hamel, Prahalad (1997) zusammengefasst als Kernkompetenzmanagement, in dessen Mittelpunkt strategische Interaktion sowie Dehnung und Vervielfältigung stehen.

Abb. 3: Wissensspirale (vgl. Nonaka, Takeuchi 1995, S. 71)

Der systematische Aufbau und die Entwicklung von **Kernkompetenzen** gelten als einzige Quelle für dauerhafte Wettbewerbsvorteile. Kernkompetenzen werden in Anlehnung an Barney (1991) als wertvolle, seltene, nicht-imitierbare und organisationsspezifische Ressourcen und Fähigkeiten verstanden. Ein Unternehmen erreicht eine optimale strategische Passform, indem es seine Kernkompetenzen effektiv in seinem Geschäftsmodell verwendet und effizient im Unternehmen akkumuliert.

Die **strategische Intention** gibt die grundsätzliche und sämtliche Organisationsbereiche umfassende langfristige Entwicklungsrichtung vor, indem z.B. Visionen und Leitlinien formuliert werden. Die strategische Intention berücksichtigt die sich herausbildenden Marktchancen, integriert diese in die Strategie und hat damit einen zentralen Einfluss auf die Ausgestaltung und die Steuerung der Wissensspirale.

Als **Dehnung** bezeichnen Hamel, Prahalad die Diskrepanz zwischen den bestehenden Ressourcen und formulierten Bestrebungen, die durch die Vervielfältigung von wettbewerbsrelevanten Ressourcen aufgrund einer effektiveren Konzentration, Akkumulation, Ergänzung, Konservierung oder Rückgewinnung von Ressourcen verringert werden soll. Dieser Aspekt wird von Nonaka, Takeuchi (1995) auch unter dem Aspekt der Redundanz thematisiert. Unter Redundanz verstehen die Autoren solche Informationen, die über die unmittelbaren operativen Bedürfnisse der beteiligten Akteure hinausgehen und auf ein absichtliches Überschneiden von Informationen über geschäftliche Tätigkeiten, Managementaufgaben und das Unternehmen als Ganzes gerichtet sind (vgl. Nonaka, Takeuchi 1996, S. 96). Dies geschieht mit dem Ziel, die Fragmentierung des Inkrementalismus zu heilen, in dem die Akteure die fachlichen

Grenzen überschreiten und ihre Perspektiven erweitern, teilen und korrigieren, z.B. durch Personalrotation oder wettbewerbsorientierte Teamführung.

Die Grenzen der Lernschule liegen in der grundsätzlichen Komplexität des Ansatzes. Ein zentrales Problem der Lernschule liegt in dem Perspektivenpluralismus der beteiligten Akteure. Die Vielzahl subjektiver Wirklichkeitskonstruktionen und ihre Handhabung können leicht dazu führen, dass keine ausreichende Konvergenz in Richtung einer klaren Strategie entsteht. Die brillante Grundidee scheint aufgrund des hohen Zeitbedarfs von Lern- und Wissenstransformationsprozessen und der aufwendigen Interaktionsprozesse für die Entscheidungsfindung unter Zeitdruck als extrem schwierig umsetzbar.

Eine ausschließliche Lernorientierung kann außerdem dazu führen, dass eine kohärente und uneingeschränkte anwendbare Strategie a priori verhindert wird. Die Akteure wenden sich unter Umständen von dem, was funktioniert, ab und setzen Initiativen nur nach dem Kriterium durch, ob diese neu oder interessant sind. Die Herausforderung besteht darin, das Lernen und die Wissensgenerierung zu fördern, während die funktionierenden Strategien weiterverfolgt werden.

3. Methoden und Instrumente in der Strategieentwicklung

Methoden und Instrumente sind Werkzeuge, dic Manager im Rahmen ihrer zielorientierten Gestaltung eines Unternehmens zur Problemlösung einsetzen können (vgl. Jung, Bruck, Quarg 2013, S. 126f.). Die Techniken helfen, notwendige Inhalte spezifischer Fragestellungen bei der Strategiefindung systematisch zu analysieren und die entsprechenden Antworten zu entwickeln. Für die Strategieentwicklung relevante Methoden und Instrumente zeigt Abbildung 4. Strategische Fragestellungen betreffen dabei die grundsätzliche Richtung der Unternehmensentwicklung. Es geht um das Schaffen von Handlungsmöglichkeiten, um zukünftig als Unternehmen erfolgreich zu sein. Gälweiler (1986, S. 146ff.) spricht davon, Erfolgspotenziale zu schaffen, d.h. Möglichkeiten für zukünftige Unternehmenserfolge zu eröffnen. Diese können markt-, leistungs-, kosten- oder führungstechnisch begründet sein (vgl. Bea, Haas 2013, S. 122f.).

Da das Ergebnis dieser Entscheidungen aber erst langfristig in der Zukunft erkennbar ist und Zukunft sich schwierig prognostizierbar gestaltet, beruhen strategische Entscheidungen mehrheitlich auf plausiblen Schlussfolgerungen und einem Abwägen von Argumenten. Es geht hauptsächlich um das Durchdenken zahlreicher

Einflüsse und Handlungsmöglichkeiten und die Verdeutlichung der Auswirkungen von Handlungsoptionen. So lässt sich aus der gedanklichen Durchdringung der Sachverhalte für zukünftige Entscheidungen lernen. Methoden und Instrumente unterstützen diesen Prozess hilfreich.

Für die Analyse strategischer Fragestellungen lassen sich Methoden und Instrumente nach der Dimension Zeit in vergangenheits-, gegenwarts- und zukunftsorientiert differenzieren und nach der Dimension Dynamik in statisch und dynamisch klassifizieren. Die Dimension Dynamik differenziert die Methoden und Instrumente hinsichtlich der Berücksichtigung von Interdependenzen und veränderten Umweltbedingungen. Im Rahmen der Zeitdimension wird aufgezeigt, inwieweit vergangene Leistungen und Erfolge eines Unternehmens und die daraus gewonnenen Erkenntnisse Zusammenhänge darstellen und Ursachen für erfolgreiche oder weniger erfolgreiche Entwicklungen offenlegen.

Abb. 4: Ausgewählte Methoden und Instrumente in der Strategieentwicklung

Aufgrund der zu Beginn beschriebenen Komplexität und Dynamik wird nachfolgend der Fokus auf die vor allem dynamischen und zukunftsorientierten Methoden gelegt, die insbesondere zur kritischen Reflexion und Überprüfung von Planungsannahmen sowie dem Wissensaustausch und organisationalem Lernen im Unternehmen dienen.

3.1 Fallstudien

Die Fallstudienmethode ermöglicht eine kontextbezogene Aufbereitung und Diskussion mehrdeutiger Entscheidungssituationen. Bei der Bearbeitung werden die

Teilnehmer an einer Fallstudienbearbeitung mit einem komplexen Problem konfrontiert und müssen eine Lösung unter Berücksichtigung vielfältiger Perspektiven und Zielkonflikte erarbeiten. Fallstudien bieten insbesondere für die Managementaus- und -fortbildung einen hervorragenden Ansatz zum bidirektionalen Transfer impliziten und expliziten Wissens. Diesem Zweck dienen individuell angefertigte und auf ein Unternehmen zugeschnittene Fallstudien, die auf einer empirischen Erhebung mit qualitativen und quantitativen Verfahren im betrachteten Unternehmen basieren.

Die Grundstruktur der Fallstudie beruht darauf, dass die Bearbeiter mit einem aus der Praxis gewonnenen Fall konfrontiert werden, den Fall diskutieren, für die Fallsituation nach alternativen Lösungsmöglichkeiten suchen, sich für eine Alternative entscheiden, diese begründen und mit den in der Realität getroffenen Entscheidungen vergleichen. Dabei durchlaufen die Bearbeiter während der Fallaufbereitung einen Entscheidungs- und Problemlösungsprozess, der sich generisch in sechs Phasen gliedern lässt. Hierzu gehört die Phase der Bekanntgabe und Konfrontation (Phase 1) mit dem Fall. Die Bearbeiter versetzen sich in die beschriebene Situation eines Unternehmens, die mit dem Fall reflektiert werden soll. In der Phase der Informationsanalyse (Phase 2) werden Informationen über den Fall aus dem bereitgestellten Material und/ oder durch selbstständiges strukturiertes Erschließen von weiteren Informationen gewonnen. In der Phase der Exploration (Phase 3) erfolgen eine gruppenindividuelle Diskussion und ausführliche Erörterung alternativer Lösungsmöglichkeiten für die Fallsituation. In der Phase der Entscheidungsfindung (Phase 4) werden die einzelnen, in der Gruppe gefundenen Lösungsalternativen in Bezug auf ihre Zielerfüllung vergleichend betrachtet. In der Gruppe ist zu entscheiden, ob die am besten geeignete Alternative als Lösungsvorschlag präsentiert wird. In der Phase der Implementierung/ Ergebnispräsentation (Phase 5) verteidigen die einzelnen Gruppen ihre Entscheidung. Die abschließende Phase der Kontrolle (Phase 6) dient dazu, die einzelnen Gruppenlösungen mit der in der Wirklichkeit getroffenen Entscheidung zu vergleichen. Allerdings müssen diese Phasen nicht in der aufgeführten Reihenfolge ablaufen, einige Phasen können übersprungen werden, einige werden besonders kurz bzw. sehr ausführlich durchlaufen.

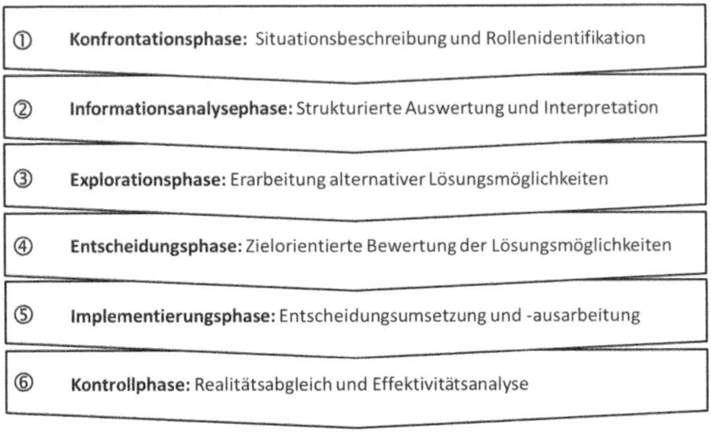

Abb. 5: Problemlösungsorientiertes Phasenschema für die Fallstudienarbeit

Die Fallstudienmethodik lässt sich in vier methodische Grundformen mit unterschiedlichen Schwerpunkten entlang des oben beschriebenen Phasenschemas differenzieren:

Die Fallstudienmethodik lässt sich in vier methodische Grundformen mit unterschiedlichen Schwerpunkten entlang des oben beschriebenen Phasenschemas differenzieren:

- Die analyseorientierte Fallstudie (**Case-Study-Method**) legt den Schwerpunkt auf die Analyse verborgener Probleme. Es handelt sich meist um umfangreich recherchierte und aufbereitete Falldarstellungen. In der Bearbeitung stehen neben der Problemanalyse vor allem die Problemsynthese und eine Entscheidungsfindung im Vordergrund wie z.B. bei der Erarbeitung einer Internationalisierungs- und Zielmarktstrategie für das Unternehmen Inditex/ Zara im asiatischen Wachstumsmarkt (vgl. Büchler 2013a).
- Die problemorientierte Fallstudie (**Case-Problem-Method**) legt den Schwerpunkt auf die differenzierte Betrachtung und Diskussion der bereits ausgearbeiteten und vorgegebenen Probleme. Auf Basis der zur Verfügung gestellten Informationen werden Zielkonflikte abgewogen, Lösungs- oder Handlungsoptionen ermittelt sowie gemeinsame Entscheidungen getroffen. So kann z.B. der strategische Entwicklungspfad des mittelständischen Unternehmens Bionade mit dieser Fallstudienmethode analysiert und diskutiert werden (vgl. Quarg 2013).

- Die ereignisorientierte Fallstudie (**Case-Incident-Method**) verlangt die selbstständige Beschaffung von Informationen für einen lückenhaft geschilderten Fall. Hierbei kann es auch erforderlich sein, sinnvolle Annahmen zu treffen bzw. akzeptierte Annahmen kritisch zu prüfen, um somit zu robusten Strategien zu gelangen, wie z.B. im Fall des Eintritts in den Markt für Teekapseln mit Special. T durch Nestlé (vgl. Büchler 2012).
- Die wirkungs- und erfolgsorientierte Fallstudie (**Stated-Problem-Method**) fokussiert die kritische Diskussion vorgegebener Lösungen bzw. realisierter Entwicklungen. In der Fallstudie sind sowohl Probleme als auch Informationen bereits gegeben. Es kann sich dabei um Best- oder Worst-Practices handeln. Das Lernziel besteht darin, Einsichten in die Entscheidungsstruktur und Handlungsweise zu gewinnen, getroffene Entscheidungen kritisch zu beurteilen und dabei Erfolgs- und Misserfolgsfaktoren zu identifizieren, wie etwa im Fall des Risikomanagements von Nokia und Ericsson (vgl. Büchler 2013b).

Sehr häufig handelt es sich bei Fallstudien um verbale Darstellungen von geschriebenem Text. Unter mediendidaktischen Aspekten eigenen sich aber auch Tabellen, Diagramme, Symbole, Schaubilder, Fotos, Karikaturen ebenso wie Tonband, Film und Video, die gewissermaßen einen Live-Charakter der unternehmensspezifischen Situation vermitteln.

Die durch Fallstudien erworbene Erkenntnis zeichnet sich dadurch aus, dass sie in allen Fällen eine Erkenntnis von der Wirklichkeit und nicht von ausgedachten Konstrukten ist. Für die Fallstudie gelten die Grundannahmen einer handlungsorientierten Didaktik, d.h. Lernen soll auf die Bewältigung konkreter Entscheidungs- und Handlungssituationen ausgerichtet sein. Im Mittelpunkt steht nicht eine bloße Anhäufung von Wissen, vielmehr soll es Aufgabe sein, den Einzelnen zu befähigen, die immer neuen Probleme einer sich dauernd verändernden Umgebung zu meistern.

Besonders wichtig scheint noch der Aspekt, mithilfe der Bearbeitung von Einzelfällen zu verallgemeinerungsfähigen Aussagen zu gelangen, die auch auf andere Bereiche übertragbar sind. Für die Fallstudiendidaktik ist es daher wichtig zu verstehen, dass nicht die induktive Methode im Vordergrund steht, sondern das dialogische Moment. Die an der Lösung einer Fallstudie Beteiligten müssen sich also in besonderer Weise herausgefordert fühlen, sich dem Fall zu stellen und ihre Urteile, Meinungen und Sichtweisen in eine Lösungskonzeption einzubringen. Die Bearbeiter sind also nicht bloße Wissensempfänger, sondern stehen im Mittelpunkt eines Problemlösungsprozesses, der als Interaktions- und Entscheidungsprozess organisiert ist.

Das dialogische Moment nimmt bei dynamischen Fallstudien eine besondere Bedeutung ein. In dynamischen Fallstudien werden die teilweise gegensätzlichen Ziele, Interessen und Strategien von Funktionen und Unternehmensbereichen in Form von Rollen formuliert und in der Bearbeitung von den Teilnehmern ein- und wahrgenommen. Die Verhandlungspositionen, Entscheidungen und Konflikte stellen dabei besondere Spannungsfelder dar, die in einer Art Rollenspiel gelöst werden und für das Unternehmen im risikofreien Raum ausprobiert werden können. Dabei können vor allem als selbstverständlich erachtete Grundannahmen und Überzeugungen, z.B. über die Abgrenzung des relevanten Marktes, infrage gestellt werden.

3.2 Szenariotechnik

Als weitere Problemlösungstechnik zur Verbesserung der Handlungsfähigkeit des Managements in unsicheren Situationen kann die Szenariotechnik genannt werden. Ein Szenario wird häufig definiert als Darstellung einer möglichen zukünftigen Situation (Zukunftsbild) inklusive der Entwicklungspfade, die zu der zukünftigen Situation führen (siehe z.B. v. Reibnitz 1992, S. 14; Gausemeier, Fink, Schlake 1996, S. 90; Götze 1993, S. 36).

Im Unterschied zu einem Zukunftsbild, das lediglich einen hypothetischen zukünftigen Zustand darstellt, beschreibt ein Szenario auch die Entwicklungen, Dynamiken und treibenden Kräfte, aus denen ein bestimmtes Zukunftsbild resultiert (vgl. u.a. Gausemeier 1996, S. 90; Götze 1993, S. 36). Mit der Szenariotechnik wird angestrebt, über die Betrachtung bestimmter relevanter Schlüsselfaktoren für ein Management Orientierung hinsichtlich zukünftiger Entwicklungen zu generieren. Dabei ist allerdings zu beachten, dass ein Szenario kein umfassendes Bild der Zukunft darstellt. Mit einem Szenario soll die Wahrnehmung gezielt auf einen oder mehrere bestimmte, abgegrenzte Ausschnitte der Wirklichkeit gerichtet werden. Verschiedene, bewusst ausgewählte oder ausgeblendete Faktoren und Ereignisse werden in bestimmte Konstellationen zueinander gesetzt, um mit einem bestimmten Untersuchungsraum den Fokus gezielt auf bestimmte interessierende Aspekte zu lenken und sich mit diesen zukunftsgerichtet zu beschäftigen. Dabei werden bewusst bestimmte Faktoren und Ereignisse als relevant erachtet bzw. vernachlässigt und diese dann wiederum unter bestimmten Annahmen in Wechselwirkung und Zusammenhang miteinandergesetzt. Sie können jedoch auch immer anders konstruiert werden.

Annahmen über die Relevanz von Faktoren für die betrachtete Problemstellung oder auch die Art der Wechselwirkung sind dabei mehr oder weniger durch Daten unterlegt, erfordern jedoch zum einen fundiertes Wissen, insbesondere auch Erfahrungswissen und sind zum anderen meist auch auf subjektiven und damit immer normativen Einschätzungen begründet. Szenarien stellen damit die Zukunft nicht als Ganzes dar, sondern als eine mögliche auf die Zukunft ausgerichtete Konstruktion bestimmter Schlüsselfaktoren der Unternehmensumwelt und deren Entwicklung. Damit ist verbunden, dass jeder Szenario-Konstruktion Annahmen zugrunde liegen, wie die Zukunft einmal aussehen und wie bestimmte Trends verlaufen könnten, welche Entwicklungen konstant bleiben und welche sich ändern (vgl. Hahn 1996, S. 240ff.).

In Szenariobetrachtungen werden ebenfalls **Prognosen** genutzt. Prognosen sind Aussagen über erwartbare zukünftige Entwicklungen. Sie sind auf eine Wissensbasis gestützt und beruhen z.B. auf statistischer Extrapolation gegenwärtiger und vergangener Trends (vgl. Grunwald 2002, S. 181). Sie stellen damit Vorhersagen auf Basis der erwarteten „Verlängerung“ heutiger Entwicklungen in die Zukunft dar.

Mithilfe der Szenario-Technik können somit systematisch alternative Entwicklungsmöglichkeiten quantitativ und qualitativ analysiert sowie Zukunftsbilder entworfen werden. Indem mögliche Ereignisse in ihren Abfolgen als potenzielle Zukunftslagen und deren Verzweigungen entwickelt werden, entsteht die Beschreibung einer möglichen Zukunftssituation für ein Unternehmen. Diese Situation basiert auf der Abbildung möglicher relevanter Entwicklungen von Umweltfaktoren.

Die schwieriger gewordene Wirtschaftslage, aber auch ökologische und politische Veränderungen können für die Zukunft kaum durch Trendprojektionen oder einfache Modellrechnungen auf eine einzige Zukunftssituation „hochgerechnet“ werden. Nicht eindeutige Verläufe und Unsicherheiten der Zukunftsentwicklungen dürfen bei der Umweltanalyse jedoch nicht vernachlässigt werden. Wegen unsicherer Prognosen sind daher gegebenenfalls auch Bandbreiten von Entwicklungsmöglichkeiten, aber auch alternative Entwicklungen im Rahmen der Umweltprognose zu berücksichtigen.

Die in der Umweltanalyse herausgearbeiteten Kriterien werden mit der Szenario-Technik zu einem überschaubaren plausiblen Bild der Zukunft verdichtet, sodass systematische und nachvollziehbare, aus der gegenwärtigen Situation abgeleitete Entwicklung möglicher Zukunftsbilder („alternativer Zukünfte“) entstehen. Abbildung 6 stellt den Ablauf der Szenario-Analyse zusammenfassend dar.

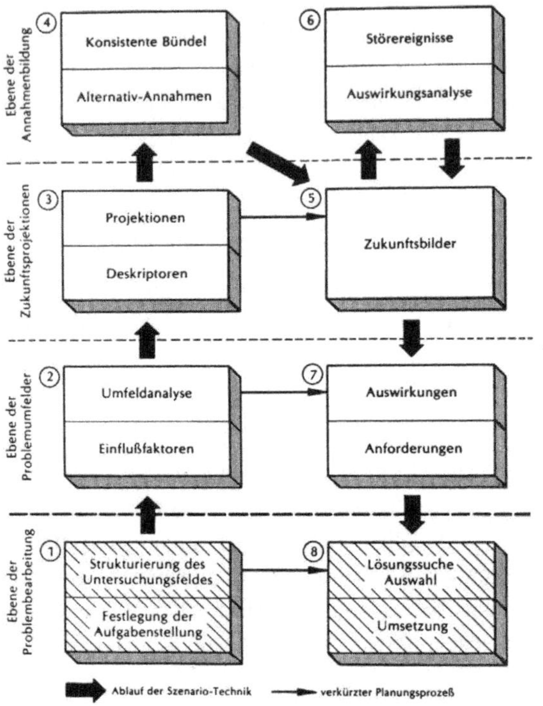

Abb. 6: Ablaufschema der Szenarioanalyse (vgl. Hahn 1996, S. 243)

Es können (häufig in einer trichterförmigen Darstellung verbildlicht) verschiedene Zukunftsbilder aufgrund alternativ möglicher Veränderungen der Haupteinflussgrößen entwickelt werden (siehe Abb. 7), wobei die Randpunkte des Trichters die Entwicklungsgrenzen andeuten und die realistische Entwicklung zwischen diesen Randpunkten erwartet wird. So können z.B. Szenarien entwickelt werden mit einer optimistischen, einer pessimistischen und einer wahrscheinlichen Variante oder vier Szenarien von einer überraschungsfreien Zukunft bis zur schlechtesten Zukunftssituation. In den zwei Mobilitätsszenarien der Deutschen Shell AG (Shell PKW-Studie 2003) wird z. B. erforscht, wie nachhaltig sich Auto-Mobilität in Deutschland in den kommenden Jahren, gemessen an Energieverbrauch und Kohlenstoffdioxidemissionen, entwickeln könnte.

In einem Trend-Szenario „Automobile Anpassung" werden heutige Trends und Verhaltensmuster fortgeschrieben, wobei bereits Energieverbrauch und Kohlenstoffdioxidemissionen der Pkw-Flotte deutlich sinken. In einem Alternativ-Szenario „Auto-Mobilität im Wandel" kommt es zu raschem technologischen Wandel und einer stärkeren Diversifizierung von Antriebs- und Kraftstoff-Technologien (Shell PKW-Studie 2003a).

Die Bewertung der alternativen Szenarien kann sowohl in qualitativer als auch in quantitativer Hinsicht erfolgen. In der Unternehmenspraxis werden die strategischen Maßnahmen zum Aufbau der zukünftigen Erfolgspotenziale als Investitionen verstanden und daher meist anhand monetärer Kriterien bewertet (vgl. Al-Laham 1997, S. 170). Aus theoretischer Sicht ist ein exklusiver Fokus auf monetäre Kriterien unzureichend. Aufgrund des in der Regel langen Zeithorizontes und der damit einhergehenden Prognoseungenauigkeit von Investitionen und Kapitalrückflüssen sowie der Unsicherheit über die Erfolgspotenziale werden deshalb markt- und wettbewerbsbezogene Bewertungskriterien aus qualitativer Perspektive empfohlen.

Szenarien werden hinsichtlich ihrer zukünftigen Erfolgspotenziale bewertet und bilden als Best-Case-Szenario und Worst-Case-Szenario den Szenariotrichter entsprechend Abbildung 7. Das Szenario, das auf Basis der Trendextrapolation als wahrscheinlichstes Szenario eintreffen müsste, wird als Trendszenario bezeichnet (vgl. Büchler 2014, S. 214). Alternativszenarien (A1, A2) können untersucht und die Auswirkungen möglicher Störereignisse auf dieses Szenario ermittelt werden. Die Analyse beinhaltet auch die Erarbeitung von Maßnahmen für Alternativszenarien, die nach dem Eintreten eines Störereignisses korrigierend und wieder zurück zu einer positiven Entwicklung führen sollen.

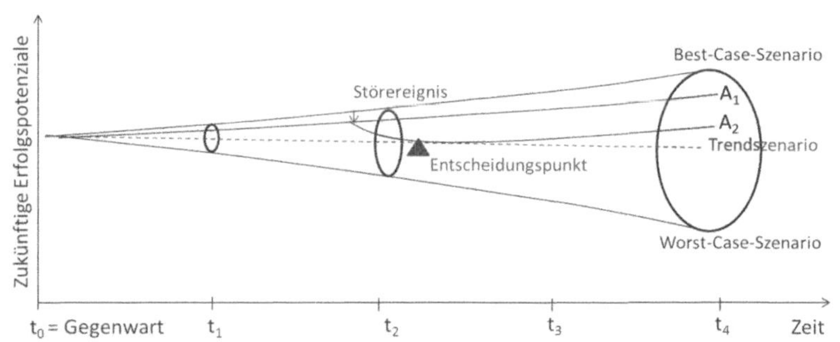

Abb. 7: Szenariotrichter (in Anlehnung an Büchler 2014, S. 214)

Die Szenario-Technik kann im Unternehmen neben der Verwendung in der Strategieentwicklung auch bei der Leitbildformulierung, bei sonstigen Entscheidungen mit langem Planungs- und Realisationshorizont, aber auch in der operativen Planung eingesetzt werden.

Allerdings ist zu berücksichtigen, dass das Ergebnis der Szenarioerstellung trotz formalisierten Prozessablaufs und Methodenunterstützung von den getroffenen Annahmen und den in den Prozess eingegebenen Inputgrößen abhängig ist. Daher kann die Bewertung infolge individueller, subjektiver und politischer Präferenzen im Unternehmen verzerrt werden. Die Auswahl von Strategien kann so zugunsten von a-priori durch den Entscheidungsträger favorisierten Alternativen z.B. hinsichtlich bestehender Geschäftsaktivitäten mit bekanntem Chancen-Risiko-Profil und zum Nachteil innovativer Strategien erfolgen (vgl. Welge, Al-Laham 2012, S. 730ff.; Wilde 1989, S. 140).

Die Vorteile der Szenario-Technik liegen u.a. in der grundsätzlichen Verdeutlichung unsicherer Entwicklungen sowie dem Aufzeigen von Sensitivitäten und Anfälligkeiten von Entwicklungspfaden in Abhängigkeit der Umwelt, in der Herausarbeitung relevanter Vorlaufindikatoren, in der Erleichterung der Formulierung strategischer Alternativen und in den relativ geringen Durchführungskosten.

3.3 Frühwarnsysteme

Mit einer strategischen Planung verbunden ist auch die Möglichkeit zur Früherkennung von Problemen. Zunehmend werden Unternehmen auch mit einem verstärkten Auftreten von unvorhergesehenen Ereignissen mit strategischer Bedeutung konfrontiert. Solche Diskontinuitäten ließen im Management die Forderung aufkommen, möglichst frühzeitig diese Informationen zu erkennen, zu diagnostizieren und in führungsrelevantes Wissen aufzubereiten (vgl. Mintzberg, Ahlstrand, Lampel 1999; Ansoff 1976). Diskontinuitäten sind Veränderungen in der Unternehmensumwelt, die völlig neuartig und kaum vorhersehbar in ihrer Art und Wirkungsweise, aber von großer Bedeutung für Unternehmen sind (vgl. Bea, Haas 2013, S. 311).

Realistische und rechtzeitige strategische Führungskonzeptionen sind davon abhängig, wie weit es gelingt, in einem möglichst frühen Stadium ihres Auftretens Gefährdungen, aber auch positive Entwicklungstrends zu erfassen und sie in ein Planungskonzept einzubeziehen. Zu diesem Zweck wurden **Früherkennungssysteme** (auch Frühwarn- oder Frühaufklärungssysteme) entwickelt. Für strategische Belange sind aber erst neuere Entwicklungen von Bedeutung. Nach Krystek, Müller-Stewens (1993, S. 19f.) werden drei Generationen von Früherkennungssystemen unterschieden:

1. Generation (Ende der 1960er bis Mitte 1970er Jahre): Kennzahlen- und hochrechnungs-orientierte Frühwarnung (Melde- und Warnsysteme im Rahmen operativer Planungsüberlegungen bei einer Über- oder Unterschreitung von Schwellenwerten),
2. Generation (Mitte bis Ende der 1970er Jahre): Indikatorenorientierte Frühaufklärung (latente Gefährdungen werden mit Hilfe von Frühindikatoren sichtbar gemacht; ebenfalls noch operativ orientiert),
3. Generation (seit Ende der 1970er Jahre): Strategische Früherkennung auf der Basis schwacher Signale („Strategisches Radar").

Früherkennungssysteme der dritten Stufe gehen auf die Theorie der schwachen Signale (*Weak Signals*) von Ansoff zurück (siehe ausführlich Ansoff 1976, S. 129ff.; 1981; Krystek, Müller-Stewens 1993). Als schwache Signale sind noch nicht eindeutig identifizierbare, schlecht zu strukturierende und vage Umweltinformationen zu sehen, mit der sich strategische Überraschungen andeuten, wobei abgestufte Informationsgrade zu unterscheiden sind. Wie sich neue Erkenntnisse durch Übertragung ausbreiten, wird dabei durch die Diffusionsforschung untersucht (vgl. zur Diffusionstheorie u.a.Hammer 1998, S. 210). Schwache Signale sind qualitative Informationen, die vom Management einer Bewertung zu unterziehen sind. Umweltveränderungen, unerwartete, überraschend und schnell eintretende Entwicklungen, können nach Ansoff von Unternehmen als Wettbewerbsvorteil genutzt werden, wenn sie frühzeitig vom Management erkannt werden. Hierfür entwickelt Ansoff ein sogenanntes *Strategic Issue Management* (vgl. Ansoff 1975, S. 30 ff.). In Abhängigkeit der Stärke der schwachen Signale kann ein Management Präventionsmaßnahmen einleiten, die vor einer Bedrohung schützen oder vorausschauend Chancenpotenziale aufgreifen.

Als eine 4. Generation der Früherkennungssysteme wird seit Mitte bis Ende der 1980er Jahre eine strategische und operative Frühaufklärung auf Basis integrierter Ansätze und vernetzten Denkens bezeichnet. In der vierten Generation werden die bestehenden operativen und strategischen Früherkennungssysteme der ersten bis dritten Generation zusammengefasst. Entwickelt werden soll mit der vierten Generation ein ganzheitlicher Ansatz, der die Erkenntnisse der ersten drei Generationen eng miteinander verbindet. Auch wird mit diesem Ansatz stärker die Praxisnähe betont. Vor allem wird der Schwerpunkt auf das Erkennen von Ursache-Wirkungsketten gelegt. Eine solche Unterscheidung in mehrere voneinander abgrenzbare Generationen wird lediglich in der deutschen Betriebswirtschaftslehre vollzogen. Die angelsächsische Literatur fokussiert weiterhin auf das Konzept der schwachen Signale von Ansoff.

Mit unterschiedlichen Vorgehensweisen und Techniken wird versucht, durch sog. Scanning- oder Abtastmethoden die schwachen Signale zu erfassen und anschließend im Rahmen eines Monitoring zu beobachten, um zusätzliche Informationen aufzudecken und diese dann für Planungszwecke aufzubereiten.

Der Prozess strategischer Frühaufklärung verläuft nach Ansoff (1981, S. 248) daher generell nach folgendem **Phasenschema**:

1. Beobachtung der definierten frühaufklärungsrelevanten Unternehmens- und Umweltbereiche und Erfassung schwacher Signale,
2. Analyse der schwachen Signale inklusive ihrer potenziellen Auswirkungen,
3. Relevanzbeurteilung von Frühaufklärungssignalen,
4. Formulierung von Reaktionsstrategien,
5. Implementierung und Kontrolle.

Inhalt der Beobachtungsphase (*Scanning*) ist zunächst die Informationsgewinnung, indem Unternehmen und Unternehmensumwelt kontinuierlich auf schwache Signale hin untersucht werden. Gesucht werden Einflussgrößen, die Hinweise auf zukünftige Diskontinuitäten geben. Erst dann, wenn Auffälligkeiten sichtbar werden, wird im Rahmen einer Analyse (*Monitoring*) eine vertiefte und dauerhafte Informationssammlung und -verdichtung durchgeführt. Dabei kann die Suche sowohl gerichtet als auch ungerichtet erfolgen sowie auch formal oder informal vollzogen werden. Werden dann Auffälligkeiten mit strategischer Relevanz gefunden und deren Eintrittswahrscheinlichkeit auch noch als hoch angesehen, finden gezielt vertiefende Analysen statt. Mit einer vorausschauenden Prognose (*Forecasting*) werden insb. Richtung, Ausmaß und Intensität von Umweltveränderungen ermittelt. Als Techniken finden hier die Trendanalyse, Szenario-Analyse und Expertenbefragungen ihre Anwendung. Im Rahmen einer Bewertung (*Assessment*) werden die Ergebnisse von Scanning, Monitoring und Forecasting abschließend zusammengefasst.

Zusammenfassend lässt sich festhalten, dass sich strategische Frühaufklärung mit der frühzeitigen Entwicklung strategischer Chancen und Bedrohungen sowie der Einleitung geeigneter Reaktionen befasst. Ziel des Managements ist es, Handlungsspielräume zu schaffen und dadurch bessere Entscheidungen zu treffen. Insbesondere hat die Frühaufklärung die Aufgabe, das Management gegenüber unstrukturierten und kaum messbaren Entwicklungen zu sensibilisieren. Daran anschließend gilt es, die Früherkennungsinformationen in Aktionsprogramme umzusetzen. Trotz hohen potenziellen Nutzens ist der Anwendungsstand in der Praxis immer noch sehr gering. Als Gründe hierfür nennt die Literatur methodische und organisatorische Unzulänglichkeiten sowie individuelle Schwächen der beteiligten Personen (vgl. hierzu ausführlich Al-Laham 1997). Zu methodischen Problemen zählt die Frage der Definition von schwachen Signalen. Schwache Signale zeichnen sich durch Eigenschaften wie Vagheit und Unbestimmtheit aus.

Diese mangelnde Präzision führt dazu, dass Handlungsanweisungen zur Wahrnehmung schwacher Signale wenig ausgeprägt sind. Ihr Erkennen ist situationsabhängig von der Sensibilität und Kreativität der Mitarbeiter abhängig.

3.4 Managementsimulationen inklusive Business Wargaming

Business Wargaming ist eine Form der **strategischen Simulation**, die Unternehmen einen prozesshaften Ablauf möglicher Zukunftssituationen ermöglicht (vgl. Horx 2010, S.1). Es handelt sich dabei um eine „maßgeschneiderte Simulation, die stets auf einem leeren Blatt Papier beginnt [... (um) ...] bestehende oder neu entwickelte Strategien in einem dynamischen [...] Umfeld zu prüfen“ (Oriesek, Schwarz 2009, S. 26). Das Business Wargaming kann gegenüber anderen Methoden und Instrumenten der Strategieentwicklung und Planung anhand der Charakteristika prozessualer Abläufe unter gleichzeitig hoher dynamischer Interaktion abgegrenzt werden.

Die Teilnehmer an einem Wargame stammen meist aus unterschiedlichen Organisationseinheiten eines Unternehmens und nehmen unterschiedliche Rollen und Aufgaben wahr, wie in Abbildung 8 dargestellt.

	Unternehmen	Wettbewerber	Markt	Spielleitung
Perspektive	▪ Unternehmen ▪ Geschäftsbereiche ▪ Strategische Geschäftseinheiten	▪ Relevante Wettbewerber ▪ Neue Wettbewerber ▪ Strategische Gruppen	▪ Zulieferer ▪ Kunden	▪ Stakeholder: - Kleine Wettbewerber - Aufsichtsrat - Regulierer ▪ Shareholder
Aufgaben	▪ Anwendung aktueller Unternehmensstrategie ▪ Test alternativer Unternehmensstrategie	▪ Anwendung aktueller Unternehmensstrategie ▪ Test alternativer Unternehmensstrategie	▪ Entscheidung über Markterfolg von - Unternehmen - Wettbewerber	▪ Strukturierung ▪ Leitung ▪ Berechnungen
Teilnehmer	▪ z. B. höheres und/oder mittleres Management	▪ z. B. höheres und/oder mittleres Management	▪ Marktexperten (extern / intern)	▪ Wargamingexperten ▪ Branchenexperten

Abb. 8: Rollen im Business Wargame (Eigene Darstellung in Anlehnung an Horx 2010; Oriesek, Schwarz 2009, S. 28ff.; Weber, Spitzner, Stoffels 2005)

Die Unternehmensrolle wird ausgehend von der aktuellen Unternehmensstrategie innerhalb realer Möglichkeiten und gegebener Ressourcen definiert und dient dazu, aktuelle bzw. alternative Strategien zu testen. Die Wettbewerberrolle wird ebenfalls von Teilnehmern aus dem Unternehmen wahrgenommen. Es handelt sich meist um mehrere relevante Wettbewerber, die auf Basis der verfügbaren Informationen möglichst realistisch nachgebildet und gespielt werden. Dieser Perspektivwechsel ist bereits ein wesentlicher Teil des organisationalen Lernens. Die Marktrolle bildet die Zulieferer und Kunden ab. Aus den Handlungsweisen resultiert ein erheblicher Einfluss auf den Markterfolg aller Unternehmen im Markt. Die Spielleitung übt eine regulierende Rolle aus und vertritt Interessen unterschiedlicher Stakeholder. Aufgrund der erforderlichen Kenntnisse und Vorbereitung ist Business Wargaming tendenziell für einen Teilnehmerkreis aus dem höheren bis Top-Management geeignet.

Jedes Business Wargame beginnt mit einer Fragestellung, d.h. einem konkreten Spielauftrag. Der Spielverlauf ist schematisch in mehrere Spielrunden strukturiert. In jeder Runde ist es die Aufgabe, (unternehmerische) Entscheidungen zu treffen. Um welche Entscheidungen es sich dabei konkret handelt, hängt von der zu untersuchenden Fragestellung und dem darauf aufbauenden Typ und Design des Business Wargames ab. Es können z.B. Technologie-, Innovations- und Strategiespieltypen unterschieden werden. Das **Spieldesign** umfasst alle Spielelemente, die von den Teilnehmern in die Entscheidungen einbezogen werden.

Die Spielparteien treffen regelmäßig in der sogenannten *Wargamingarena* zur Entscheidungsvorbereitung zusammen. Haben alle Spielparteien ihre Entscheidungen getroffen, werden die Spielzüge in einem Modell konsolidiert und die Rundenergebnisse ermittelt. Anschließend geht es mit einer neuen Marktsituation in die nächste Spielrunde. Mit Spielrunde ist die sich anschließende neue Spielsituation mit ihren situativ wieder neu ergebenden Wettbewerbsparametern gemeint.

In regelmäßigen Abständen, das kann nach jeder Runde, aber auch nach einer bestimmten Anzahl an Runden sein, werden die Spielzüge und dahinter liegenden Strategien der einzelnen Teams offengelegt und gemeinsam diskutiert. Damit soll erreicht werden, dass alle Teilnehmer ein Verständnis zu den grundsätzlichen Mechanismen entwickeln, die das Marktgeschehen und das unternehmerische Handeln prägen. Die gemeinsame Analyse und Würdigung der Marktentwicklung und Verhaltensweisen werden durch die Spielleitung moderiert und gegebenenfalls durch Markt- und Expertenteams ergänzt. Am Ende wird ein Erkenntnisinventar, sogenannte *Lessons Learned*, aus den Beobachtungen der Coaches und des Kontrollteams sowie den

Teilnehmerbeiträgen synthetisiert und für die Strategiediskussion und -entscheidung aufbereitet.

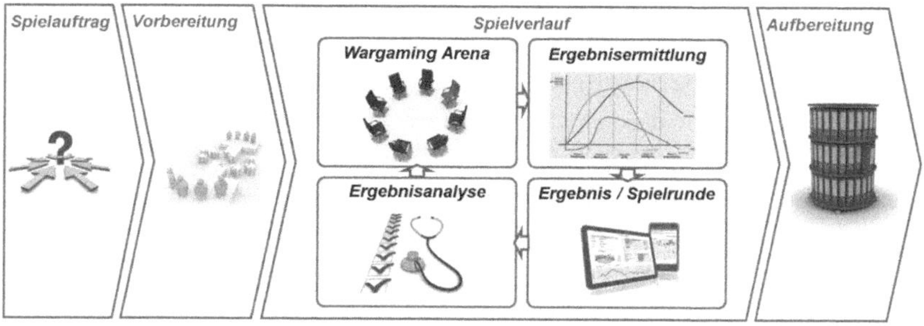

Abb. 9: Ablaufschema eines Business Wargames

Der Erfolg eines Business Wargames hängt von einer sorgfältigen Planung und Vorbereitung ab. Neben den Zielsetzungen müssen die Voraussetzungen abgestimmt werden (Zeit, Budget, Vorkenntnisse, Zusammensetzung etc.). Der exakte Spielaufbau (Anzahl der Teilnehmer, Wettbewerberauswahl, Marktabgrenzung etc.) wird aus der unternehmensindividuellen Zielsetzung und den Voraussetzungen abgeleitet. Dabei sind vor allem Schlüsselfragen und Hypothesen bspw. zu bestehenden oder alternativen Strategien zu formulieren und abzustimmen. Dazu muss des Weiteren Expertenwissen systematisch zur Marktsimulation aufbereitet werden. In der Planung und Vorbereitung müssen daher Interviews mit diesen Experten geführt werden, die folgende Themen abdecken:

- Welches sind die wichtigsten, bisher unbehandelten Themen in der Unternehmensorganisation?
- Wer sollte bei der Planungs- und Durchführungsphase dabei sein?
- Wer soll an dem Business Wargame teilnehmen und in welcher Rolle?
- Welcher Zeitraum soll simuliert werden?

In der Vorbereitungsphase wird basierend auf den geplanten Zielen und Teilnehmergruppen zunächst das Markt- und Wettbewerbsumfeld analysiert. Qualitative und quantitative Informationen über die wichtigsten Wettbewerber, Märkte, Kunden, Trends, etc. werden dazu aufbereitet. Die Detailtiefe der Ausarbeitungen ist abhängig vom Ziel des Business Wargames. Nachfolgend sind exemplarisch Entscheidungs- und Marktparameter abgebildet.

In den Entscheidungen der Teams kann eine Vielzahl an operativen und strategischen Parametern berücksichtigt werden (siehe Abb. 10). Diese Parameter sind individuell auf den konkreten Spielauftrag des Unternehmens ausgestaltet und können unterschiedliche Komplexitätsgrade aufweisen. In diesem Punkt unterscheiden sich Business Wargames maßgeblich von Managementsimulationen. Letztere verwenden einen standardisierten Algorithmus zur Marktsimulation und identische Entscheidungsparameter sowie identische Ausgangssituationen. Während Managementsimulationen vor allem dabei helfen Zusammenhänge und Zielkonflikte zwischen grundsätzlichen Entscheidungsparametern zu erkennen, sind Business Wargames auf spezifische unternehmensstrategische Fragestellungen individuell konzipiert und weisen den höchsten Komplexitätsgrad auf.

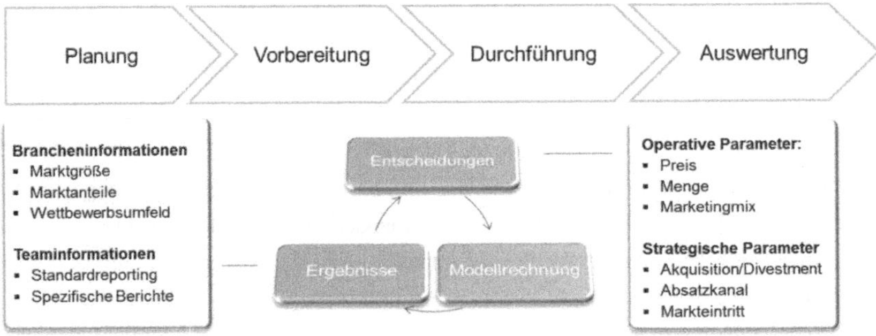

Abb. 10: Business Wargaming – Entscheidungsparameter und Marktinformationen

Business Wargames müssen dabei nicht rein quantitativ aufgebaut sein, sondern können auch qualitativ konzipiert werden. Eine Fülle an Zahlenmaterial bedeutet nicht automatisch erhöhte Präzision in der Entscheidungsfindung. Die Teams erhalten in jeder Spielrunde spezifische Berichte im Hinblick auf ihre Rolle und ihre Ziele sowie ein sog. Standardreporting.

Die Brancheninformationen stellen gemeinsames Wissen dar und werden in der Wargaming Arena von allen Teilnehmern analysiert und gewürdigt. In der gemeinsamen Ableitung von Schlussfolgerungen aus dem Spielverlauf, den Beobachtungen und realisierten Simulationsergebnissen wird vielmehr versucht, die Lernerfahrungen der Teilnehmer herauszuarbeiten. Aus diesem deduktiven Vorgehen können nächste Schritte für die Strategieentwicklung definiert werden. In der Regel endet das Business Wargame nicht mit einer fertigen und implementierbaren Strategie, sondern mit einer gemeinsamen und bewussten Vorstellung über die zentralen Entscheidungsparameter und die strategische Intention für die weitere Entwicklung im Unternehmen.

Insofern erlaubt Business Wargaming die aktive Unterstützung des organisationalen Lernens und des Wissenstransfers zwischen einer Vielzahl an Akteuren im Unternehmen. Abbildung 11 stellt diesen Wissenstransfer zusammenfassend als korporativen Lernprozess dar.

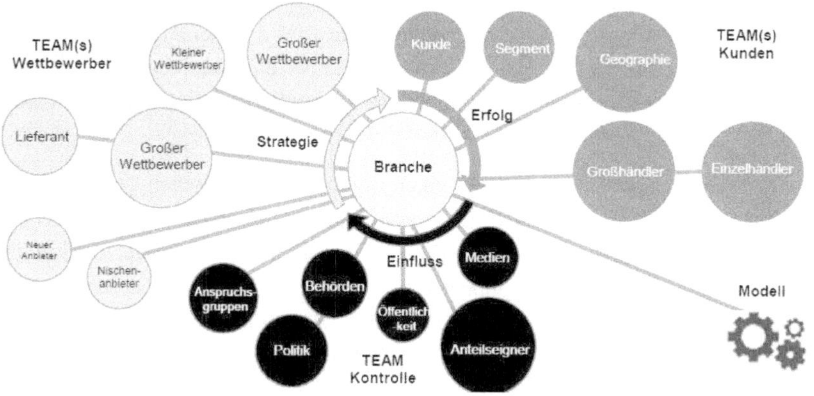

Abb. 11: Business Wargaming als korporativer Lernprozess

4. Bewertende Betrachtung dynamischer Methoden und Instrumente

Die Vielfalt der zur Verfügung stehenden Methoden und Instrumente eröffnet umfangreiche Anwendungsmöglichkeiten für die Planung und Entwicklung von Strategien. Dabei ist eine hohe Komplementarität der statischen und dynamischen Methoden und Instrumente festzustellen.

Die **statischen Methoden und Instrumente** bilden eine wesentliche Grundlage für die Anwendung dynamischer Methoden (siehe Abb. 4). Die Wettbewerbs- und Portfolioanalyse ermöglicht die Beschreibung und Erklärung von realisierten Entwicklungen sowie die Abbildung aktueller Unternehmensaktivitäten. Anwendungsbereiche sind z.B. die Identifikation bestehender strategischer Interdependenzen im Marktumfeld im Zusammenhang von Konsolidierungstendenzen in einem saturierten Marktumfeld oder die Ermittlung von Werttreibern und -potenzialen in einem bestehenden Geschäftsportfolio. Diese deskriptive Funktion schafft im Management gemeinsames Wissen und eine fundierte Ausgangslage auf der Basis detaillierter und strukturierter Informationen für den Planungsprozess.

Die **dynamischen Methoden und Instrumente** ermöglichen dem Management darüber hinaus die Berücksichtigung strategischer Interaktion im Strategie- und Planungsprozess auf der Grundlage von Annahmen über spezifische Wettbewerbsparameter und Umweltentwicklungen vor allem durch Simulationen und Business Wargames. Diese erlauben eine umfassende Bewertung einer größtmöglichen Anzahl an strategischen Alternativen. Der Anwendungsbezug wird z.B. bei Bieterstrategien im Akquisitionsprozess deutlich. Hierbei können Motive und Taktiken berücksichtigt und der strategische Kaufpreis bei Unternehmenstransaktionen besser bestimmt werden.

Das Methodenset leistet ebenfalls einen Beitrag zu dynamischen Lernprozessen im Unternehmen, z.B. durch Anwenden von dynamischen Fallstudien und Rollenspielen. Eine weitere Anwendungsmöglichkeit besteht im Austesten der Effektivität unterschiedlicher Wettbewerbsparameter, z.B. in der Validierung von sogenannten *Game Changing Strategies* (vgl. Markides 2008). Schließlich fördern die Methoden im Lernprozess die kritische Reflexion von Annahmen in der Planung und Strategieentwicklung durch Perspektivwechsel und tragen damit zur Vermeidung von kognitiven Verzerrungen bei. Insbesondere im Zusammenhang von Geschäftsmodellveränderung kann die Abgrenzung des relevanten Marktes häufig durch tradierte, jedoch nicht empirisch bestätigte Annahmen verzerrt sein.

Keine dieser Methoden und Instrumente stellt jedoch für sich betrachtet eine in jeder Situation und für Unternehmen aller Branchen und Größenklassen eindeutige und allgemeingültige Blaupause für die Strategieentwicklung dar. Vielmehr sind die Methoden und Instrumente miteinander zu verzahnen. Der Mehrwert liegt dabei in der **Komplementarität statischer und dynamischer Methoden**.

Die zentralen Vorteile liegen in der Abbildung strategischer Interaktionen und der teilweisen Korrektur von kognitiven Verzerrungen. Die integrierte Nutzung der dargestellten Methoden und Instrumente ermöglicht es, die strategische Interaktion von Marktteilnehmern besser zu verstehen und die Linearität von Planungen und Strategien aufgrund von Perspektivenvielfalt und -wechsel zu durchbrechen. Die Kombination von Methoden wie der Szenario-Technik und dem Business Wargaming fördert die Diskussion im Rahmen eines dynamischen korporativen Lernprozesses und erlaubt die Bewertung und das Testen von alternativen Strategien im risikofreien Raum. So ist es den Teilnehmenden möglich, Strategiealternativen auf ihre Robustheit kritisch zu überprüfen. Dabei können vor allem kognitive Verzerrungen wie der Vermessenheitsfehler und der Status-Quo-Fehler reduziert werden.

Die Vermessenheitsverzerrung (sog. *Over-Confidence-Bias*) nimmt eine herausragende Rolle in der Prospect Theory (vgl. Kahnemann 2011, S. 278ff.) ein und beschreibt das Überschätzen der eigenen Fähigkeiten und des Mutes, des eigenen Einflusses auf die Zukunft und die Fehleinschätzung der Fähigkeiten von Wettbewerbern bei gleichzeitigem Überschätzen der eigenen Kenntnisse und des Verständnisses der Wettbewerbssituation.

Die Status-Quo-Verzerrung beschreibt die Neigung von Entscheidungsträgern, größere Risiken einzugehen und zu akzeptieren, um einen Status-Quo zu erhalten, als eine gegebene Situation zu verändern. Das bewusste Austesten von Strategien im risikofreien Raum kann diese Fehler und Verzerrungen ebenfalls transparent machen.

Abb. 12: Vorteile und Grenzen dynamischer Methoden und Instrumente

Die Grenzen der dargestellten Methoden und Instrumente liegen vor allem in der Komplexitätsreduktion und kognitiver Verzerrungen und Illusionen auf den höchsten Ebenen der Managementhierarchie. Die Methoden und Instrumente reduzieren die Komplexität durch ausgewählte Realitätsausschnitte in erheblichem Maße. Insofern bleibt die integrierte Nutzung der Methoden ein effektives Heilmittel für eine möglichst ganzheitliche Betrachtung. Allerdings besteht in der Auswahl und Konzeption der Methoden und Instrumente durch das Top-Management bereits die Gefahr, dass Annahmen und Regeln formuliert werden, die auf einem Bestätigungsfehler (sog. *Confirmation Bias*) basieren, da die Managementhierarchie eine bestimmte Perspektive einnehmen oder bestätigt wissen möchte oder auf einem in höchstem Maße aggregierten Entscheidungsniveau verharrt. Diese Gefahr ist umso ausgeprägter, je herausragender der gegenwärtige Erfolg eines Unternehmens ist. Der Erfolgsfehler (sog. *Survivorship Bias*) verleitet das Management dazu, nur auf die erfolgreichen Entscheidungen zu achten und daraus Regeln abzuleiten. Dabei werden allerdings meist getroffene, aber möglicherweise für den gegenwärtigen Unternehmenserfolg nicht relevante Fehlentscheidungen vernachlässigt. Damit verbunden sind Pfadabhängigkeiten, die den eingeschlagenen strategischen Entwicklungspfad unreflektiert fortschreiben. Eine integrierte Nutzung der Instrumente sowie eine möglichst breite Partizipation von Entscheidungsträgern aller Hierarchieebenen können hier teilweise Abhilfe schaffen.

Allerdings sind selbst der integrierten Nutzung dieser Methoden und Instrumente Grenzen gesetzt aufgrund der vielfachen Politisierung des strategischen Entscheidungsprozesses. Strategische Prozesse sind immer auch politische Prozesse (vgl. Bamberger, Wrona 2004, S. 378). Sie sind durch Konflikte, Widerstand gegen Veränderungen, Verhandlungen, Koalitionenbildung, Suche nach Unterstützung oder auch Gewinnung und Ausübung von Macht gekennzeichnet. Mit Politisierung ist das Ausmaß unternehmenspolitischer Aktivitäten gemeint. Bezeichnet wird damit der Umfang von Verhandlungsprozessen, von Koalitionenbildung, der Verwendung politischer Taktiken oder des Widerstands von Betroffenen. Managementinstrumente wie Stakeholder-Analysen, Kräftefeldanalysen, Verhandlungstechniken, Techniken der Konflikthandhabung und Konsensbildung, Moderationstechniken, Widerstandsanalysen lassen sich zum Untermauern von Interessen und Forderungen und zur Unterstützung eines positiven politischen Prozesses selbst in der Entscheidungsfindung einbeziehen. Insofern sind die dynamischen Methoden und Instrumente der Strategieentwicklung und Planung in der Unternehmensrealität nicht nur integriert anzuwenden, sondern um die Methoden und Instrumente des strategischen Wandels zu ergänzen.

Literaturverzeichnis

Al-Laham, Andreas (1997): Strategieprozesse in deutschen Unternehmungen. Verlauf, Struktur und Effizienz. Wiesbaden.

Ansoff, Igor H. (1965): Corporate Strategy. New York.

Ansoff, Igor H. (1975): Managing Strategic Surprise by Response to Weak Signals. In: California Management Review (1975), Vol. 18. No. 2, S. 21-33.

Ansoff, Igor H.; Declerk, Roger P.; Hayes, Robert L. (1976): From strategic planning to strategic management. In: Ansoff, Igor H.; Declerk, Roger P.; Hayes, Robert L.. London et al. (Hg.): From strategic planning to strategic management, , S. 39-78.

Ansoff, Igor H. (1976): Managing surprise and discontinuity – strategic response to weak signals. In: Zeitschrift für betriebswirtschaftliche Forschung, Jg. 28, o. Nr., S. 129-152.

Ansoff, Igor H. (1981): Die Bewältigung von Überraschungen und Diskontinuitäten durch die Unternehmensführung – Strategische Reaktionen auf schwache Signale. In: Steinmann, Horst (Hg.): Planung und Kontrolle. München, S. 233-265.

Bamberger, Ingolf; Wrona, Thomas (2004): Strategische Unternehmensführung. München.

Barney, Jay B. (1991): Firm Resources and Sustained Competitive Advantage. In: Journal of Management Jg. 17, H. 1, S. 99-120.

Bea, Franz X.; Haas, Jürgen (2013): Strategisches Management. 6., vollständig überarb. Aufl., Konstanz, München.

Bleicher, Kurt (2004): Das Konzept Integriertes Management. Visionen - Missionen - Programme. 7., überarb. und erw. Aufl., Frankfurt.

Burgelman, Robert A. (1983): A process model of internal corporate venturing in the diversified major firm. In: Administrative Science Quarterly 28, S. 223-244.

Büchler, Jan-Philipp (2012): Special. T by Nestlé - Die Perfektion der Teestunde. CASEM, 12-1201 DE, Dortmund.

Büchler, Jan-Philipp (2013a): Fast Fashion - ZARA‘s market strategy in Asia. CASEM, 13-400 EN, Dortmund.

Büchler, Jan-Philipp (2013b): Keep the dream alive - hit the snooze button: Waking-up with Nokia and Ericsson. CASEM, 13-300 EN, Dortmund.

Büchler, Jan Philip (2014): Strategie entwickeln, umsetzen und optimieren. München.

Chandler, Alfred D. Jr. (1962): Strategy and Structure: Chapters in the History of the American Industrial Enterprise. Cambridge, MA.

Gausemeier, Jürgen; Fink, Alexander; Schlake, Oliver (1996): Szenario-Management: Planen und Führen nach Szenarien. 2., neu bearbeitete Aufl., München, Wien.

Geschka, Horst; Hammer, Richard (1990): Die Szenario-Technik in der strategischen Unternehmensplanung. In: Hahn, Dietger; Taylor, Bernard (Hg.): Strategische Unternehmungsplanung. Strategische Unternehmungsführung. Stand und Entwicklungstendenzen. 5., neu bearbeitete und erweiterte Aufl. Heidelberg, S. 311-336.

Götze, Uwe (1993): Szenario-Technik in der strategischen Unternehmensplanung. 2., aktualisierte Aufl. Wiesbaden.

Grunwald, Armin (2002): Technikfolgenabschätzung. Eine Einführung. Berlin.

Hahn, Dietger (1998): Konzepte strategischer Führung. In: Zeitschrift für Betriebswirtschaft Jg. 68, H. 6, S. 563-579.

Hahn, Dietger (1996): PUK – Planungs- und Kontrollrechnung. Wiesbaden.

Hamel, Garry; Prahalad, Coimbatore K. (1997): Competing for the future. Boston, MA.

Hammer, Richard (1998): Strategische Planung und Frühaufklärung. Oldenbourg.

Horx, Matthias (2010): Business Wargaming. Wien.

Hungenberg, Harald (2010): Problemlösung und Kommunikation im Management. 3. aktualisierte und erweitere Aufl., München.

Hungenberg, Harald (2011): Strategisches Management in Unternehmen. 6. überarbeitete Aufl. Wiesbaden.

Hungenberg, Harald (2011): Grundlagen der Unternehmensführung. Berlin.

Jung, Rüdiger H.; Bruck, Jürgen; Quarg, Sabine (2013): Allgemeine Managementlehre. Lehrbuch für die angewandte Unternehmens- und Personalführung. 5., neu bearb. Aufl., Berlin.

Kahneman, Daniel (2011): Thinking, fast and slow. London.

Knyphausen-Aufseß, Dodo zu (1995): Theorie der strategischen Unternehmensführung: State of the art und neue Perspektiven. Wiesbaden.

Krystek, Ulrich; Müller-Stewens, Georg (1993): Frühaufklärung für Unternehmen. Stuttgart.

Krystek, Ulrich (2000): Frühwarnsysteme - Frühaufklärungssysteme. Zeitgewinn durch Eröffnung retrograder Handlungsspielräume. In: Götze, Uwe; Mikus, Barbara; Bloech, Juergen (Hg): Management und Zeit. Heidelberg, S. 143-168.

Lindblom, Charles E. (1995): The Science of Muddling Through. In: Public Administration Review, Jg. 19, H. 2, S. 79-88.

Macharzina, Klaus; Wolf, Joachim (2010): Unternehmensführung. 7., vollständig überarbeitete und erweiterte Aufl., Wiesbaden.

Malik, Fredmund (2013): Management: Komplexität meistern. Das A und O des Handwerks. Frankfurt/Main, New York.

Malik, Fredmund (2011): Strategie. Navigieren in der Komplexität der Neuen Welt. Frankfurt/Main, New York.

Markides, Constantinos C. (2008): Game-Changing Strategies. How to Create New Market-Space in Established Industries by Breaking the Rules. San Francisco.

Mintzberg, Henry (1973): The Nature of Managerial Work. New York.

Mintzberg, Henry (1978): Patterns in Strategy Formation. In: Management Science, Jg. 24, H. 9, S. 934-948.

Mintzberg, Henry (1987): The Strategy Concept I: Five P's for Strategy. In: California Management Review, Jg. 30, H. 1, S. 11-24.

Mintzberg, Henry (1990): Zwischen Fakt und Fiktion - der schwierige Beruf Manager: The Manager's Job: Folklore and Fact. In: Harvard Business Manager, Jg. 12,

H. 4, S. 86-98.

Mintzberg, Henry (1991): Mintzberg über Management. Führung und Organisation. Mythos und Realität. Wiesbaden.

Mintzberg, Henry (1994): The Rise and Fall of Strategic Planning. New Jersey.

Mintzberg, Henry; Ahlstrand, Bruce; Lampel, Joseph (1999): Strategy Safari: Eine Reise durch die Wildnis des strategischen Managements. Heidelberg.

Molinsky, Andrew (2012): 3 Fähigkeiten, die jeder Manager im 21. Jahrhundert braucht. In: Harvard Business Manager, Jg. 34., H. 5, S. 92-98.

Müller-Stewens, Georg; Lechner, Christoph (2011): Strategisches Management. 4., überarb. Aufl., Stuttgart.

Noda, Tomo; Bower, Joseph. L. (1996): Strategy making as iterated processes of resource allocation. In: Strategic Management Journal, Jg. 17, H. 7, S. 159-192.

Nonaka, Ikujiro; Takeuchi, Hirotaka (1995): The knowledge-creating company. New York.

Oriesek, Daniel F.; Schwarz, Jan O. (2009): Business Wargaming – Unternehmenswert schaffen und schützen. Wiesbaden.

Porter, Michael E. (1992): Wettbewerbsstrategie. Frankfurt.

Porter, Michael E. (1992): Wettbewerbsvorteile. Frankfurt.

Quarg, Sabine (2013): Aufstieg und Niedergang der Bionade GmbH - Einc strategieorientierte Betrachtung. CASEM 13-600 DE, Dortmund.

Rappaport, Alfred (1999): Shareholder Value. Stuttgart.

Reeves, Martin; Love, Claire; Tillmanns, Philipp (2012): Eine Strategie für die Strategiearbeit. In: Harvard Business Manager, Jg. 34, H. 10, S. 49-57.

v. Reibnitz, Ute (1992): Szenario-Technik. Instrumente für die unternehmerische und persönliche Erfolgsplanung. Wiesbaden.

Schreyögg, Georg (1999): Strategisches Management – Entwicklungstendenzen und Zukunftsperspektiven. In: Die Unternehmung, Jg. 53, H. 6, S. 387-407.

Schreyögg, Georg; Koch, Jochen (2010): Grundlagen des Managements. 2., überarb. und erweit. Aufl., Wiesbaden.

Shell PKW-Studie (2013): online verfügbar unter: http://www.shell.de/about-shell/media-centre/annual-reports-and-publications/shell-pkwszenarien.html, zuletzt geprüft am 05.02.2014.

Shell PKW-Studie (2013a): online verfügbar unter: http://www.shell.de/about-shell/media-centre/annual-reports-and-publications/shell-pkwszenarien.html, zuletzt geprüft am 05.02.2014.

Simon, Herbert (2000): Strategie-Notstand. In: Manager Magazin Jg. 30, H. 7, S.113-114.

Steiner, George A. (1979): Strategic Planning: What Every Manager Must Know. New York.

Steinmann, Horst; Schreyögg, Georg (2005): Management: Grundlagen der Unternehmensführung. Konzepte, Funktionen, Fallstudien. 6. Auflage, Wiesbaden.

Sull, Donald N.; Eisenhardt, Kathleen M. (2012): Einfache Regeln für eine komplexe Welt. In: Harvard Business Manager, Jg. 34, H. 12, S. 38-46.

Ulrich, Hans; Probst, Gilbert J. B. (1995): Anleitung zum ganzheitlichen Denken und Handeln. Ein Brevier für Führungskräfte. 4., unveränd. Aufl., Bern/Stuttgart/Wien.

Vester, Frederic (1983): Unsere Welt – ein vernetztes System. München.

Vester, Frederic (1999): Die Kunst vernetzt zu denken. Ideen und Werkzeuge für einen neuen Umgang mit Komplexität. Ein Bericht an den Club of Rome. München.

Weber, Jürgen; Spitzner, Jan; Stoffels, Mario (2008): Erfolgreich steuern mit Market Intelligence. Marktentscheidungen fundiert treffen. Weinheim.

Welge, Martin; Al-Laham, Andreas (2012): Strategisches Management. Grundlagen – Prozess – Implementierung. 6. Auflage, Wiesbaden.

Lifecycle Management von Product-Service Systems

Ein Planspiel für Mitarbeiter in komplexen Arbeitsbereichen

Thomas Süße

Die zunehmende Popularität von Product-Service Systems (PSS) stellt besondere Anforderungen an Individuen, Teams sowie an organisationale Strukturen und Prozesse. Gerade die hohe Komplexität und Dynamik sind spezifische Charakteristika von PSS Arbeitsfeldern. Damit verbundene Herausforderungen für die in diesem Umfeld arbeitenden Akteure entstehen durch den Bedarf der notwendigen Integrationsleistung von heterogenen Wissens- und Expertendomänen zur Erbringung hoch individualisierter Leistungsangebote aus eng miteinander verknüpften Produkt- und Servicekomponenten. Zur Bewältigung dieser Arbeitsanforderungen wird das Design eines PSS Planspiels als Basiselement einer zukünftigen Kompetenzentwicklungsmaßnahme vorgestellt. Das Planspielmodell beinhaltet in Anlehnung an die Servitization Literatur sowohl die Herausforderungen der organisationalen Transformation auf dem Weg zu einem PSS als auch das Management eines bestehenden PSS. Auf diese Weise sollen die Teilnehmer des Planspiels auf zukünftige Herausforderungen in diesem Arbeitsfeld vorbereitet werden.

There has been increasing awareness of Product-Service Systems (PSS) over the last decade. Especially companies in the engineering sector offer PSS to differentiate from competitors. The working environment of PSS creates special demands for individuals, teams as well as organizational structures and processes due to the high complexity of individual solutions of closely related product service components and the dynamic characteristics of the work environment itself. The ability of integrating very heterogeneous expert knowledge and diverse perspectives of actors with different backgrounds to deliver highly individualized customer specific product service combinations is seen as one key success factor. To prepare employees for the challenges of PSS working environments this paper provides insides about the design of a tailored PSS business simulation which is planned to be the fundamental part of a competence development program enabling individuals and teams to cope with the challenges of a PSS working environment.

1. Einleitung

Veränderte Kundenanforderungen und eine steigende Wettbewerbsintensität in einem immer dynamischeren internationalen Umfeld haben dazu geführt, dass in den letzten Jahrzehnten neue Entwicklungen in der strategischen Positionierung und marktorientierten Ausrichtung von Unternehmen und deren Ressourcen zu beobachten sind. Ein bedeutender Trend ist der Wandel von stärker produktdominierten Branchen, wie z.B. dem Maschinenbau. In dieser Branche gewinnen hoch individualisierte und vergleichsweise komplexe Leistungsangebote als Kombinationen aus Produkten und Services weiterhin stark an Bedeutung und verändern auf diese Weise eine ganze Branche (vgl. Meier et al. 2010a; Velamuri et al. 2011; Oliva, Kallenberg 2003). Kombinierte und eng aufeinander abgestimmte Produkt- und Dienstleistungsanteile mit einem hohen Individualisierungsgrad der Gesamtlösung werden als Antwort auf individuelle Kundenanforderungen in der Literatur unter der Bezeichnung Product-Service Systems (PSS) zusammengefasst (vgl. Van Halen 2005, S. 21). Eine umfassende Definition von PSS liefert Mont (2004, S. iii): "A product-service system is a system of products, services, networks of actors and supporting infrastructure that continuously strives to be competitive, satisfy customer needs and have a lower environmental impact than traditional business models". Mit zunehmender Verbreitung von PSS haben sich gleichzeitig neue Arbeitssettings herausgebildet. In Anlehnung an die vorangestellte Definition von PSS werden von Mitarbeitern und Führungskräften für die Bewältigung der Arbeitsanforderungen innerhalb eines PSS heute besonders Fähigkeiten im Umgang mit Heterogenität und einem sich dynamisch wandelnden Arbeitsumfeld erwartet. Ein zentraler Faktor des Erfolgs ist die Integrationsfähigkeit verschiedener Expertisen und Denkmuster zu einem ganzheitlichen Leistungsangebot, das flexibel an individuelle Kundenbedürfnisse anpassbar ist. Insbesondere diese Aspekte sollen durch das angestrebte PSS Planspiel adressiert werden.

Die Integration von Produkt- und Servicekomponenten führt dazu, dass die Grenzen zwischen diesen traditionell eher voneinander getrennten Domänen weiter verschwimmen (vgl. Meier et al. 2010b). Das zentrale Ziel eines PSS ist es, den Kunden einen Mehrwert zu bieten, der über das Angebot einzelner Produkte oder Services hinausgeht. Meist wird ein PSS hierzu in einem Anbieternetzwerk erbracht und betrieben, das entsprechende Integrationsleistungen von den beteiligten Akteuren fordert. Hierdurch soll langfristig ein Wettbewerbsvorteil gegenüber der Konkurrenz gesichert werden. Besonders erfolgskritisch ist die Anpassungsfähigkeit an individuelle Kundenbedürfnisse und die Orientierung des Angebots an einem ganzheitlichen

Lebenszyklus, ausgehend vom ersten Konzept über das Design und die Leistungserbringung bis zum Recycling. Um dies zu erreichen, muss der Kunde von Beginn an ein aktiver Partner des gesamten Lifecycle sein, d.h. PSS werden im Rahmen eines hoch interaktiven Prozesses entwickelt und angeboten, bei dem der Wertbeitrag der Gesamtlösung ein Ergebnis aus einer engen Kooperation zwischen Kunden und Anbieter(n) ist. In Anlehnung an Mont (2004) findet auf diese Weise ein Wechsel von der "Massenproduktion" als Paradigma der traditionellen Produktorientierung hin zur "Massenindividualisierung" im Rahmen von PSS statt. Ein Paradigmenwechsel vom traditionellen Produktverkauf hin zu einem serviceorientierten Angebot mit Produktanteilen wird hierdurch vorangetrieben (vgl. Kimura 1997). Die Geschäftsbeziehung zwischen Anbieter und Kunde verändert sich von einer eher kurzfristig orientierten transaktionsbasierten Interaktion zu einer langfristig orientierten beziehungsbasierten Interaktion (vgl. Steven, Richter 2010; Kowalkowski 2010). Dieses Phänomen mit einer starken Lifecycle Orientierung von Gesamtlösungen als zentrales Merkmal von PSS verlangt gleichzeitig nach erweiterten bzw. neuen Fähigkeiten von PSS Anbietern und hat ebenso Einfluss auf die organisationalen Strukturen von Produktanbietern, die sich zu einem PSS Anbieter wandeln (vgl. Storbacka 2011). Konkret verändert sich durch die PSS Lifecycle Orientierung das Geschäftsmodell der Gesamtorganisation als Ergebnis einer Verschmelzung von Produkt- und Serviceorientierung zu einem funktions- bis hin zu einem ergebnisorientierten Geschäftsmodell. In Abbildung 1 ist dieser Transformationsprozess mit der Zunahme von Serviceanteilen hin zur Entwicklung eines PSS in Anlehnung an Tucker (2004) dargestellt.

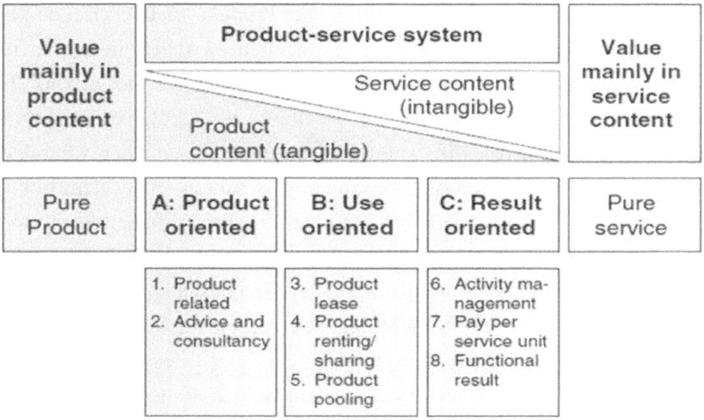

Abb. 1: Haupt- und Unterkategorien von PSS (Tucker 2004, S. 248)

Der Prozess der Entwicklung einer Organisation von der reinen Produktorientierung hin zu einem kundenindividualisierten Angebot aus eng aufeinander abgestimmten Produkt- und Servicekomponenten wird in der wissenschaftlichen Literatur als Servitization (vgl. Vandermerwe, Rada 1998) bezeichnet. Dieser Wandel ist einerseits durch zahlreiche Herausforderungen geprägt, aber auch mit hohen Chancen für die Unternehmen verbunden (vgl. Martinez et al. 2010).

Ein zentraler Aspekt ist das Management eines PSS orientierten Lifecycle, der sich in vielen Facetten vom rein produktorientierten Lifecycle Management unterscheidet. So muss der PSS orientierte Lifecycle sowohl Produkt- und Servicekomponenten als auch die relevanten Akteure verschiedener Netzwerkpartner (z.B. Zulieferer, Anbieter, Kunden etc.) und notwendige Infrastrukturkomponenten gleichsam berücksichtigen und integrieren. Die Verzahnung im Hinblick auf eine Gesamtlösung steht im Mittelpunkt dieses Ansatzes. Folglich können weder einzelne Produkt- noch einzelne Servicekomponenten für sich isoliert betrachtet einen entsprechenden Mehrwert liefern. Im Fokus des PSS Lifecycle Management steht stets die Funktion bzw. der Mehrwert der Gesamtlösung (vgl. Herrmann et al. 2010). Auf Basis der Integration serviceorientierter Lifecycle Management Ansätze und produktorientierter Lifecycle Management Ansätze haben Hermann et al. (2010) einen PSS Lifecycle abgeleitet (vgl. Abb. 2). Dieser Lifecycle bildet einen Teil der konzeptionellen Grundlage für das Planspielmodell. Er beschreibt einen Zielzustand, der zentraler Gegenstand der Entwicklung eines Unternehmensplanspiels zu PSS ist. Im ersten Schritt des PSS Lifecycle entsteht die Idee der Gesamtlösung. Auf Basis dieser Idee erfolgt im zweiten Schritt die integrierte Entwicklung der Produkt- und Servicekomponenten unter besonderer Berücksichtigung der Schnittstellen zwischen diesen heterogenen Komponenten. Der dritte Schritt des Lifecycle beinhaltet die Herstellung der Produktkomponente und parallel dazu die Herstellung der Verfügbarkeit der Servicekomponente. Dieser Teil des Lifecycle trägt den unterschiedlichen Charakteristika von Produkt und Service durch deren getrennte Betrachtung unter dem Fokus einer integrierten Gesamtlösung besondere Rechnung. Die Produktkomponente muss vor der Möglichkeit der Benutzung zunächst hergestellt werden. Aufgrund der Immaterialität der Servicekomponente wird diese unter Berücksichtigung des potenziellen Bedarfs in der aktuellen und den nachfolgenden Phasen zur Verfügung gestellt. Die aktive Vermarktung des PSS erfolgt im vierten Schritt des Lifecycle. Die fünfte Phase beschreibt die Nutzung und damit verbunden den Betrieb des PSS durch den oder die PSS Anbieter unter der Berücksichtigung des Zusammenspiels von Produkt- und Servicekomponenten. Je nach Änderungswünschen des Kunden kann es hier zu erneuten

Entwicklungszyklen des PSS kommen. Im sechsten Schritt des Lifecycle erfolgt das Recycling des PSS durch den bzw. die PSS Anbieter. Elemente von Produkt- und / oder Servicekomponente können in ihrer bisherigen oder in abgewandelter Form wieder in die Idee zu einem neuen PSS einfließen.

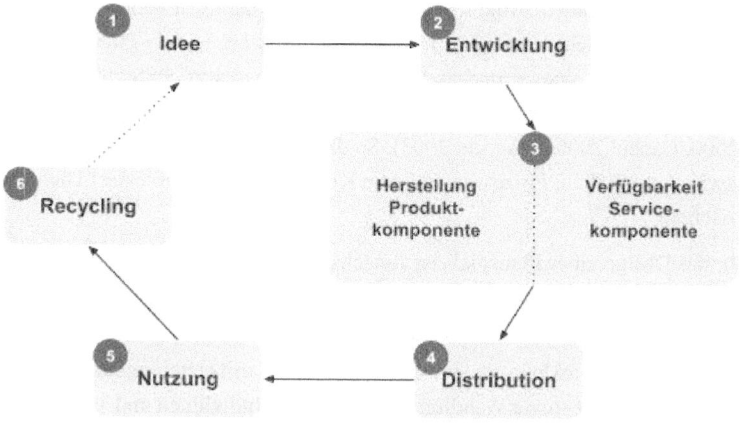

Abb. 2: PSS Lifecycle (vereinfachte Darstellung in Anlehnung an Herrmann et al. 2010)

Vor dem Hintergrund der aufgezeigten zunehmenden Komplexität von Geschäftsmodellen und Lifecycle Management Anforderungen im Kontext von PSS wird davon ausgegangen, dass mit den veränderten Anforderungen an Mitarbeiter in diesen Arbeitsbereichen ein besonderer Trainings- und Weiterbildungsbedarf für PSS entsteht (vgl. Becker 2006; Borri 2003). Entsprechend der oben beschriebenen besonderen Charakteristika von PSS sollen vor allem die Fähigkeiten von Mitarbeitern und Führungskräften im Hinblick auf deren Integrationsleistung, d.h. dem Umgang mit Heterogenität, und der Wandlungsfähigkeit in einem sehr dynamischen Arbeitskontext Rechnung getragen werden. Darüber hinaus ist ebenfalls angedacht, dass ein PSS Planspiel dafür entwickelt wird, um als Forschungslabor ein erweitertes Verständnis zu den Kompetenzanforderungen an Mitarbeiter in PSS Arbeitsbereichen zu erlangen. Planspiele sind als Methode sowohl für die klassische Kompetenzentwicklung als auch für das Erlernen des Umgangs mit komplexen Systemen geeignet (vgl. Kriz 2007).

2. Theoretisches Rahmenwerk Planspielentwicklung

Ausgangspunkt der Konzeption und des Designs eines Planspiels ist zunächst die Definition der Methode Planspiel als "eine Abart des Experiments bzw. der Simulation, bei der den Teilnehmern definierte Positionen und Handlungsräume zugeordnet werden, um so komplexe Strukturen und Prozesse studieren zu können" (Kriz, Lisch 1988, S. 200). Vor dem Hintergrund dieser Definition erscheinen Planspiele sowohl für die Vermittlung eines grundsätzlichen Verständnisses zu PSS, für die gezielte Kompetenzentwicklung als auch als Basis eines Forschungslabors als geeignet (vgl. Kriz 2000, Capaul 2000, Klabbers 2003). So dienen Planspiele dazu, das Zusammenspiel zwischen Inhalten, Prozessen und dem Kontext eines (komplexen) Themenfelds zu verstehen.

Für das Design eines Planspiels ist zunächst der Zweck des späteren Planspieleinsatzes zu konkretisieren. In Anlehnung an das Gesamtprojekt dient das PSS Planspiel im späteren Einsatz der Erreichung folgender Zielstellungen:

1. Kompetenzwicklung im Hinblick auf Umgang mit Heterogenität und Integrationsfähigkeit sowie Wandlungsfähigkeit von Individuen und Teams,
2. Förderung eines einheitlichen Verständnisses zu Product-Service Systems,
3. Schaffung eines Laborumfelds zum Einsatz und der Weiterentwicklung wissenschaftlich fundierter Methoden und Instrumente und
4. Integration interdisziplinärer Forschungsergebnisse (z.B. aus Betriebswirtschaft, Psychologie, Ingenieurwissenschaften u.a.).

Diese Zielstellungen stehen in Einklang mit der Definition von Planspielen und deren empfohlenen Einsatzzwecken bzw. Motiven aus der Planspielliteratur (vgl. Kriz 2007). Zu Beginn eines Planspielentwicklungsprojekts ist zunächst das Design des Planspiels auf Basis des Simulationsmodells zu erarbeiten. Neben dem Simulationsmodell besteht ein Planspiel im Sinne einer ganzheitlichen Betrachtung zusätzlich aus dem Didaktikmodell und dem Evaluationsmodell (vgl. Kriz 2012). Letztere Modelle sind nicht Bestandteil dieser Arbeit, sondern ergeben sich im Anschluss an das hier erarbeitete Design des Simulationsmodells.

Das Simulationsmodell des Planspiels stellt ein Abbild eines oder mehrerer realer Systeme oder Systemelemente dar und beschreibt die Wechselwirkungen sowohl innerhalb des Systems als auch mit seiner Umwelt. Das Simulationsmodell als komplexes Konstrukt des Planspiels wird für das Design in seine wesentlichen Komponenten aufgeteilt, um deren Ausgestaltung vorzunehmen und im Anschluss die Verzahnung dieser Komponenten anhand der praktischen Implementierung darzustellen. Ein in der Literatur etabliertes Framework für die Strukturierung und Ausgestaltung des Simulationsmodells ist die von Klabbers (1999) definierte Einteilung in die Simulation, die sozialen Akteure und das Regelwerk (vgl. Abb. 3).

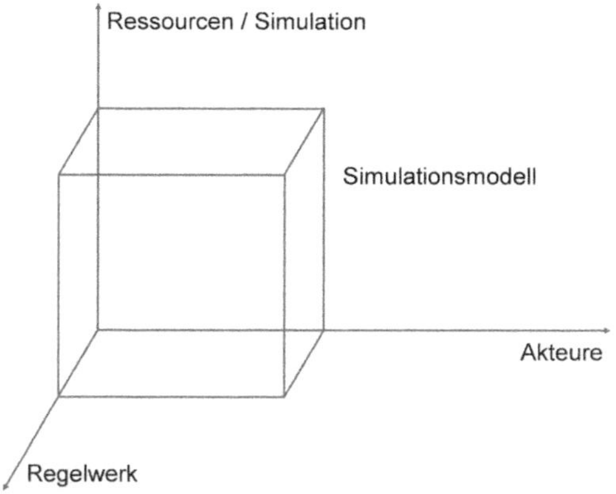

Abb. 3: Planspielkomponenten (Klabbers 1999)

Das Simulationsmodell sollte demnach eine umfassende Schilderung der virtuellen Realität (Ressourcen / Simulation), eine angemessene Auswahl von Methoden zur Flankierung des Ablaufs (Regeln) und eine klare Orientierung an einer sozialen Ordnung (Akteure) beinhalten. Diese Teilfacetten stehen je nach Planspiel in unterschiedlicher Weise in Zusammenhang. Mit dem Ziel, das Design eines spezifischen PSS Planspiels vorzustellen, werden in Anlehnung an den theoretischen Diskurs zu PSS, dem PSS Lifecycle und den Chancen und Risiken des Wandels einer eher produktorientierten Organisation hin zu einem PSS Anbieter die drei Dimensionen Simulation, soziale Akteure und Regelwerk zunächst konzeptionell beschrieben. Diese Beschreibung dient als Grundlage für die im nächsten Schritt aufgezeigte Implementierung des PSS Planspiels.

2.1 Ressourcen / Simulation

Die Simulation stellt eine bestimmte Auswahl an Ressourcenelementen für die Akteure (z.B. Planspielteilnehmer) zur Verfügung. In der Ausgangssituation oder Startsituation des Planspiels werden Ressourcen besondere Eigenschaften zugeschrieben, so dass ein vordefiniertes Setting entsteht, mit dem die Akteure zu Beginn konfrontiert werden. Während des Spielverlaufs werden die Ressourcenelemente bzw. deren Eigenschaften durch die Interaktionen der Akteure verändert. Es können auch neue Ressourcenelemente hinzukommen. Die besondere Auswahl und Kombination der simulierten Ressourcenelemente und deren Interdependenzen symbolisiert eine reale bzw. realitätsnahe Welt bzw. eine fiktive Welt, die sich auf die Realität bezieht. Der Umgang, d.h. das Spielen mit den Ressourcen ist durch das Regelwerk definiert. Ressourcen des Simulationsmodells können im Planspiel von materiellem Charakter oder immateriell geprägt sein. Bei computerbasierten Planspielen ist eine große Anzahl der Ressourcen meist mittels einer Software abgebildet. So werden z.B. monetäre Einheiten, komplexe technische Anlagen oder Personen mittels Software simuliert und auf diese Weise ein Ausschnitt aus der Realität repräsentiert.

2.2 Akteure

Durch das Setting von Planspielen wird ähnlich wie bei anderen Spielen auch von sozialen Systemen gesprochen. In diesen sozialen Systemen sind die Teilnehmer in der Regel die Akteure des Planspiels. Die Teilnehmer in Planspielen können unterschiedliche Rollen innehaben, die sich auch um Verlauf des Spielgeschehens verändern. Akteure formen das soziale System und gestalten es mit besonderen Merkmalen aus. Dies geschieht durch Interaktionsprozesse und Aktivitäten unter Beachtung des Regelwerks. Des Weiteren können die Teilnehmer in einem Planspiel als „Einzelspieler“ oder in Teams organisiert sein. Besonders bei den weit verbreiteten Unternehmensplanspielen sorgt die Schaffung einer Konkurrenzsituation zwischen den Teams für zusätzliche Dynamik während des Planspiels (vgl. Högsdal 2004; Kern 2003).

2.3 Regelwerk

Das Regelwerk definiert zunächst die Anordnung der Ressourcenelemente in einem Zeitbezug und legt ihre Position bzw. Einordnung in dem Gesamtschema des Planspiels fest. Regeln beschreiben außerdem die Position der Teilnehmer im Rahmen der Ausgangssituation mit Blick auf zu definierende Leistungsindikatoren und können je nach Planspiel auch festlegen, unter welchen Bedingungen das Planspiel beendet ist bzw. die Akteure ausscheiden. Außerdem wird in den Regeln verankert, wie und in welchem Umfang die Manipulation, die Verwendung und die Transformation der vorhandenen Ressourcen des Simulationsmodells für die Teilnehmer möglich sind. An dieser Stelle sei ebenfalls darauf hingewiesen, dass die Charakterisierung nach offenen und geschlossenen Planspielen eng mit der Ausgestaltung des Regelwerks verknüpft ist. Bei geschlossenen Planspielen werden den Planspielteilnehmern genaue Instruktionen vorgegeben, die Bestandteil eines professionell entwickelten, nicht mehr veränderbaren Simulationsmodells sind. Bei offenen Planspielen haben die Teilnehmer die Möglichkeit, während der Durchführung des Planspiels das Setting wesentlich weiter zu entwickeln und / oder zu verändern (vgl. Kriz 2000).

3. Konzept eines PSS Planspiels

Ausgehend von der Definition eines PSS und der zugrunde liegenden Transformation des Geschäftsmodells von einem produktorientierten zu einem ergebnisorientierten Geschäftsmodell soll dieser Geschäftsmodellwechsel als konzeptionelles Rahmendesign dienen. Zentraler Bestandteil des Planspiels ist somit der organisationale Transformationsprozess aus einer möglichst ganzheitlichen Perspektive. Ausgangspunkt dieser Vorgehensweise ist der im ersten Abschnitt beschriebene Trend weg von einer Produktorientierung hin zu einer Produkt-Service Kombination mit dem Ziel der Erreichung wettbewerblicher Vorteile für Unternehmen in westlichen Volkswirtschaften, die sich gegen die internationale Konkurrenz behaupten müssen. Der Auslöser des organisationalen Wandels entsteht in diesem Design zunächst durch verändernde externe Rahmenbedingungen. Der in Abbildung 2 dargestellte PSS Lifecycle dient vor diesem Hintergrund als zentrales Element der operativen Ebene. Anhand der Weiterentwicklung eines eher produktorientierten Lifecycle zu einem PSS Lifecycle werden gleichermaßen die durch die Organisation zu realisierenden (neuen) Aufgaben spezifiziert. Die Servitization Literatur gibt spezifische Hinweise zu den einzelnen Stufen des Prozesses hin zu einem Lösungsangebot aus eng verbundenen nicht isoliert zu betrachtenden Produkt-Service Kombinationen (vgl. Abb. 4)

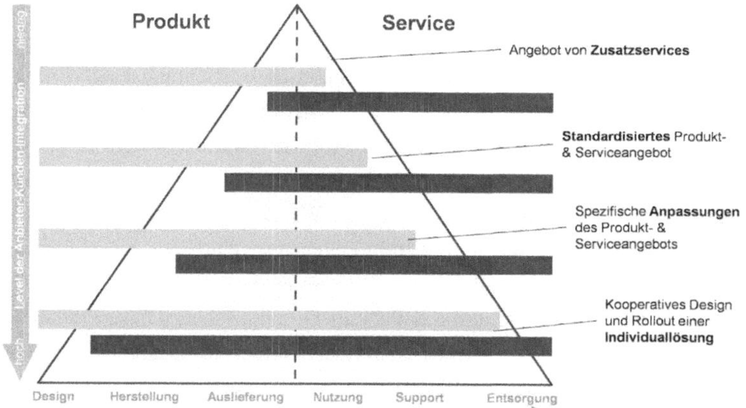

Abb. 4: Servitization Kontinuum (in Anlehnung an Martinez et al. 2010)

Vor dem Hintergrund dieser Ausgangsüberlegungen zum konzeptionellen Aufbau des Planspiels werden die drei Elemente Simulation, Akteure und Regelwerk in ihrer Ausgestaltung in den folgenden Abschnitten beschrieben.

3.1 Ressourcen / Simulation

Die Simulation umfasst die Darstellung realitätsnaher Ressourcenbeschreibungen, deren Eigenschaften und die Veränderungsmöglichkeiten sowie eine fest definierte Ausgangssituation. Zunächst sollen in der Ausgangssituation zwei unabhängig voneinander agierende Organisationen modelliert bzw. simuliert werden. Organisation A als Traditionsunternehmen verfolgt ein stark produktorientiertes Geschäftsmodell, während Organisation B durch seine Erfahrung im Servicebereich geprägt ist und deutliche Charakteristika eines Serviceanbieters in seinem Geschäftsmodell verankert sind (vgl. Abb. 1). In Organisation A ist eine stark maschinendominierte Sichtweise auf die Organisation anzutreffen. Demgegenüber unterscheidet sich Organisation B durch einen eher organischen Charakter der Organisation im Sinne deutlicher Anzeichen von Flexibilität und Dynamik als Merkmal einer serviceorientierten Organisation (vgl. Burns, Stalker 1961; Morgan 1986; Martinez et al. 2010).

In dem dramaturgischen Aufbau der Simulation sehen sich beide Organisationen A und B mit einem zunehmend intensiveren Wettbewerb, sich stark wandelnden Kundenanforderungen und vor allem in Organisation A mit einem deutlichen Rückgang der Profitabilität konfrontiert. Das Management beider Organisationen sucht bereits nach alternativen Konzepten. Einer Kooperation zwischen beiden Organisationen A und B zur Erstellung einer integrierten Lösung für einen Kunden C werden hohe Potenziale beigemessen. Mit der Entscheidung, sich in Richtung eines PSS zu bewegen, entstehen gleichzeitig Risiken für die Organisationen. Sowohl Chancen als auch Risiken lassen sich zu Beginn des Transformationsprozesses hin zu einem PSS nur sehr rudimentär bestimmen. Je mehr Integrationsleistungen die Organisationen erbringen, desto klarer werden die Chancen des Wandels aufgezeigt, die sich über alle drei Ebenen der Organisationen vom Individuum über das Team bis zur organisationalen Ebene erstrecken. Parallel dazu entstehen aber auch Pfadabhängigkeiten für die einzelnen Organisationen und das PSS als Gesamtsystem. Diese Pfadabhängigkeiten und die Interdependenzen zwischen den Akteuren im Planspiel lassen für die Teilnehmer ebenfalls die Risiken eines PSS erkennen, die sich z.B. in einer stärkeren Abhängigkeitsbeziehung gegenüber dem Partner manifestieren können.

Die Wettbewerbsposition des reinen Serviceanbieters (Organisation B) ist zu Beginn weniger kritisch zu bewerten. Der Serviceanbieter sieht in der Zusammenarbeit mit dem Produktanbieter mittelfristig dennoch ein gewisses Wachstumspotenzial. Demzufolge liegt das Interesse zur Entwicklung eines PSS vor allem auf der Seite des Produktanbieters, der die Existenz seines Unternehmens bzw. Geschäftsmodells als gefährdet ansieht. Beide Organisationen A und B sollen sich im Sinne des Servitization Kontinuum (vgl. Abb. 4) im Simulationsverlauf in Richtung eines PSS entwickeln, besonders der ursprüngliche Produktanbieter ist aber gezwungen, den Prozess voranzutreiben.

Konkret bedeutet dies, dass sich zu Beginn zunächst ein Angebot von Zusatzservices herausbilden wird, welche der Produktanbieter vom Serviceanbieter „einkauft“. Nach der Absolvierung weiterer Transformations- bzw. Integrationsstufen soll schließlich in der höchsten Ausbaustufe ein PSS mit hohem Integrationsgrad von Produkt- und Servicekomponenten und einem etablierten PSS Lifecycle durch die Teilnehmer des Planspiels erreicht werden. Demzufolge besteht die Herausforderung der Teilnehmer über voneinander getrennte Spielperioden darin, alle drei Organisationen, d.h. inklusive des Kunden, so miteinander zu „verzahnen“, dass am Ende im Markt ein PSS entstehen kann (vgl. Abb. 5).

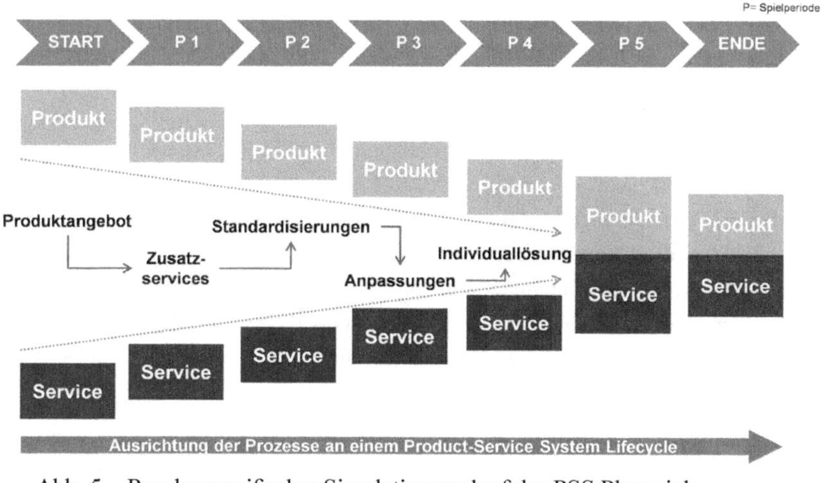

Abb. 5: Rundenspezifischer Simulationsverlauf des PSS Planspiels

Die Aufteilung des Simulationsverlaufs in inhaltlich voneinander abgegrenzte Spielperioden dient dazu, dass die einzelnen Stufen des Servitization Kontinuum für die Teilnehmer klar ersichtlich werden und der jeweilige „Zustand“ der Organisationen bzw. deren bisher geleistete Integration und der Umgang mit der steigenden Heterogenität reflektiert und diskutiert werden.

Da die durch dieses Setting entstehende Komplexität des zu entwickelnden PSS Planspiels als vergleichsweise hoch eingestuft werden kann, ist geplant, das Simulationsmodell auf Basis eines computergestützten Planspiels zu implementieren. Computergestützte Planspiele haben gegenüber rein haptischen Planspielen den Vorteil, dass sie auch sehr komplexe Sachverhalte realitätsnah in einem Softwaremodell darstellen können (vgl. Högsdal 2004, S. 92ff.). Dennoch erscheint eine zusätzliche Verwendung haptischer Elemente als sinnvoll, da diese zusätzlich den Lernprozess und das Verständnis der Teilnehmer für das Gesamtsystem PSS unterstützen.

3.2 Akteure

Die Teilnehmer des Planspiels als Akteure des sozialen Systems werden zu Beginn in Gruppen von 3 bis 4 Personen eingeteilt und den jeweiligen Organisationen zugeordnet. Hierdurch ergibt sich eine besondere Dynamik des PSS Planspiels, die auch in anderen Planspielen häufig Verwendung findet (vgl. Högsdal 2004). Die entstehenden Gruppenprozesse sind ein zusätzliches didaktisches Element des Planspiels. Dieses Setting dient auch dazu, möglichst realitätsnahe Abläufe von Organisationen widerzuspiegeln, in denen durch Teamarbeit sowohl ein individueller als auch ein organisatorischer Nutzen im Hinblick auf die Zielerreichung generiert werden kann (vgl. Staehle 1999, S. 318). Teamprozesse stellen aber gleichzeitig gewisse Herausforderungen und ggf. neue Rahmenbedingungen für die beteiligten Individuen dar, die es gemeinsam zu bewältigen gilt (vgl. Rosenstiel 2000, S. 270). Dies trifft insbesondere auch für PSS Settings zu, in denen die Arbeit durch die Kooperation und Kollaboration in heterogenen Teams und zwischen solchen Teams (vgl. Beverungen et. al 2008) geprägt ist. Der Aspekt der Heterogenität kann einerseits durch entsprechende Auswahl der Teilnehmer andererseits anhand des Simulationsmodells im Sinne der Gegenüberstellung von Produkt- und Serviceorganisation und durch die Interventionen des Kunden (Seminarleitung) generiert werden.

Im Verlauf der Simulation werden die Teilnehmer auf dem Entwicklungspfad zum PSS zusätzlich mit der Herausforderung konfrontiert, über die ursprünglichen Grenzen der etablierten Teams je Organisation hinaus mit Teilnehmern der anderen Organisation zusammen zu arbeiten. Auf diese Weise werden auch Facetten organisationsübergreifender Teamarbeit im Planspiel realisiert. Für die Abbildung eines PSS in einem Planspiel ist dieses Element ebenfalls ein essentieller Aspekt, um die

Herausforderungen und auch die Chancen von PSS möglichst realitätsnah darzustellen. In Abbildung 6 ist das Setting der Akteure in der Stufe eines bereits etablierten PSS Angebots schematisch abgebildet. Dieser „Zustand" ist durch die Teilnehmer des Planspiels zu erreichen.

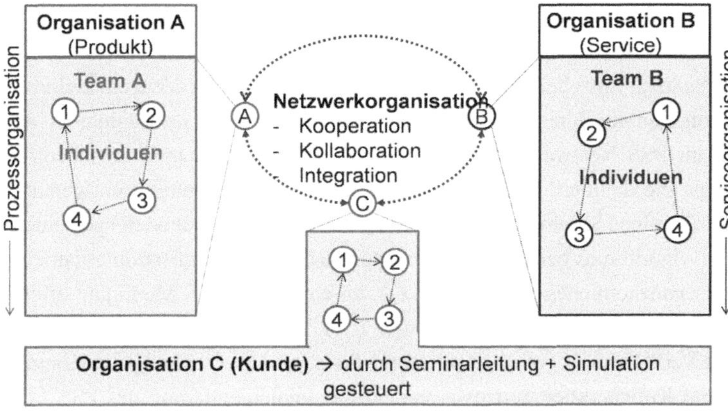

Abb. 6: Netzwerkbeziehungen zwischen Organisationen und Teams im PSS Planspiel

3.3 Regelwerk

Schließlich wird im Rahmen der Komponente Regelwerk definiert, wie und in welchem Umfang die Akteure die durch das Simulationsmodell abgebildeten Ressourcen modifizieren können. Konkret sind dies die Entscheidungen, die Teilnehmer im Planspiel in der Rolle des Managements treffen können. Konkrete Entscheidungs- bzw. Beeinflussungsmöglichkeiten können auf strategischer und operativer Ebene getroffen werden:

- Strategische Ebene: Auf der strategischen Ebene werden Entscheidungen darüber getroffen, mit welchen Mitteln sich die jeweilige Organisation in Richtung eines PSS entwickeln kann. Die Entscheidungen stehen in einer Beziehung zu den Entscheidungen auf der operativen Ebene.
- Operative Ebene: Auf der operativen Ebene werden einerseits Entscheidungen darüber getroffen, wie die Umsetzung aus den vorgegebenen Maßnahmen der strategischen Ebene erfolgt und andererseits welche Maßnahmen dazu beitragen, den strategischen Möglichkeitsraum zu erweitern.

Die Interdependenzen der Entscheidungen zwischen strategischer und operativer Ebene werden in der Simulation über besondere Wirkmechanismen hinterlegt. Je nach „PSS Reife" der Organisationen entlang des Servitization Kontinuum intensiviert sich die Integration der beteiligten Netzwerkpartner und damit ebenfalls die Interdependenzen zwischen den Entscheidungen der Organisationen auf strategischer und operativer Ebene.

Neben den Entscheidungsbereichen und den Interdependenzen zwischen den Organisationen im Integrationsprozess (vgl. Servitization Kontinuum in Abb. 4) werden im PSS Netzwerk organisationsspezifische und organisationsübergreifende Leistungsziele definiert. Diese werden für die Teilnehmer transparent gemacht und über die einzelnen Spielrunden hinweg durch das Simulationsmodell nach einem festgelegten Algorithmus berechnet. Die Leistungsziele der Organisation orientieren sich an einem ganzheitlichen Ansatz, wie z.B. an einem auf PSS Merkmale orientierten Balanced Scorecard Prinzip (vgl. Richter 2010) und dem PSS Lifecycle. Zusätzlich wird die Verfügbarkeit von Methoden und Tools zur Unterstützung der Kommunikations- und Kollaborationsprozesse anhand der Implementierung des PSS Lifecycle simuliert, welche vor allem die Zusammenarbeit zwischen den Organisationen unterstützen sollen. Hierunter fallen beispielsweise vereinfachte Tools zur Unterstützung von Verhandlungsprozessen oder dem kollaborativen Design technischer Lösungen in einem kreativen Prozess.

In Anlehnung an die konzeptionelle Beschreibung des PSS Planspiels wird im folgenden Abschnitt eine auf diese Rahmenbedingungen aufbauende Rahmenhandlung bzw. Coverstory skizziert. Sie stellt den ersten Schritt im Sinne der praktischen Implementierung des Simulationsmodells dar.

4. Ausblick zur Umsetzung in einer Coverstory

Die Attraktivität eines Planspiels für den Einsatz in der Aus- und Weiterbildung als auch für den Aufbau von Experimenten in Laborumgebungen entsteht nicht zuletzt durch eine für die Teilnehmer spannende und innovative Beschreibung einer Rahmenhandlung (Coverstory). Die Coverstory bietet eine authentische Beschreibung der Ist-Situation in Zusammenhang mit aktuellen Herausforderungen und in der Zukunft liegenden Chancen für die Verbesserung der Position der Akteure in einem Planspiel. Hierbei bietet die Coverstory als wesentliche Komponente der praktischen Implementierung des Simulationsmodells nicht die Realität in ihrer vollständigen Komplexität ab, sondern repräsentiert das Modell einer bewusst gewählten Realität, die in ihren Charakteristika sowohl für die Teilnehmer als auch für die Seminarleitung zu beschreiben ist. Angelehnt an das Ziel des Planspieldesigns, ein möglichst umfassendes und realitätsnahes PSS Planspiel mit Fokus auf einen PSS Lifecycle zu entwickeln, werden folgende fünf wesentliche Rahmenbedingungen für die Coverstory identifiziert:

1. Darstellung eines PSS im Sinne eines Anbieternetzwerkes und der PSS Definition,
2. investitionsintensiver und technisch komplexer Produktanteil,
3. hoch individualisierte Gesamtlösung im Sinne einer Kundenintegration,
4. Lifecycle orientierte Entscheidungssituationen und
5. Transformationsprozess vom reinen Produkt- und reinen Serviceanbieter zum PSS.

Des Weiteren soll mit der Coverstory die Auseinandersetzung zu einem Thema mit hoher Aktualität und Relevanz für die Teilnehmer stattfinden. Vor diesem Hintergrund wurde als Basisthema die aktuelle Energiediskussion mit dem Fokus auf den Anteil erneuerbarer Energien bei der Erzeugung von elektrischem Strom aufgegriffen. Mit dem steigenden Anteil erneuerbarer Energien von heute etwas mehr als 20 % an der gesamten Stromerzeugung auf bis zu 80 % in 2050 in Deutschland (vgl. BDEW 2013) sind zahlreiche technische Herausforderungen verbunden. Eine wesentliche Problemstellung ist die aus regenerativen Energien resultierende Schwankung der Netzauslastung. Intelligente Speicherlösungen sollen dieses Problem beheben.

Bereits heute versorgen sich zudem zahlreiche Konzerne als Großverbraucher selbst mit elektrischer Energie, indem Sie z.B. eigene Photovoltaik Anlagen installieren und diese Energie für sich nutzen. Dies macht die Unternehmen zudem unabhängiger von den weiter steigenden Energiepreisen. In Anlehnung an diese Entwicklungen soll das Geschäftsmodell als Bestandteil des Simulationsmodells des PSS Planspiels Speicherkapazitäten für elektrischen Strom zur Verfügung stellen, die zunächst von Erzeugern regenerativer Energie benutzt werden können, um bei hoher Stromerzeugung die überschüssige Energie effizient zu speichern und bei geringer Stromerzeugung möglichst die gespeicherte Energie verwenden zu können. Dieses PSS besteht sowohl aus Produkt- als auch aus Serviceanteilen. Bei den Produktanteilen handelt es sich um die technischen Speicherlösungen und die dafür erforderliche Infrastruktur. Die Serviceanteile beinhalten vor allem die Abrechnungsmodelle, die Wartung von Installationen bei Großkunden vor Ort, eine Verfügbarkeitsvereinbarung und weitere Serviceelemente. Zu Beginn des Planspiels wird das Setting so aufgebaut, dass der Produktanbieter und der Serviceanbieter noch weitestgehend eigenständig am Markt agieren und nur eine lose Kopplung zwischen beiden Organisationen besteht. Der im Planspielmodell simulierte Wettbewerbsdruck zwingt jedoch letztlich beide Unternehmen zu einer engeren Zusammenarbeit über die im Planspiel zu absolvierenden Spielperioden. Auf diese Weise nähern sich beide Organisationen immer weiter an (vgl. Abb. 4 und 5), bis schließlich ein hoch integriertes Leistungsangebot aus eng aufeinander abgestimmten Produkt- und Servicekomponenten entstanden ist. Anhand des im Planspiel aufgezeigten Transformationsprozesses beider Organisationen kommt es gleichzeitig zu einer Integration der Geschäftsmodelle und einer Erweiterung des Lifecycle zu einem PSS Lifecycle. In der Dramaturgie der Coverstory wird ein besonderer Fokus auf den Transformationsprozess gelegt, damit den Teilnehmern am Planspiel verdeutlicht werden kann, welche Herausforderungen hiermit verbunden sind.

Mit Abschluss des konzeptionellen Designs folgen im nächsten Schritt die Feinspezifizierung und Umsetzung des beschriebenen Simulationsmodells in Softwarekomponenten und die Planung des Einsatzes haptischer Elemente. Diese Arbeitsschritte sind eng mit der Ausgestaltung des didaktischen Modells des gesamten Planspiels und des Evaluationsmodells verknüpft.

Literaturverzeichnis

BDEW (2013): „Erneuerbare Energien und das EEG: Zahlen, Fakten, Grafiken". Online verfügbar unter: http://www.bdew.de/internet.nsf/id/DE_Erneuerbare-Energien, zuletzt geprüft am 23.09.2013.

Becker, F. S. (2006): Globalization, curricula reform and the consequences for engineers working in an international company. In: European Journal of Engineering Education, Vol. 31, No. 3, pp. 261–272.

Beverungen, D., Kaiser, U., Knackstedt, R., Krings, R., Stein, A. (2008): Konfigurative Prozessmodellierung der hybriden Leistungserstellung in Unternehmensnetzwerken des Maschinen- und Anlagenbaus. In: Proceedings zur Multikonferenz Wirtschaftsinformatik, München.

Borri, C. (2003): Reshaping the engineer for the 3rd millennium. In: European Journal of engineering Education, Vol. 28, No. 2, S. 132–138.

Burns, T., Stalker, G. M. (1961): The management of innovation. London: Tavistock.

Capaul, R. (2000): Die Planspielmethode in der Schulleiterausbildung. Bad-Heilbrunn: Klinkhardt.

Herrmann, C., Kuntzky, K., Mennenga, M., Torney, M. (2010): Joint Framework for Product Service Systems and Life Cycle Management. In: Proceedings of the 2nd CIRP International Conference on Product-Service-Systems 2010, Linköping, Linköping University, S. 353–359.

Högsdal, N. (2004): Blended Learning im Management-Training, Lohmar, zgl. Tübingen, Dissertation.

Kern, M. (2003): Planspiele im Internet. Wiesbaden.

Kimura, F. (1997): Inverse Manufacturing: from product to services. The First International Conference on Managing Enterprises - Stakeholder, Engineering, Logistics and Achievements (ME-SELA-97), Loughborough University, United Kingdom.

Klabbers, J. (1999): Three easy pieces: A taxonomy on gaming. In: Sounders, Danny (Hg.): Simulation and Games for Strategy and Policy Planning, London, S. 16-33.

Klabbers, J. (2003): The gaming landscape: a taxonomy for classifying games and simulations. In: Proceedings of DIGRA Conference 2003.

Kowalkowski, C. (2010): What does a Service-Dominant Logic Really Mean for Manufacturing Firms? The 2nd IPS² Conference 2010, Linköping, Sweden, 14–15 April, S. 229-235.

Kriz, W. C., Lisch, R. (1988): Methodenlexikon. München.

Kriz, W. C. (2000): „Gestalten“ von/in Lernprozessen im Training von Systemkompetenz. In: Gestalt Theory, 23, S. 185–207.

Kriz, W. C. (2007): Planspiele für die Organisationsentwicklung. In: Schriftenreihe Wandel und Kontinuität in Organisationen, Bd. 8, Berlin, Wissenschaftlicher Verlag Berlin.

Kriz W. C. (2012): Die Wirklichkeit spielen. Gaming Simulation in der Organisationsberatung. In: Gsöllpointner, Katharina (Hg.): Medien in der Beratung. Wien: Facultas.

Martinez V.; Bastl M.; Kingston J.; Evans S. (2010): Challenges in transforming manufacturing organisations into product-service providers. In: Journal of Manufacturing Technology Management, Vol. 21, Iss. 4, pp. 449–469.

Miller, D.; Hope, Q.; Eisenstat, R.; Foote, N.; Galbraith, J. (2002): The problem of solutions: Balancing clients and capabilities. In: Business Horizons, 45 (2), pp. 3–12.

Meier, H.; Uhlmann, E.; Völker, O.; Geisert, C.; Stelzer, C. (2010a): Reference architecture for dynamic organization of IPS2 service supply chains in the delivery phase. Proceedings of the 2nd CIRP International Conference on Industrial Product/ Service Systems, Linköping, Sweden, April 14th -15th, 2010, pp. 331–338.

Meier, H.; Roy, R.; Seliger, G. (2010b): Industrial Product-Service Systems - IPS², CIRP Annals - Manufacturing Technology, 59, pp. 607–627.

Mont, O. (2004): Product-service systems: Panacea or myth? PhD thesis, The International Institute for Industrial Environmental Economics (IIIEE). Lund, Sweden, Lund University.

Morgan, G. (1986): Images of organization. Sage Publication, Newbury Park.

Oliva, R.; Kallenberg, R. (2003): Managing the transition from products to services. In: International Journal of Service Industry Management, 14(2), pp. 160–180.

Richter A. (2010): Planung, Steuerung und Koordination industrieller Produkt-Service-Systeme, Bochum. Online verfügbar unter http://d-nb.info/100963822X, zuletzt geprüft am 15.01.2014.

Rosenstiel, L. v. (2000): Grundlagen der Organisationspsychologie, 4. Auflage, Stuttgart.

Staehle, W. (1999): Management, München.

Steven, M.; Richter, A., (2010): Hierarchical Planning for Industrial Product Service Systems, The 2nd IPS² Conference 2010, Linköping, Sweden, 14-15 April, pp. 151–157.

Storbacka, K., (2011): A solution business model: Capabilities and management practices for integrated solutions. In: Industrial Marketing Management, 40(5), pp. 699–711.

Tukker, A. (2004): Eight types of product–service system: eight ways to sustainability? Experiences from SusProNet. In: Business Strategy and the Environment, 13, pp. 246–260.

Vandermerwe, S.; Rada, J. (1988): Servitization of business: Adding value by adding services. In: European Management Journal, Vol. 6, No. 4, pp. 314–324.

Velamuri, V.; Neyer, A.; Möslein, K. M. (2011): Hybrid value creation: A systematic review of an evolving research area. In: Journal für Betriebswirtschaft, 61, S. 3–35.

Einsatz von Logistikplanspielen an deutschen Hochschulen

Eine empirische Untersuchung

Johann Bergmann, Carlos Jahn, Daniel Gwinner, Dominik Meyer-Lomax

Die Planspielmethode als erlebnisorientierte Form des Wissenstransfers findet seit mehreren Jahrzehnten in diversen Einsatzbereichen Anwendung. Ein besonders hohes Potenzial haben Planspiele in der Logistikausbildung. Sie verdeutlichen typische Herausforderungen von Logistiksystemen und fördern die Entwicklung von kreativen Lösungen. Dieser Beitrag stellt eine empirische Untersuchung über den Planspieleinsatz an deutschen Hochschulen vor. Die Ergebnisse zeigen bewährte Einsatzbereiche und Rahmenbedingungen von Logistikplanspielen und beleuchten zugleich Gründe für deren Nichteinsatz.

Management simulation games as an experience-oriented method of knowledge transfer have been used since decades in different areas. In logistics education, they help to understand typical challenges of logistics systems, support developing creative concepts, and therefore, they have a great potential. This article evaluates the results of an empirical research on the use of logistics management simulation games in German universities. The results show special fields of application and favourable conditions for logistics games. Amongst others, the reasons for not using logistics management simulation games will be discussed, too.

1. Einführung

Die Ursprünge der Planspiele gehen weit in die Vergangenheit zurück. Das indische Chaturango, ca. 1.000 Jahre v. Chr., und das persische Schach, ca. 800 Jahre v. Chr., werden als Vorläufer von heutigen Planspielen betrachtet (vgl. Rohn 1964, S. 19ff.). Zwecks Ausbildung von Offizieren und zur Vorbereitung von militärischen Operationen wurde die Planspielmethode im Verlauf der Geschichte überwiegend für Kriegszwecke eingesetzt und weiterentwickelt. Nach dem Zweiten Weltkrieg verhalfen umfangreiche Erfahrungen aus dem militärischen Einsatzbereich zum Durchbruch des Planspiels als Kompetenzvermittlungsmethode in Bildungseinrichtungen und Unternehmen (vgl. Keys, Wolfe 1990, S. 307). Im deutschsprachigen Raum verbreitete sich die Planspielmethode bis Mitte der 1980-er Jahre schleppend. Geuting bemängelte insbesondere die geringe Praxisrelevanz (vgl. Geuting 1992, S. 347f.). In jüngster Vergangenheit lässt sich jedoch ein gestiegenes Interesse an planspielrelevanten Forschungsthemen feststellen und auch die Anzahl der in Deutschland eingesetzten Planspielprodukte liegt Kriz zufolge bei über 2.000 (vgl. Kriz 2009, S. 558).

Aktuell wird die Planspielmethode in zahlreichen wirtschaftlichen und ingenieurwissenschaftlichen Bereichen eingesetzt. Einen Einsatzbereich mit besonders großem Potenzial stellt die Logistik dar. Gegenwärtig steht Logistik vor großen Herausforderungen, bedingt durch aktuelle Trends wie verteilte Produktion, verstärkte Konkurrenzsituation unter Anbietern logistischer Dienstleistungen und Betreibern logistischer Knoten, Gebrauch neuer Informations- und Kommunikationstechnologien sowie steigendes Kundenqualitätsbewusstsein. Folglich müssen sich Logistiksysteme und -netzwerke häufiger an die Marktbedingungen anpassen und zeichnen sich durch Unsicherheit, Dynamik und Komplexität aus. In genau solchen Umgebungen wird ein besonders großes Potenzial für die Anwendung der Planspielmethode gesehen (vgl. Engelhardt-Nowitzki 2006, S. 24). Mittels Planspielen lassen sich konfliktäre Situationen analysieren, Entscheidungen simulieren sowie komplexe Prozesse und alternative Steuerungsmechanismen vermitteln. Weitere typische Lernziele von Logistikplanspielen sind Schulung des vernetzten Denkens, Optimierung von Logistikprozessen und Förderung von sozialen Kompetenzen (vgl. Engelhardt-Nowitzki 2006, S. 24). Die Eignung von Planspielen als Trainingsinstrument zur Vermittlung von logistischen Themenstellungen belegt eine Vielzahl von existierenden Planspielprodukten (vgl. Czeloth, S. 39ff.; Lang, Jung 2001, S. 50ff.; Windhoff 2001, S. 16ff.; Bergmann 2012, S. 132ff.).

Trotz des hohen Potenzials der Planspielmethode als Trainingsinstrument in der

Logistik mangelt es in der Fachliteratur an Beiträgen, die die Faktoren eines erfolgreichen Planspieleinsatzes thematisieren. In diesem Sinne verfolgt dieser Beitrag das Ziel, einen aktuellen Überblick zum Einsatz von Planspielen in der Logistikausbildung an deutschen Hochschulen zu geben. Die Ergebnisse der durchgeführten Untersuchung richten sich in erster Linie an Dozierende in Bildungseinrichtungen, die Lehrveranstaltungen mit Logistikbezug anbieten bzw. planen, aber auch an entsprechende Qualifizierungsverantwortliche in der betrieblichen Praxis. Die Ergebnisse sollen die Verantwortlichen unterstützen, die Planspielmethode effektiv und effizient einzusetzen und auf diese Weise das Niveau der Logistikkompetenzvermittlung zu steigern. Insbesondere sollen die im Rahmen dieser Arbeit gewonnenen Erkenntnisse solche Erfolgsfaktoren und Rahmenbedingungen aufzeigen, die sich in der Praxis bewährten.

Zur Erreichung des aufgezeigten Ziels wurde eine empirische Untersuchung durchgeführt. Die Zielgruppe der online gestalteten Umfrage waren Logistiklehrende an deutschen Fachhochschulen und Universitäten. Im Zeitraum von November 2012 bis Februar 2013 nahmen 73 von 115 kontaktierten Personen teil, was einer Rücklaufquote von 63 % entspricht. 71 von 73 Antworten konnten ausgewertet werden. Bei der Auswertung der Ergebnisse fanden auch Antworten von Probanden, die aktuell keine Logistikplanspiele einsetzen, Berücksichtigung.

Die vorliegende Arbeit ist wie folgt strukturiert: Zwecks Einordnung dieses Beitrags in die Landschaft der Planspielforschung erfolgt zunächst ein Überblick über die bekannten empirischen Planspiel-Studien. Daraufhin wird die Vorgehensweise bei der Konzeption der Umfrage erläutert und die Umfrageergebnisse analysiert. Am Ende erfolgen eine Zusammenfassung der gewonnenen Erkenntnisse und ein Ausblick.

2. Überblick über empirische Planspielforschung im Hochschulbereich

In der Vergangenheit wurde eine Vielzahl unterschiedlicher empirischer Untersuchungen über den Planspieleinsatz in Bildungseinrichtungen durchgeführt. Die zentralen Fragestellungen betreffen im Allgemeinen den Verbreitungsgrad der Planspielmethode und Gründe für bzw. gegen den Planspieleinsatz als Trainingsinstrument (vgl. Raffoul 2010, S. 198). Im Einzelnen werden Informationen zu spezifischen Themenstellungen erhoben, beispielsweise über konkrete Anwendungsgebiete der Planspielmethode (vgl. Faria 1987, S. 212), deren Anlass (vgl. Faria, Wellington 2004, S. 191) oder über den Verbreitungsgrad einzelner Planspielprodukte auf dem Markt (vgl. Burgess 1991, S. 190; Hauke et al. 2006, S. 24ff.).

Der Großteil der empirischen Untersuchungen konzentriert sich auf den englischsprachigen Raum, die meisten davon richten ihren Fokus auf die USA. Tabelle 1 gibt einen Überblick über eine Auswahl von in der Fachliteratur häufig zitierten Studien. Es ist zu beachten, dass die Studien von Faria 1987, Faria 1998 und Burgess 1991 neben akademischen Bildungseinrichtungen auch an Unternehmen adressiert wurden. Tabelle 1 beinhaltet jedoch Aspekte des Planspieleinsatzes in Bildungseinrichtungen. Darüber hinaus richtete sich der Fokus von Burgess 1991, Mc Kenna 1991 und Chang 2003 ausschließlich auf computerunterstützte Planspiele.

Untersuchungszeitraum	**Quelle**	**Zielgruppe / Rücklaufgröße**	**Nutzungsgrad der Planspielmethode**
1962	Dale, Klasson 1962[1]	akademische Bildungseinrichtungen (USA)	71 %
1967	Graham, Gray 1969[2]	akademische Bildungseinrichtungen (USA)	91 %
1975	Roberts, Strauss 1975	akademische Bildungseinrichtungen (USA)	95 %
1987	Faria 1987	akademische Bildungseinrichtungen (USA) / 202	95 %
1987	Burgess 1991	akademische Bildungseinrichtungen (Großbritannien) / 272	43 %
1988	Mc Kenna 1991	akademische Bildungseinrichtungen (Australien) / 58	55 %
1990	Keeffe et al. 1993	Professoren (USA und Kanada) / 180	46 %
1994 / 1995	Chang 2003	akademische Bildungseinrichtungen (Hong Kong) / 142	7 %
1998	Faria 1998	akademische Bildungseinrichtungen (USA) / 236	98 %

1 siehe Faria 1987, S. 210f. (Primärquelle nicht vorliegend)
2 siehe Faria 1987, S. 210 (Primärquelle nicht vorliegend)

Untersuchungs-zeitraum	Quelle	Zielgruppe / Rücklaufgröße	Nutzungsgrad der Planspielmethode
2004	Faria, Wellington 2004	akademische Bildungseinrichtungen (USA) / 1.085	31 %

Tab. 1: Übersicht ausgewählter empirischer Studien bezüglich des Planspieleinsatzes im englischsprachigen Raum

Im deutschsprachigen Raum konnten im Vorfeld der vorliegenden Arbeit zwei empirische Studien zum Planspieleinsatz identifiziert werden. Die umfassendere der beiden Studien wurde von Bronner und Kollmannsperger im Jahr 1997 veröffentlicht. Im Untersuchungszeitraum 1996-1997 wurden alle Lehrstühle in der Bundesrepublik Deutschland, an denen der Studiengang Betriebswirtschaftslehre angeboten wurde, zu einer Teilnahme gebeten. Der verwertbare Rücklauf von 268 Fragebögen wurde ausgewertet (Rücklaufquote: 54 %). 63 % der befragten Lehrstühle nutzten die Planspielmethode nicht. Als wesentliche Gründe hierfür wurden hoher Zeitaufwand (37 % der Befragten), organisatorische Probleme (33 % der Befragten) und das Nichtvorhandensein fachspezifischer Planspiele (20 % der Befragten) angegeben. 37 % der befragten Lehrstühle setzten die Planspielmethode ein und motivierten ihren Einsatz mit der Förderung des Zusammenhangswissens (85 % der Befragten) und der Möglichkeit des Entscheidungstrainings (84 % der Befragten) (vgl. Bronner, Kollmannsperger 1997, S. 407ff.).

Die Studie von Hauke et al. (2006) verfolgte das Ziel einer Untersuchung, Dokumentation und Bewertung verschiedener Einsatzszenarien von computerunterstützten Planspielen. Insgesamt beteiligten sich an der Umfrage 97 am Planspieleinsatz involvierte Personen, von denen 41 % aus Bildungseinrichtungen und 59 % aus Unternehmen stammten (vgl. ebd. S. 19f). Als zentrale Ergebnisse der Studie wurden Rankings der am meisten bekannten und am häufigsten eingesetzten Planspielprodukte vorgestellt (vgl. ebd. S. 24ff.).

Zusammenfassend kann konstatiert werden, dass die im Rahmen dieser Arbeit betrachteten empirischen Studien einen starken Fokus auf betriebswirtschaftliche Planspiele haben. Eine gezielte empirische Untersuchung von Logistikplanspielen, die in der akademischen Aus- und betrieblichen Weiterbildung etabliert sind, existiert nach aktuellem Kenntnisstand nicht.

3. Analyse des Planspieleinsatzes im Bereich Logistik

Die Untersuchung, die diesem Beitrag zu Grunde liegt, wurde von November 2012 bis Februar 2013 durchgeführt. Die Probanden waren Logistiklehrende an deutschen Universitäten und Hochschulen. Die Auswahl der Bildungseinrichtungen, deren Mitarbeiter befragt wurden, erfolgte zum einen durch das Logistik-Hochschul-Ranking 2012, welches von der Zeitschrift „Verkehrsrundschau" veröffentlicht wurde (vgl. Kranke 2012, S. 28) und zum anderen durch persönliche Kontakte der Autoren. Insgesamt wurden 115 Personen kontaktiert, von denen 73 einen Online-Fragebogen beantworteten. 71 Umfragen waren verwertbar und bildeten die Grundlage für die vorliegende Untersuchung. Die relativ hohe Rücklaufquote von 63 % ist positiv zu bewerten und begründet sich darin, dass die Probanden im Vorfeld per Telefon kontaktiert und umfassend über die Umfrage informiert wurden.

42 % der Probanden waren Professoren, die restlichen 58 % wissenschaftliche Mitarbeiter und Oberingenieure. Insgesamt bestätigten 50 Probanden (70 %) den Einsatz von Logistikplanspielen in ihren Lehrveranstaltungen. 21 Probanden (30 %) setzten zum Zeitpunkt der Befragung keine Planspiele ein.

3.1 Nichtanwendung von Logistikplanspielen

21 Personen (30 % der Befragten) gaben an, keine Logistikplanspiele einzusetzen. Dabei verfügt fast ein Viertel von ihnen auch über keine Erfahrung mit der Planspielmethode. Weitere 24 % haben wenig und 9 % sehr wenig Erfahrung mit dem Einsatz von Planspielen (vgl. Abb. 1).

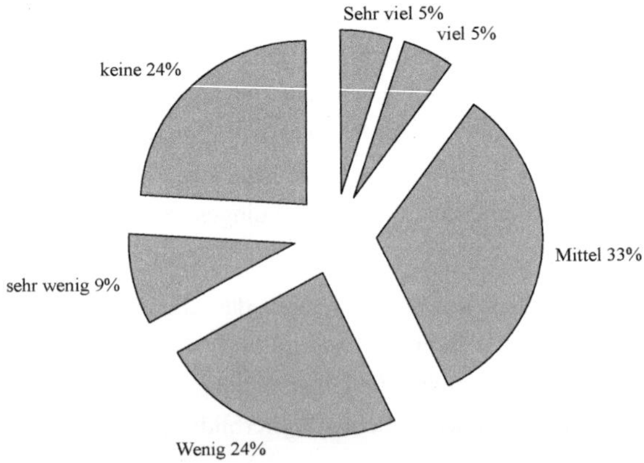

Abb. 1: Erfahrungen der Nichtanwender mit der Planspielmethode

Weiterhin wurden die Nichtanwender nach den Gründen des Planspielverzichts befragt. Rund die Hälfte der Probanden gab an, in ihren Lehrveranstaltungen andere Lehrmethoden wie Fallstudien und Praxisarbeiten einzusetzen. 38 % begründeten den Verzicht auf die Planspielmethode damit, dass ihnen keine geeigneten Planspielprodukte zur Verfügung standen. Zwei Personen hielten Planspiele als methodisch ungeeignetes Lehrinstrument.

Gründe für die Nichtanwendung	Relative Häufigkeit (in %)
Bevorzugter Einsatz anderer Lehrmethoden	48
Keine geeigneten Planspiele vorhanden	38
Hoher Zeitaufwand	24
Fehlende Erfahrung mit Planspielen	14
Noch nicht in Erwägung gezogen	14
Hohe Anschaffungskosten	14
Methodisch ungeeignet	10

Tab. 2: Gründe für die Nichtanwendung von Logistikplanspielen (Mehrfachnennung möglich)

Des Weiteren wurde an die Nichtanwender die Frage gerichtet, welche logistischen Teildisziplinen sie für einen Planspieleinsatz geeignet halten. Produktionslogistik (von 86 % der Probanden angegeben), Distributionslogistik (entsprechend 81 %) und Beschaffungslogistik (entsprechend 76 %) sind demnach die potenziellen Einsatzgebiete für Logistikplanspiele, wobei Mehrfachnennungen erlaubt waren.

Schließlich antworteten 86 % der Befragten, ein Werkzeug zur schnellen Erzeugung individueller Planspielszenarien begrüßen zu würden. Auf diese Weise generierte Planspiele würden sie in ihren Lehrveranstaltungen einsetzen.

3.2 Anwendung von Logistikplanspielen

50 Personen (70 % des verwertbaren Rücklaufs) gaben an, in ihren Lehrveranstaltungen von der Planspielmethode Gebrauch zu machen. Zunächst wurden sie nach den Vorteilen der Planspielmethode im Vergleich zu klassischen Lehrformen gefragt. Tabelle 3 gibt einen Überblick über die gegebenen Antworten.

Vorteile der Planspielmethode	Relative Häufigkeit (in %)
Förderung der Teamfähigkeit	86
Förderung des vernetzten Denkens	72
Wissensanwendung	72
Entscheidungstraining	64
Methodentraining	48
Präsentationstraining	36
Training des Führungsverhaltens	28
Angleichung des Vorwissens	14
Leistungskontrolle (Notengebung)	6

Tab. 3: Vorteile der Planspielmethode im Vergleich zu klassischen Lehrformen (Mehrfachnennungen möglich)

Auf die Frage, welcher Nutzen im Einsatz von Planspielen als Trainingsinstrument in der Logistik gesehen wird, gaben 76 % der Befragten an, Logistikplanspiele würden zum Zuwachs von Prozesswissen und Systemzusammenhängen beitragen. 60 % der Befragten sehen den Nutzen im Entscheidungstraining und 56 % in der Vermittlung von Methoden. Schließlich nannten 14 % der Befragten die interdisziplinäre Wissensanwendung und die Förderung des holistischen Denkens als größten Nutzen der Planspielmethode (vgl. Abb. 2).

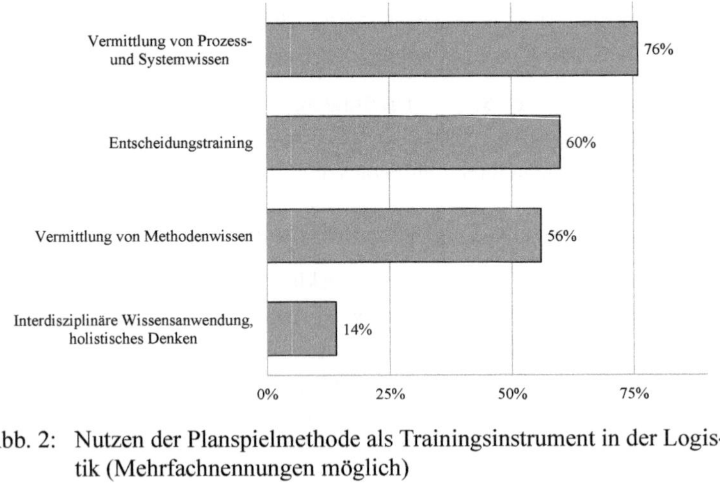

Abb. 2: Nutzen der Planspielmethode als Trainingsinstrument in der Logistik (Mehrfachnennungen möglich)

Des Weiteren wurden die Planspielanwender nach konkreten Planspielprodukten gefragt, welche sie in ihren Lehrveranstaltungen einsetzen. Acht Probanden setzten dabei mehr als ein Planspiel ein. Die Planspiele „TOPSIM Logistics“ und „Beergame“ genießen eine große Verbreitung und werden von je zwölf Logistiklehrenden eingesetzt. Das Planspiel „ULF“ wird von drei Personen eingesetzt. Von je zwei Befragten wurden die Planspiele „MARITIME“, „Glotrain“, und „SILKE“ angegeben. Auf eine einmalige Nennung kamen folgende Planspiele: „TOPSIM General Management“, „Eurokran“, „Presto“, „Seconds“, „Schiffchenspiel“, „Logistik Toolbox“, „BTI Factory“, „Easy Management“, „Fit for Rating“, „TOPSIM Marketing“, „Airline Management“, „Littlefield“, „TOPSIM E-Commerce“, und „Distributionszentrum“. Die Mehrheit dieser Planspielprodukte (46 %) wurde als computerunterstützt angegeben. Bei 30 % der Planspiele wird auf Computereinsatz verzichtet und bei 6 % erfolgt lediglich die Darstellung der (Zwischen-) Ergebnisse per Computer. 12 % der Teilnehmer machten diesbezüglich keine Angabe.

34 % der Befragten gaben an, dass die in der Lehre eingesetzten Logistikplanspiele selbst entwickelt wurden. 20 % passten für ihre Lehrveranstaltungen bestehende Planspiele an und 5 % der Probanden ließen ihre Planspiele extern entwickeln. Als häufigste Bezugsoption für Logistikplanspiele wurde mit 41 % die Neuanschaffung von etablierten Planspielprodukten angegeben.

Welche konkreten Lehrziele die Befragten mit diesen Planspielen in den Lehrveranstaltungen verfolgen, verdeutlicht Abbildung 3. Diese Angaben decken sich großflächig mit den Antworten bezüglich des generellen Nutzens der Planspielmethode als Trainingsinstrument in der Logistik (vgl. Abb. 2).

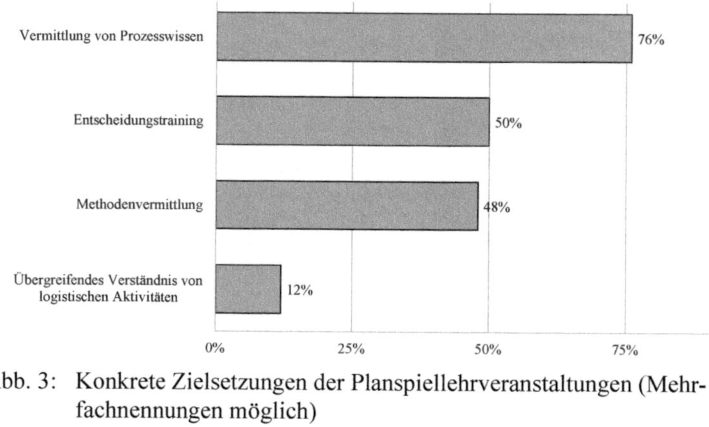

Abb. 3: Konkrete Zielsetzungen der Planspiellehrveranstaltungen (Mehrfachnennungen möglich)

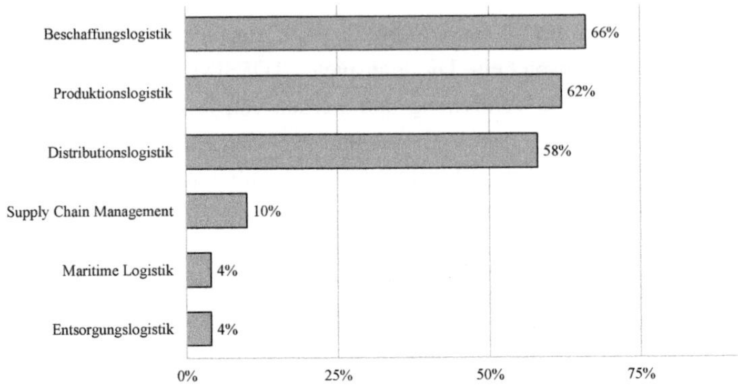

Abb. 4: Durch Planspiele thematisierte logistische Teildisziplinen (Mehrfachnennungen möglich)

Weiterhin wurden die Probanden gefragt, welche logistischen Teildisziplinen ihre Planspiele behandeln. In Übereinstimmung mit den Antworten der Nichtanwender (vgl. Tab. 2) erreichten Beschaffungs-, Produktions- und Distributionslogistik die höchste Relevanz unter den Antworten (vgl. Abb. 4).

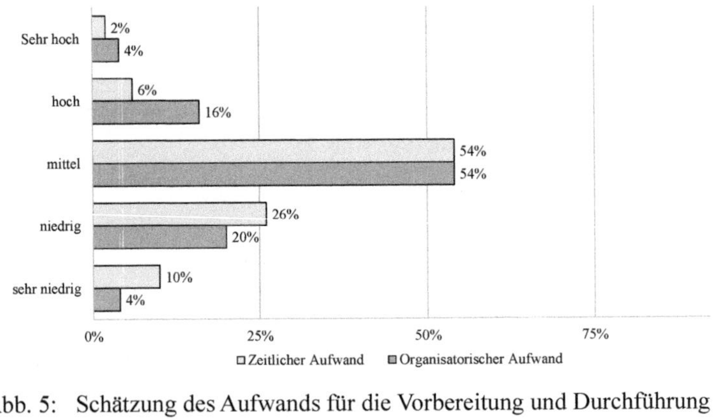

Abb. 5: Schätzung des Aufwands für die Vorbereitung und Durchführung von Logistikplanspielen

Zur Abschätzung der Rahmenbedingungen beim Einsatz von Logistikplanspielen wurde die Frage nach dem damit verbundenen Aufwand gestellt. Dabei mussten die Probanden zwischen dem zeitlichen und organisatorischen Aufwand unterscheiden.

Knapp über die Hälfte aller Logistiklehrenden schätzten sowohl den organisatorischen als auch den zeitlichen Aufwand durchschnittlich. Insgesamt kann festgestellt werden, dass der mit der Logistikplanspieldurchführung verbundene Zeitaufwand höher geschätzt wurde als der entsprechende organisatorische Aufwand (vgl. Abb. 5).

Den zeitlichen und organisatorischen Rahmen von Planspiellehrveranstaltungen verdeutlicht Abbildung 6. Demnach führt fast die Hälfte aller Befragten die Logistikplanspiele eintägig, bzw. als mehrtägige Blockveranstaltung durch.

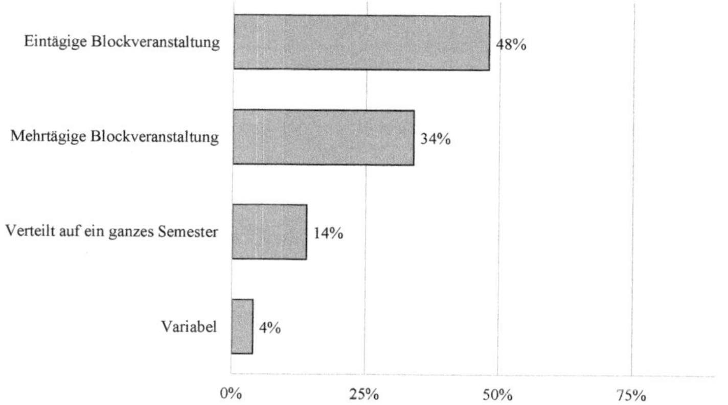

Abb. 6: Zeitlicher und organisatorischer Rahmen der Planspiellehrveranstaltungen

Bezüglich des Zeitpunkts im Studiumverlauf gaben 62 % der Probanden an, Logistikplanspiele im Masterstudium bzw. im auslaufenden Hauptstudium einzusetzen, gefolgt vom Bachelor-, bzw. Grundstudium (von 56 % der Befragten angegeben). Des Weiteren setzten 14 % der Befragten Logistikplanspiele als Vorbereitungsmaßnahmen für das Masterstudium und 4 % in Einführungsveranstaltungen. Mehrfachnennungen waren bei dieser Fragestellung möglich.

Schließlich wurden die Logistiklehrenden nach dem Feedback der Studierenden zu den Logistikplanspielen befragt. 82 % der Lehrenden wurde seitens der Studierenden ein Wissensgewinn bescheinigt. Die breite Akzeptanz von Logistikplanspielen unterstreicht die Tatsache, dass die Planspielveranstaltung bei keinem der Lehrenden auf Ablehnung der Studierenden stieß (vgl. Abb. 7).

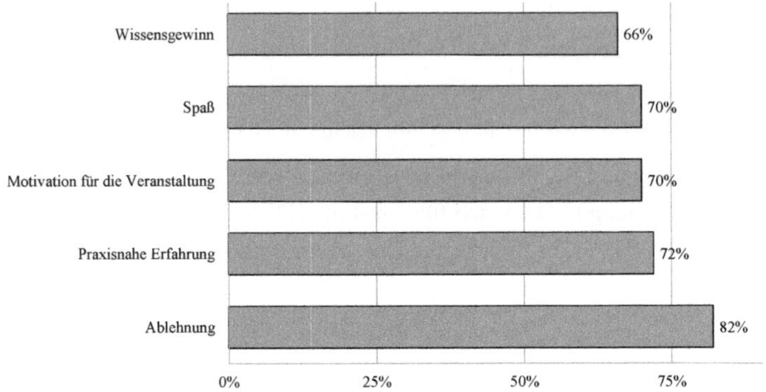

Abb. 7: Feedback der Studierenden zu Logistikplanspielen (Mehrfachnennungen möglich)

3.3 Gegenüberstellung der aktuellen Ergebnisse mit der Studie von Bronner und Kollmannsperger

Die vorliegende Untersuchung beleuchtet den Einsatz von Planspielen als Trainingsinstrument in der akademischen Logistikausbildung. Es sind keine früheren Studien bekannt, die sich mit dem Planspieleinsatz in diesem Anwendungsgebiet befassten. Folglich können die aus der vorliegenden Arbeit gewonnenen Ergebnisse nicht direkt mit bekannten empirischen Studien verglichen werden. Eine Gegenüberstellung mit der Studie von Bronner und Kollmannsperger aus dem Jahr 1997 bietet sich jedoch an, um in allgemeinen Aspekten bezüglich des Planspieleinsatzes die Entwicklung der vergangenen Jahre aufzuzeigen.

Bei der Gegenüberstellung des Planspielnutzungsgrades wird erkennbar, dass mit 70 % in der aktuellen Untersuchung knapp doppelt so viele Probanden als in der Studie von Bronner und Kollmannsperger (nur 37 %) die Planspielmethode in ihren Lehrveranstaltungen einsetzten (vgl. Bronner, Kollmannsperger 1997, S. 408). Die Gründe für den Nichteinsatz von Planspielen in der universitären Lehre beschränken sich in der Studie von Bronner und Kollmannsperger hauptsächlich auf einen zu hohen Zeitaufwand (37 %) oder organisatorische Probleme (33 %) (vgl. Bronner, Kollmannsperger 1997, S. 409). Die Ergebnisse der vorliegenden Studie hingegen geben eine deutliche Gewichtung auf den Einsatz anderer Methoden (48 %) und das Nichtvorhandensein geeigneter Planspiele (38 %). Bei den Beweggründen für den Einsatz von Planspielen gibt es bei beiden Untersuchungen eine starke Übereinstimmung bezüglich der Förderung des vernetzten Denkens (86 % bei Bronner und Kollmannsperger und 72 % bei der vorliegenden Untersuchung) und des Entscheidungstrainings (entsprechend 85 % und 64 %). Allerdings ist herauszustellen, dass die Förderung der Teamfähigkeit bei der vorliegenden Untersuchung eine deutlich stärkere Zustimmung der Probanden (86 %) als bei der Studie von Bronner und Kollmannsperger (nur 12 %) erhielt.

Zusammenfassend ist festzuhalten, dass der aktuelle Verbreitungsgrad der Planspielmethode in der akademischen Logistikausbildung größer ist als jener im Bereich der Betriebswirtschaftslehre, wie von Bronner und Kollmannsperger im Jahr 1997 ermittelt. In seinen Grundzügen spiegelt der aktuelle Planspieleinsatz in der akademischen Logistikausbildung jedoch die damals gezogenen Erkenntnisse wider.

4. Zusammenfassung und Ausblick

Der vorliegende Beitrag fasst die Ergebnisse einer empirischen Untersuchung über den Einsatz von Logistikplanspielen an deutschen Universitäten und Hochschulen zusammen. Die Untersuchung wurde in Form einer Online-Umfrage im Zeitraum von November 2012 bis Februar 2013 durchgeführt. Grundlage der Ergebnisse bildeten 71 auswertbare Fragebögen, die von Logistiklehrenden beantwortet wurden. 70 % der Befragten setzten Planspiele in ihren Lehrveranstaltungen durch. Damit liegt dieser Wert fast doppelt so hoch wie bei der 1997 durchgeführten empirischen Studie von Bronner und Kollmannsperger. Die Logistikplanspiele wurden hauptsächlich zur Vermittlung von Prozesswissen eingesetzt, was 76 % der befragten Personen angab. Weitere typische Lernziele von Logistikplanspielen sind Methodenvermittlung und Entscheidungstraining. Dabei sind Beschaffungs-, Produktions- und Distributionslogistik die am häufigsten genannten Logistikteilbereiche, in denen Logistikplanspiele Anwendung finden.

30 % aller Befragten sind Nichtanwender von Logistikplanspielen. Mehr als die Hälfte der Nichtanwender verfügen über keine, sehr wenig oder wenig Erfahrung mit Planspielen. Hauptgründe für den Verzicht auf Logistikplanspiele sind der bevorzugte Einsatz anderer Lehrmethoden und das Nichtvorhandensein geeigneter Planspiele.

Aus dieser Untersuchung können einige Aufgabenstellungen für die zukünftige Planspielforschung abgeleitet werden. Zum einen sollte der Bekanntheitsgrad der Planspielmethode unter den Logistikern weiter gesteigert werden. Die Logistiklehrenden in der akademischen Ausbildung und in der beruflichen Weiterbildung sollten über die bewährten Logistikplanspiele, deren typischen Einsatzbereiche und günstige Rahmenbedingungen umfassend informiert werden. Hierfür ist eine umfangreiche empirische Untersuchung, die neben dem akademischen Umfeld auch die berufliche Praxis beleuchtet, anzustreben. Zum anderen fehlen vielen Probanden fachspezifische Planspiele, die sie bezogen auf die konkrete Themenstellungen und Lernziele einsetzen könnten. Aus dieser Erkenntnis der vorliegenden Untersuchung ergibt sich ein praxisrelevanter Forschungsbedarf bezüglich einer effizienten Entwicklung individueller Planspielinhalte und -szenarien.

Literaturverzeichnis

Bergmann, Johann (2012): Prozessoptimierung durch Planspiele am Beispiel der maritimen Logistikkette. In: Schwägele, Sebastian; Zürn, Birgit; Trautwein, Friedrich (Hg.): Planspiele - Lernen im Methoden-Mix. 1. Aufl. Norderstedt: Books on Demand, S. 127–144.

Bronner, Rolf; Kollmannsperger, Martina (1997): Planspieleinsatz an deutschen Hochschulen. In: Zeitschrift für Planung, Jg. 8, H. 4, S. 407–419.

Burgess, Thomas F. (1991): The Use of Computerized Management and Business Simulation in the United Kingdom. In: Simulation & Gaming, Jg. 22, H. 2, S. 174–195.

Chang, Jimmy (2003): Use of business simulation games in Hong Kong. In: Simulation & Gaming; Jg. 34, H. 3, S. 358–366.

Czeloth, Joachim (1997): Entwurf eines Planspiels zur Förderung des vernetzten Denkens in der Logistik. In: Junemann, Reinhardt (Hg.): Logistik für die Praxis. Dortmund: Verlag Praxiswissen.

Engelhardt-Nowitzki, Corinna (2006): Einsatz moderner Medien und Lehrkonzepte in der Logistikausbildung am Beispiel des Planspieleinsatzes der Studienrichtung Industrielogistik an der Montanuniversitat Leoben. In: Engelhardt-Nowitzki, Corinna (Hg.): Ausbildung in der Logistik. Wiesbaden: Dt. Univ.-Verl, S. 21–38.

Faria, Anthony (1987): A survey of the use of business games in academia and business. In: Simulation & Gaming, Jg. 18, H. 2, S. 207–224.

Faria, Anthony (1998): Business Simulation Games. Current Usage Levels. An Update. In: Simulation & Gaming, Jg. 29, H. 3, S. 295–308.

Faria, Anthony; Wellington, William (2004): A Survey of Simulation Game Users, Former-Users, and Never-Users. In: Simulation & Gaming, Jg. 35, H. 2, S. 178–207.

Geuting, Manfred (1992): Planspiel und soziale Simulation im Bildungsbereich. Frankfurt am Main, New York: P. Lang, Studien zur Pädagogik, Andragogik und Gerontagogik, 10.

Hauke, R.; Krcmar, Helmut; Baume, Matthias (2006): Computerunterstützte Management-Planspiele. Ergebnisse einer Untersuchung des Planspieleinsatzes in Unternehmen und Bildungseinrichtungen. Studie, Nr. 5. Technische Universität München, München. Lehrstuhl für Wirtschaftsinformatik. Online verfügbar unter http://vmkrcmar23.informatik.tu-muenchen.de/523/2/ST5_2006_Computerunterst%C3%BCtzte_Management-Planspiele.pdf, zuletzt geprüft am 31.07.2013.

Keys, Bernard; Wolfe, Joseph (1990): The role of management games and simulations in education and research. In: Journal of Management, Jg. 16, H. 2, S. 307–336.

Kranke, Andre (2012): Stolze Professoren. In: Verkehrsrundschau, Jg. 6, H. 45, S. 26–29.

Kriz, Willy (2009): Planspiel. In: Kühl, Stefan; Strodtholz, Petra; Taffertshofer, Andreas (Hg.): Handbuch Methoden der Organisationsforschung. Quantitative und Qualitative Methoden. 1. Aufl. Wiesbaden: VS Verlag für Sozialwissenschaften, S. 558–578.

Lang, Sabine; Jung, Klaus-Peter (2001): Planspiele für die Praxis. In: Logistik Heute, Jg. 23, H. 3, S. 50–52.

Mc Kenna, Richard J. (1991): Business Computerized Simulation. The Australian Experience. In: Simulation & Gaming, Jg. 22, H. 1, S. 36–62.

Raffoul, Jasmin (2010): Vergleichende Analyse der Planspielforschung im englisch- und deutschsprachigen Raum. In: Trautwein, Friedrich; Hitzler, Sebastian; Zürn, Birgit (Hg.): Planspiele - Entwicklungen und Perspektiven. Rückblick auf den deutschen Planspielpreis 2010. Norderstedt: Books on Demand (ZMS-Schriftenreihe, 1), S. 189–214.

Rohn, Walter (1964): Führungsentscheidungen im Unternehmensplanspiel. Essen: W. Girardet.

Windhoff, Gert (2001): Planspiele für die verteilte Produktion. Entwicklung und Einsatz von Trainingsmodulen für das aktive Erleben charakteristischer Arbeitssituationen in arbeitsteiligen, verteilten Produktionssystemen auf Basis der Planspielmethodik. 1. Aufl. Aachen: Mainz, Bremer Schriften zu Betriebstechnik und Arbeitswissenschaft, 35.

Performance Messung zur Ergebnis- und Liquiditätssteuerung

mit Hilfe eines interaktiven Planspiels

Bettina Binder, Michael Dietrich, Angela Wenzel

Planspiele für die Unternehmenspraxis und für Universitäten und Hochschulen werden immer beliebter. Wie dabei mit Hilfe des Performance Measurements eine Messbarkeit im Sinne des Controllings bei einer Strategiepräsentation, einer Bilanzpressekonferenz und einer Ergebnispräsentation herbeigeführt werden kann, wird anhand einzelner Planspielteams dargestellt. Während Kennzahlen wie die Eigenkapitalrentabilität, der Jahresüberschuss und der Cash Flow zur Messung der Performance im Controlling festgelegt werden können, werden in der Logistik Lagerdauer, Reklamationsquote und die Personalauslastung gemessen. Wie diese Kennzahlen in einem interaktiven Planspiel eingesetzt werden und wie final die einzelnen Planspielteams einem Bankenrating unterzogen werden, zeigt folgender Beitrag.

Computerized Planning Simulations Systems are meanwhile an inherent element of modern controlling for companies and universities. How a strategy presentation, a press conference or a final result oriented presentation can be done within a team in a Planning Simulations System is shown. Key Performance Indicators like Return on Equity, Net Income and Cash Flow are measured with Performance Measures in form of a Performance Measurement in Accounting and Control. In Logistics e.g. Period of Storage, Numbers of Claims and Personnel Efficiency is used. How these Performance Measures are integrated in an interactive Planning Simulations System and how the Planning teams are classified in a bank rating, is shown in the following article.

1. Management Summary

Im siebten Abschluss-Semester wird an der Hochschule Pforzheim ein interaktives Planspiel der Firma TOPSIM in den Modulen Logistik und Controlling eingesetzt. Das Planspiel bildet modellhaft produzierende Unternehmen mit ihren verschiedenen Funktionen ab. In sechs Spielperioden werden Produkte in Form von Druckern weltweit über Fachhandel und e-Commerce verkauft. Während des Spielverlaufs nehmen die Anzahl der zu treffenden Entscheidungen und damit die Komplexität des Spiels zu.

Kernthema des Planspiels ist die Steuerung der Planspielunternehmen und die Optimierung der Prozesse auf Basis von Kennzahlen bzw. Performance Measures. Die Auswirkungen der jeweiligen Managemententscheidungen auf Kosten, Effizienz und Effektivität werden durch die Auswertungen der Planspielperioden realitätsnah verdeutlicht.

Die Spieler des Planspiels übernehmen als Team die Führung der Unternehmen und leiten als Vorstandsmitglieder die Funktionsbereiche Einkauf/Logistik, Produktion, Marketing/Vertrieb und Finanzen/Controlling. Welches Lernkonzept dabei zugrunde gelegt ist und wie die Planspielunternehmen abschließend durch die Sparkasse Pforzheim Calw im Bonitätsrating eingestuft werden, soll dieser Beitrag näherbringen.

2. Kennzahlen zum Performance Measurement in einem interaktiven Planspiel?

Neben der Ermittlung der Controlling-Kennzahlen wie Umsatz und Herstellkosten, spielt die Kennzahl des Periodenüberschusses eine herausragende Rolle bei der Performance-Bewertung der einzelnen Planspielteams. Diese Performance-Kennzahl trägt entscheidend dazu bei, die Gewinner des Planspiels zu ermitteln, zumal die Steuern beim Periodenüberschuss bereits vom Betriebsergebnis abgezogen sind.

Das Vorgehen innerhalb des Planspiels lässt sich in vier Schritten darstellen, die jeweils mit einer Ergebnispräsentation abschließen. Diese sind:

1.Schritt: Strategiepräsentation

2. Schritt: Bilanzpressekonferenz

3. Schritt: Ergebnispräsentation mit Performance Measures und Kennzahlen

4. Schritt: Bankenrating

In der *Strategiepräsentation* stellen die Planspielteams die Performance Measures für ihr Unternehmen vor, die passend zur gewählten Strategie der Steuerung dienen und damit den Unternehmenserfolg abbilden. Hier spielen neben finanziellen Performance Measures wie dem Periodenüberschuss auch nicht-monetäre Performance Größen aus der Logistik eine Rolle, wie z.B. der Lagerbestand oder die Lagerreichweite. Die Kennzahlen werden entsprechend der strategischen Ziele ausgewählt und festgelegt. Sie werden mit Messgrößen für die einzelnen Spielperioden versehen, so dass die Zielerreichung während des Spielverlaufs nachprüfbar ist. Am Ende des Spiels kann der Unternehmenserfolg an den strategisch wichtigen Controlling- und Finanzkennzahlen gemessen werden. Sie zeigen, ob der ROI oder eine strategisch geplante Herstellkostensenkung erreicht werden konnten.

Im Verlauf des Spiels werden Finanz- und Investorenkennzahlen zur Performance Messung relevant, da diese vor allem in der Darstellung der Planspielunternehmen in der *Bilanzpressekonferenz* eine große Rolle spielen. Dazu zählen die Dividende sowie der Aktienkurs, sie sind für einen Investor besonders interessant. Seine Anlage ist nur dann sicher, wenn der Aktienkurs sich positiv entwickelt und eine Dividendenausschüttung erfolgt ist und nicht nur eine Absichtserklärung dazu besteht.

Nachdrücklich gehört zu einer Bilanzpressekonferenz auch die Darstellung der Bilanzgrößen, damit eine Performance Messung des Anlage- und Umlaufvermögens sowie des Eigen- und Fremdkapitals stattfinden kann.

Auf Basis der *Ergebnispräsentation mit Performance Measures und Kennzahlen* wird dann die Leistung der spielenden Unternehmen beurteilt. Das Unternehmensbild wird zusätzlich zu den eingesetzten monetären Performance Indikatoren durch nicht-monetäre Größen vollständig abgerundet (vgl. Gleich 2011, S. 304ff.). Hier sind nicht-monetäre Performance Indicators wie z.B. der Qualitätsindex, die Personal- und Maschinenauslastung sowie die Lieferzeit von Bedeutung.

Ein Highlight bildet das *Bankenrating* der Planspielteams, das bei der *Sparkasse Pforzheim Calw* stattfindet. Zusätzliche Performance Indikatoren zur Bonitätsmessung kommen ins Spiel, die für eine zukünftige Kreditvergabe entscheidend sind. Beim Rating werden häufig Schwachstellen sichtbar, die ein Unternehmen, das bisher auf Basis der GuV und der Bilanz als Gewinner erschien, ins rechte Licht rücken können (vgl. Abbildung 1).

GEWINN- UND VERLUSTRECHNUNG										
WERTE in MEUR	Unt. 1	Unt. 2	Unt. 3	Unt. 4	Unt. 5	Unt. 6	Unt. 7	Unt. 8	Unt. 9	Unt.10
UMSATZERLÖSE	34,829	45,578	38,263	43,121	23,338	34,829	36,519	42,134	34,829	34,829
- Herstellkosten des Umsatzes	26,488	34,803	31,222	35,133	20,930	26,488	28,872	32,645	26,488	26,488
- Vertriebskosten	3,343	3,987	3,484	3,848	3,109	3,343	3,752	3,671	3,343	3,343
- Verwaltungskosten	4,375	4,726	4,053	4,780	3,278	4,375	3,551	6,131	4,375	4,375
= BETRIEBSERGEBNIS	0,623	2,062	-0,496	-0,640	-3,979	0,623	0,344	-0,312	0,623	0,623
+ Erträge aus Wertpapieren	0,300	0,300	0,000	0,500	0,000	0,300	0,000	0,000	0,300	0,300
- Zinsen und ähnliche Aufwend.	1,225	1,137	0,125	1,225	0,158	1,225	0,560	0,724	1,225	1,225
= Ergebnis der gew.Geschäftstät.	-0,302	1,225	-0,621	-1,365	-4,136	-0,302	-0,216	-1,036	-0,302	-0,302
Außerordentliche Erträge	0,000	0,000	0,000	0,000	0,000	0,000	0,000	0,000	0,000	0,000
- Außerordentliche Aufwendungen	0,000	0,000	0,000	0,000	6,750	0,000	0,000	0,000	0,000	0,000
= Außerordentliches Ergebnis	0,000	0,000	0,000	0,000	-6,750	0,000	0,000	0,000	0,000	0,000
- Steuern v. Einkommen & Ertrag	0,000	0,612	0,000	0,000	0,000	0,000	0,000	0,000	0,000	0,000
= PERIODENÜBERSCHUSS/-FEHLBETRAG	-0,302	0,612	-0,621	-1,365	-10,886	-0,302	-0,216	-1,036	-0,302	-0,302

Abb. 1: GuV-Überblick über die einzelnen Planspielunternehmen

3. Interaktives pädagogisches Planspielkonzept

Zu Beginn des Planspiels bilden die Studierenden der Hochschule Pforzheim Managementteams, welche als verantwortliche Geschäftsführung für ihr jeweiliges Planspielunternehmen in verschiedenen vorgegebenen Szenarien wechselseitig interagieren. Die Szenarien erstrecken sich über sechs Perioden, in denen Konfliktsituationen vor allem auch durch gegenseitigen Wettbewerb entstehen.

Obwohl das Planspiel virtuell aufgebaut ist, scheinen die Unternehmens-situationen durch ihre hohe Komplexität real. Die durch das Szenario vorgegebenen Problemstellungen sollen durch die Studierenden in den Spielperioden durch Planung und Anwendung der zuvor erlernten Konzepte, teilweise auch durch Experimentieren, gelöst werden. Das Planspiel ist damit eine bewusste Ergänzung zu den sonstigen theoretischen Lösungsprozeduren im Studium.

Durch die Spielregeln, die Eigeninteressen der Spieler, die Zufallsdynamik, die verfügbaren Ressourcen und die Unvorhersehbarkeit der Entscheidungen der gegnerischen Spielgruppen entsteht im Planspiel eine einmalige Lernsituation.

Planspiele bieten zusätzliche Möglichkeiten zur traditionellen frontalen Wissensvermittlung. Durch das spielerisch geprägte Handeln wird den Teilnehmern zu Erfahrungen verholfen, die der oft komplexen Realität und den Vorgängen in der realen Welt, die in unterschiedlichen Geschwindigkeiten verlaufen, näher kommen als die reguläre Wissensvermittlung im Seminar- bzw. Vorlesungsstil.

Während des Spiels sind sowohl die Regeln des Spiels als auch die Regeln der eigenen Gruppe zu beachten. Die Struktur und der Aufbau des Spiels, wie die Logik und der Umgang mit dem IT-System sowie die zunehmende Komplexität im Spielverlauf, fördern das systemische und systematische Handeln. In der spielerischen Umgebung erlangen die Spielenden Handlungskompetenz durch die folgenden vier Phasen:

- Erfassen der Ist-Situation
- Planung der Entscheidungen
- Durchführung der Entscheidungen
- Reflexion der Ergebnisse nach jeder Periode und nach Spielende

Vor allem die Analyse und die Reflexion der eigenen Ergebnisse im Vergleich zur Konkurrenz fördern die kritische Kompetenz jedes einzelnen Spielers. Die Entscheidungen der Gruppen und ihre Auswirkungen auf den Unternehmenserfolg spielen eine wichtige Rolle, die im Idealfall in Form von Feedbackrunden lebhaft diskutiert werden. Die nachträgliche kritische Betrachtung findet im besten Fall bei jedem Individuum, in jeder Spielgruppe und im gesamten Plenum nach jeder Spielrunde und am Ende des gesamten Spiels statt.

Ziel des Planspiels ist es, dass die Spielenden ihr theoretisches Fachwissen praxisnah beim Management eines fiktiven Unternehmens anwenden und erlernte Konzepte einüben. Die Teilnehmer können die Auswirkung ihrer strategischen und operativen Entscheidungen auf den Unternehmenserfolg und typische Zielkonflikte in der Unternehmensführung realitätsnah erleben.

Die Planspielteams müssen ihre Entscheidungen unter Berücksichtigung von Unsicherheitsfaktoren und unter Zeitdruck treffen. In den drei Vorstellungen des Planspielunternehmens, die den Spielverlauf begleiten, – Strategiepräsentation, Bilanzpressekonferenz und Abschlusspräsentation inkl. eines Bonitätsratings – müssen die Planspielteams ihre Entscheidungen darstellen und begründen sowie sich den Fragen der Betreuer und des Publikums stellen. Sie erhalten so ein Feedback, anhand dessen sie ihre eigene Leistung beurteilen und eventuell noch vorhandene Wissenslücken schließen können.

Zusätzlich zu den vermittelten Lehrinhalten trainieren Planspiele erfahrungsgemäß die Teamfähigkeit und die interaktive Zusammenarbeit der Spielenden. Sie bieten ein hohes Maß an Lerntransfer durch erlebte Erfahrungen, welche die Teilnehmer direkt in die Unternehmenspraxis umsetzen können. Die Studierenden erfahren die Komplexität eines global agierenden Unternehmens und erhalten ein Verständnis für das Management der funktions- und unternehmensübergreifenden Prozesse. Veranstaltungen, in die Planspiele integriert sind, eignen sich daher hervorragend als interaktive Lehr- und Lernmethode.

4. Vorgehensschritte innerhalb des Planspiels

Das Lehrkonzept der Hochschule Pforzheim sieht für die Durchführung des Unternehmensplanspiels einen Zeitraum von acht Wochen vor. Nach einer Einführungsveranstaltung zum Planspiel-Tool und zu den inhaltlichen und fachlichen Grundlagen wird zuerst eine Proberunde mit anschließender Feedbackveranstaltung gespielt, um die wichtigsten Funktionen und Mechanismen des Programms kennenzulernen. Danach wird das Spiel mit der Strategiepräsentation gestartet, in der jedes Spielteam einzeln das strategische Managementkonzept für sein Unternehmen präsentiert.

4.1 Schritt 1: Strategiepräsentation:

Basierend auf einer Unternehmensvision soll das Führungsteam für sein Unternehmen eine Strategie entwickeln und implementieren mit dem Ziel, das Unternehmen erfolgreich zu steuern (vgl. Abbildung 2). Daher ist es wichtig zu entscheiden, wie der Erfolg zu messen ist. Dies stellt den Grundsatz für ein erfolgreiches Performance Measurement (vgl. Binder 2003, S. 34ff.) dar.

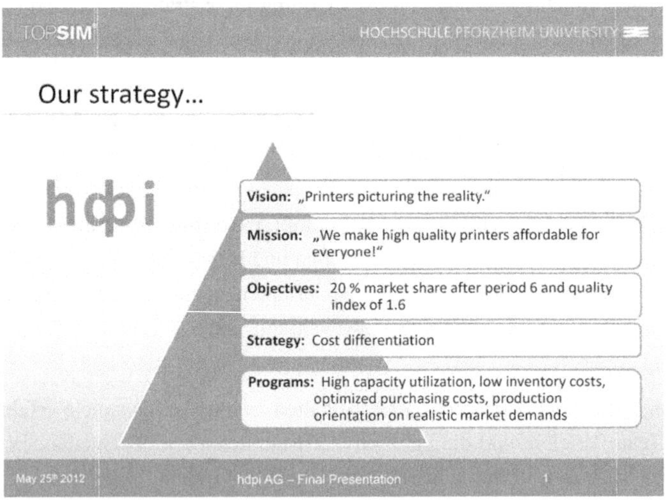

Abb. 2: Strategie mit Vision, Mission und Zielen eines Planspielunternehmens

Eine Spitzenkennzahl allein genügt allerdings nicht, um den Erfolg eines Unternehmens zu beurteilen, und vor allem nicht, um das Unternehmen so zu managen, dass es erfolgreich ist. Es ist daher Aufgabe der studentischen Teams zu Beginn des Spiels, das Unternehmen, dessen Führung sie im Planspiel übernehmen, zu analysieren und zu prüfen, welche Rahmenbedingungen und Faktoren sie beim Management beachten müssen.

Die Ergebnisse dieser Analysephase können anschließend beispielsweise in einer SWOT-Analyse zusammengefasst und veranschaulicht werden. Sie bilden die Grundlage für die Formulierung einer Strategie, die Auskunft darüber gibt, wo das Unternehmen am Ende der sechs Spielperioden stehen soll. Abgeleitet von dieser Strategie sollen die Teams Ziele für das Unternehmen und die einzelnen Bereiche Forschung und Entwicklung, Einkauf und Logistik, Produktion, Marketing und Vertrieb sowie Controlling festlegen.

Entsprechend dem Grundsatz von Peter Drucker „If you can't measure it, you can't manage it." muss jedes Management-Team für sein Unternehmen passend zur gewählten Strategie Kennzahlen auswählen, die zur Messung und zur Steuerung des Unternehmenserfolgs dienen und damit den Unternehmenserfolg abbilden (vgl. Hesselberth 2008, S. 19). Diese sogenannten Key Performance Indices müssen mit Werten hinterlegt werden, die zu einem bestimmten Zeitpunkt erreicht werden sollen. Die Strategie, die Ziele und die dazugehörigen Performance Measures bilden die Grundlage für die Unternehmensplanung.

4.2 Schritt 2: Bilanzpressekonferenz

Nach der Hälfte der zu spielenden sechs Perioden findet die Bilanzpressekonferenz statt. Die Führungsteams müssen in kurzen Präsentationen vor den Betreuern und dem Plenum darstellen, wie ihre Strategie zu Beginn des Spiels gewesen war und wie sich ihr Unternehmen bisher entwickelt hat. Anhand von Plan-Ist-Vergleichen der ausgewählten Performance-Kennzahlen wird der bisherige Spielverlauf analysiert und aufgezeigt, wie sich das Unternehmen entwickelt hat und wie erfolgreich es in den gespielten Perioden war. Als Beispiel kann hier eine vergleichende Darstellung der Bilanz der aktuellen Periode gegenüber der Ausgangssituation genannt werden. (vgl. Abbildung 3).

Ausgehend von dieser Analyse wird dann ein Ausblick auf die weitere Planung und die Entwicklung der strategisch wichtigen Performances Measures gegeben. Zur Planung gehört auch die Auswahl von geeigneten Maßnahmen. Diese können bei negativen Ergebnissen bis zu einer Strategieanpassung reichen, um wieder auf die Erfolgsspur zu gelangen.

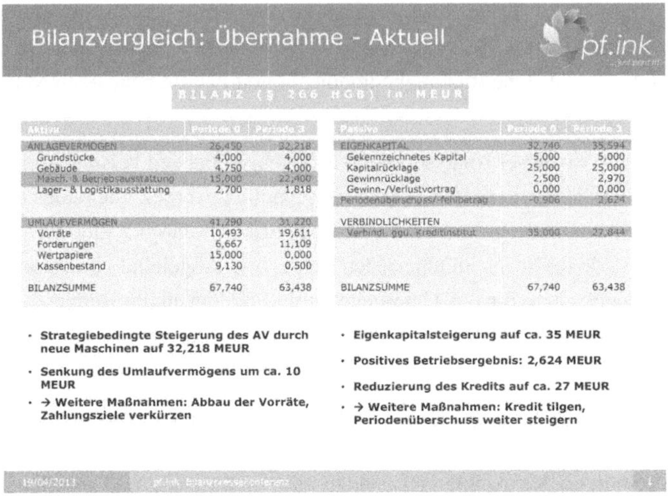

Abb. 3: Bilanzvergleich: Übernahme – Aktuell eines Planspielunternehmens

4.3 Schritt 3: Ergebnispräsentation mit Performance Measures und Kennzahlen

In der Strategiepräsentation haben die Führungsteams nach Analyse der Ausgangssituation eine Strategie gewählt und dargestellt, welche Ziele, Performance Measures und Kennzahlen Basis für die Unternehmensplanung und die Erfolgsmessung sind. Eine beispielhafte Strategiedarstellung auf Basis einer Balanced Scorecard ist in der Abbildung 4 zu sehen.

Berücksichtigt man moderne Managementansätze wie die Wertorientierte Unternehmensführung, eignen sich als Spitzenkennzahlen für die Erfolgsmessung Kennzahlen, die den Unternehmenswert abbilden, beispielsweise der EVA (Economic Value Added) oder der CFROI (Cash Flow Return on Investment), oder Kennzahlen, die den Mehrwert für die Shareholder oder die Stakeholder abbilden, wie beispielsweise der ROE (Return on Equity) oder der ROI (Return on Investment).

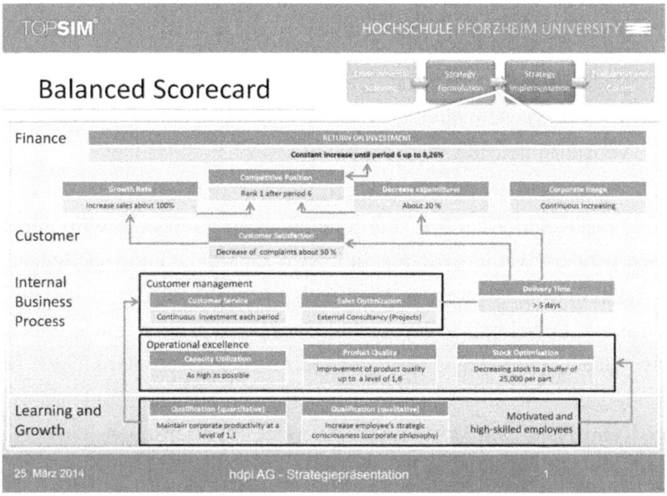

Abb. 4: Balanced Scorecard eines Planspielunternehmens mit Zielen und Performance Measures

Folgende quantitativen und qualitativen Performance-Kennzahlen werden von den Planspielteams zur Erfolgsmessung in den Bereichen Controlling und Finanzen, Produktion und Logistik sowie Marketing und Vertrieb herangezogen:

- Kennzahlen im Bereich Controlling und Finanzen:
  - Periodenüberschuss, Betriebsergebnis
  - Rentabilität: Umsatz-, Eigenkapital-Rentabilität
  - Liquidität: Cash Flow
  - Finanzierung: Eigenkapitalquote, Verschuldungsgrad
  - Umschlaghäufigkeit des Kapitals, Working Capital Ratio
- Kennzahlen im Bereich Produktion und Logistik:
  - Produktivität: Arbeits-, Maschinen-, Materialproduktivität
  - Maschinen- und Personalauslastung
  - Lagerdauer, Lagerumschlagshäufigkeit
  - Lieferzeiten, Lieferqualität, Reklamationsquote
  - Prozess-Kennzahlen: Prozessdauer, -effektivität

- Kennzahlen im Bereich Marketing und Vertrieb:
  - Absatz, Umsatz
  - Deckungsbeitrag, Vertriebsergebnis
  - Service, Marktqualität
  - Vertriebsintensität

Für den Spielverlauf und die Beurteilung der Teams ist es wichtig, dass die Entwicklung der Kennzahlen über die Spielperioden dargestellt wird und operative Maßnahmen genannt werden, die für die Umsetzung der Ziele von Bedeutung sind. Wenn ein Team beispielsweise eine Hochpreis-Strategie einsetzt, dann sind hohe Investitionen in die Forschung und Entwicklung, in die Qualität sowie in den Vertrieb und Service eine Voraussetzung für den Unternehmenserfolg. Grundlage für die Erfolgsmessung sind daher nicht nur die quantitativen Finanzkennzahlen, sondern auch qualitative Kennzahlen wie Marktqualität, Service, Vertriebsintensität, Lieferqualität und Lieferzeiten (vgl. Abbildung 5).

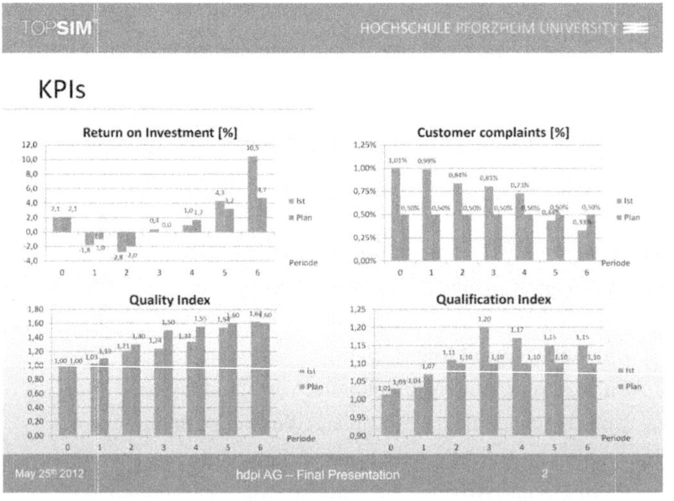

Abb. 5: Soll-Ist Darstellung der KPIs eines Planspielunternehmens mit Hochpreisstrategie

Wichtig bei der Ergebnispräsentation ist allerdings nicht nur die Darstellung und Analyse des eigenen Unternehmens. Die Planspielteams sollen zusätzlich noch ihr Abschneiden bewerten, indem sie sich mit den anderen Unternehmen vergleichen und benchmarken.

4.4 Schritt 4: Bankenrating

Als Abschluss und Höhepunkt des Planspiels findet jedes Semester ein Besuch in der Vorstandsetage der Sparkasse Pforzheim Calw statt, bei dem drei ausgewählte Teams ihr Unternehmen präsentieren dürfen und vom Vorstand der Sparkasse beurteilt und geratet werden. Mit welcher Zielsetzung das Bontätsrating durchgeführt wird, wird im folgenden Kapitel näher beschrieben.

5. Durchführung eines Bankenratings für die einzelnen Planspielunternehmen

Im Rahmen eines Bankenratings findet eine Beurteilung der Performance der Planspielunternehmen durch eine Analyse der Bonitätsmerkmale statt, die wesentlich für die Kreditvergabe sind. Das Ratingverfahren basiert dabei auf statistischen und mathematischen Modellen (vgl. Lübbering, Niestrath, Thiede 2010, S. 5ff.). Betriebswirtschaftlich relevante Merkmale der Unternehmen werden mit Hilfe einer Software erfasst und beurteilt.

5.1 Messung von Unternehmensmerkmalen der teilnehmenden Planspielunternehmen

Beim Rating soll eine Aussage darüber getroffen werden, ob die Unternehmensmerkmale dafür sprechen, dass wirtschaftlich tragfähige Verhältnisse heute und in der Zukunft vorliegen und der Kapitaldienst bestehend aus Zins und Tilgung über die Dauer der Kreditlaufzeit geleistet werden kann. Ziel ist es, mögliche Fehlentwicklungen bereits frühzeitig aufzuspüren, die möglicherweise in den Folgejahren zu einer Unternehmenskrise, im schlimmsten Fall sogar zu einer Insolvenz, führen können.

Das mathematisch-statistische Modell für ein Bonitätsrating wird regelmäßig im Zusammenhang mit der Krisenursachenforschung u.a. auf Basis der Analyse des Verlaufs von realen Insolvenzfällen weiterentwickelt. Trennscharfe Kennzahlen sollen bereits frühzeitig latente Krisenmerkmale aufdecken. können (vgl. Hausschild, Grape, Schindler 2006, S. 7ff.) .Damit erfüllt ein Ratingverfahren auch die Funktion eines Frühwarnsystems.

Auf diese Weise profitieren die beurteilten Unternehmen ebenso: Je frühzeitiger eine Unternehmenskrise entdeckt wird, desto besser kann dieser entgegengesteuert werden. Oftmals manifestiert sich eine Krise erst im Stadium der Erfolgs- oder Liquiditätskrise. Je früher man sie erkennt und entgegensteuern kann, desto mehr Handlungsspielräume und Erfolgsaussichten sind vorhanden. Im Idealfall erkennt daher ein gutes Frühwarnsystem bereits das Anfangsstadium, die strategische Krise. (vgl. Hommel, Knecht, Wohlenberg 2006, S. 27ff.)

Das Ergebnis eines Rating-Prozesses ist die Vergabe einer Ratingnote. Jeder Ratingnote ist eine Ausfallwahrscheinlichkeit in Prozent für die kommenden zwölf Monate zugeordnet.

5.2 Vorgehen bei der Beurteilung eines Planspielunternehmens innerhalb des Bankenratings

Ein Basisrating, das von Kreditinstituten durchgeführt wird, besteht aus einem Finanzrating und einem qualitativen Rating. Eine außenstehende Grundbeurteilung der Planspielperformance kann damit allein auf Basis des Finanzratings durchgeführt werden. Für die qualitative Beurteilung sind jedoch erweiterte Kenntnisse u.a. über die Strategie und über das jeweilige Planspielunternehmen notwendig.

Hierzu werden der Bank die Bilanz sowie die Gewinn- und Verlustrechnung der Planspielunternehmen aus einer der mittleren Perioden der Planspielveranstaltung zur Verfügung gestellt. Auf diese Weise ist im Anschluss auch ein Vergleich der Ratingaussagen mit den tatsächlichen Ergebnissen des Unternehmensplanspiels möglich.

Die Kennzahlauswahl, die das Ratingverfahren berücksichtigt, ist so gewählt, dass sie alle Unternehmensbereiche ganzheitlich repräsentiert. Dabei wird den verschiedenen Kundentypen Rechnung getragen: Die jeweiligen aussagekräftigen Performance Measures variieren in der Realität beispielsweise bei der Betrachtung von Produktions-, Handels- und Dienstleistungsunternehmen. Ebenso ist die Größe des Betriebs relevant. Je nach Einordnung variiert daher auch die Gewichtung der Einzelparameter.

Da das Finanzrating immer auf dem letzten Jahresabschluss basiert, hängt die Aussagekraft in Bezug auf die Bonität maßgeblich von der Aktualität ab. Die gleichen Informationen führen somit bei einer zeitnahen Einreichung des Abschlusses bei der Bank zu einer besseren Ratingbewertung als bei einem weit zurückliegenden Abschlussstichtag. Beim Unternehmensplanspiel ist daher die Aussagekraft am höchsten, wenn die Periode der eingereichten Ratingdaten und die Endperiode nicht zu weit auseinander liegen. Eine zu frühe Einreichung wäre daher ungünstig, da die einzelnen Unternehmenszahlen eventuell noch nicht individuell ausgeprägt sind bzw. Anfängerfehler eine zu große Auswirkung hätten.

5.3 Beispielhafte Finanzkennzahlen zur Beurteilung eines Planspielunternehmens

Beim Finanzrating sollen die Finanz-, Ertrags- sowie die Vermögenslage des Planspielunternehmens beurteilt werden. Beispielhaft soll daher auf jeweils eine wesentliche Performance-Kennzahl in jedem der drei Bereiche eingegangen werden:

Der Cash-Flow ist eine bedeutende Kennzahl zur Beurteilung der Finanzlage. Sie bemisst die Fähigkeit des Unternehmens, das kurzfristige Fremdkapital (z.B. Kontokorrentkredit, Verbindlichkeiten gegenüber Lieferanten und dem Finanzamt) aus dem erwirtschafteten Zahlungsmittelüberschuss abzudecken. Die positive Ausprägung ist u.a. verbunden mit hohen Umsätzen, niedrigen Kosten, einem guten Cash-Management und fristenkongruenten Finanzierungen. Zur Beurteilung der Fähigkeit, den Kapitaldienst bestehender und beantragter Kredite zurückbezahlen zu können, spielt die Cash-Flow-Kennzahl eine herausragende Rolle.

Die Ertragslage wird u.a. anhand der Umsatzrentabilität bemessen. Die Kennzahl gibt an, wie viel Prozent des Umsatzes einem Unternehmen im betrachteten Zeitraum an Gewinn verblieben ist. Sie besitzt Aussagekraft u.a. in Bezug auf die Markstellung oder die Fähigkeit, steigende Kosten verkraften zu können.

Für die Beurteilung der Vermögenslage kommt aus Sicht des Fremdkapitalgebers der Eigenkapitalquote eine besondere Rolle zu. Sie stellt eine Art Garantie für die Gläubiger des Unternehmens dar und besitzt eine Risikopufferfunktion für etwaige anfallende Verluste. Eine hohe Eigenkapitalquote zeigt den finanziellen Unabhängigkeitsgrad und ist ebenso verbunden mit dem Potenzial der Gesellschaft, bei Bedarf mehr Fremdkapital aufzunehmen. Durch eine angemessene Rückführung von Darlehen, eine moderate Entnahmepolitik, die Nutzung alternativer Finanzierungsformen wie Leasing oder Factoring oder die Hereinnahme weiteren Eigenkapitals lässt sich der Wert der Kennzahl positiv beeinflussen. Damit kann allerdings eine negative Auswirkung auf andere Kennzahlen wie der Eigenkapitalrentabilität verbunden sein.

6. Fazit

Pädagogisch fördert das interaktive Planspiel die Handlungskompetenz der Teilnehmer, also die Kompetenz, die kommenden beruflichen Anforderungen durch angemessenes Handeln zu meistern. Da formelles Lernen an Orten wie den Hochschulen mit regulären Lehrmethoden komplexe Handlungsformen nur schwierig vermitteln kann, bieten sich Planspiele an, die Handlungskompetenz der Studierenden zu fördern.

In einer realitätsnahen Situation mit sich ständig ändernden (unerwarteten) Umweltprämissen müssen die Spielenden ihre bisher theoretisch erlernten Controlling- und Logistik-Kenntnisse erstmalig so einsetzen, dass sie erfolgreich ein Unternehmen führen. Sie erkennen die Bedeutung des Performance Measurement für die Steuerung des Unternehmens und üben den Umgang mit quantitativen Performance-Kennzahlen wie den Herstellkosten oder dem Periodenüberschuss und qualitativen Performance-Kennzahlen wie dem Lagerumschlag und der Lieferzeit.

Beim abschließenden Bonitätsrating der Planspielunternehmen ist wichtig, dass die drei quantitativen Performance-Kennzahlen (Cash-Flow, Umsatzrentabilität und Eigenkapitalquote) bei der Analyse nicht isoliert betrachtet werden sollten. Eine Zeitvergleichsbetrachtung oder die Analyse der durchschnittlichen Branchenwerte können ebenso wichtige Impulse für die Interpretation liefern. Zusätzlich werden im Rating auch qualitative Performance-Kennzahlen berücksichtigt, so dass ein vollständiges Performance Measurement umgesetzt und das Bild eines Planspielunternehmens abgerundet wird.

Literatur:

Binder B.C.K. (2003): Prozessorientiertes Performance Measurement in der Telekommunikationsbranche, Wiesbaden: Gabler.

Gleich R. (2011): Performance Measurement: – Konzepte, Fallstudien und Grundschema für die Praxis, München: Verlag Franz Vahlen.

Hausschild, J.; Grape, C.; Schindler, M. (2006): Typologien von Unternehmenskrisen im Wandel. In: Die Betriebswirtschaft, 66. Jg., H. 1, S. 7-25.

Hesselberth J. (2008), Enabling analysis. Online verfügbar unter: http://www.esresearch.com/e/downloads/EnablingAnalysis_Synygy_Summer08.pdf, S. 19 - 22, zuletzt geprüft am 29.12.2013.

Hommel, U.; Knecht, T. C.; Wohlenberg, H. (2006): Sanierung in der betrieblichen Krise, in Hommel, U.; Knecht, T. C.; Wohlenberg, H. (Hg.): Handwörterbuch Unternehmensstrukturierung, Wiesbaden: Gabler, S. 27-40.

Lübbering, B.; Niestrath, C.; Thiede, K. (2010): Rating – Herausforderung und Chance zugleich, in: Sparkassen Rating und Finanzsysteme GmbH (Hg.): Ratgeber für Firmenkunden über das Rating der Sparkassen-Finanzgruppe, Aufl. 1, Stuttgart.

Planspiele zur Nachhaltigkeit

Den Umgang mit nachhaltigen Ressourcen erleben

Michael Stroh

Planspiele stellen eine Möglichkeit dar, Nachhaltigkeit erlebbar zu machen, indem sie das System Nachhaltigkeit simulieren. Trotzdem werden solche Planspiele nur sehr vereinzelt in der schulischen und außerschulischen Umweltbildung und Bildung für nachhaltige Entwicklung eingesetzt. In diesem Artikel werden Plan- und Simulationsspiele zur Nachhaltigkeit in der Fischereiwirtschaft verglichen und daraus Schlüsse für die Gestaltung von Planspielen zur Nachhaltigkeit gezogen. Diese finden im neuen Brett-Planspiel woodbanks des Autors Anwendung.

Simulation games are a way to experience sustainability by simulating the system of sustainability. However, the usage of this kind of simulation games is not very common in environmental education and education for sustainable development in and outside school. In this article, simulation games about sustainability in the fishing industry are compared and conclusions for designing simulation games for sustainability are drawn. These conclusions are applied on the new simulation game woodbanks.

1. Einleitung

Planspiele zur Nachhaltigkeit (PzN) werden nur sehr vereinzelt in der schulischen und außerschulischen Umweltbildung und Bildung für nachhaltige Entwicklung eingesetzt, verglichen mit Wirtschafts-Planspielen, die in der Ausbildung, an Universitäten und in betrieblichen Schulungen eine große Verbreitung gefunden haben. Planspiele werden immer wieder als geeignete Methode für eine Bildung für nachhaltige Entwicklung (BNE) genannt. Jedoch existieren nur wenige leicht zugängliche Planspiele, die das Prinzip *Nachhaltigkeit* erlebbar machen. Besonders für die Gruppe der Jugendlichen und Kinder sind sie rar.

Im Folgenden sollen 1. bisherige Beschreibungen von Planspielen zur Nachhaltigkeit dargestellt, 2. die Ergebnisse einer Analyse von Planspielen zum Themenfeld Nachhaltigkeit rekapituliert, 3. Simulationsspiele zur Nachhaltigkeit in der Fischereiwirtschaft verglichen, 4. daraus Schlüsse für Planspiele zur Nachhaltigkeit (PzN) gezogen und 5. gezeigt werden, wie diese in die Konzeption des neuen Brett-Planspiels *woodbanks* eingeflossen sind.

2. Analyse von Planspielen zur Nachhaltigkeit

2.1 Bisherige Beschreibungsversuche

Planspiele zur Nachhaltigkeit stellen eine Unterform der Planspiele dar. Sie sollen das Prinzip Nachhaltigkeit erlebbar machen. In Ulrich (2003) wurde das Potenzial von Planspielen für die Bildung für nachhaltige Entwicklung konkretisiert. Er stellt fest, dass sich eine solche Bildung nicht auf „eine klare Liste von zu vermittelnden Inhalten reduzieren" (ebd., S. 1) lässt. Dies kann so aber wohl für jeden Bildungsbereich festgestellt werden. Das Scheitern der Curriculumsforschung der 70er Jahre ist ein Hinweis darauf. Capaul nennt als Bestandteile einer Bildung für nachhaltige Entwicklung die Vermittlung grundlegender Fakten, „die Sensibilisierung für die Charakteristik eines umfassenden Entwicklungsprozesses und die Vermittlung von sozialen Kompetenzen für dessen Mitgestaltung" (ebd.) und die „Gestaltungskompetenz" nach de Haan.

Ulrich beschreibt in dem Artikel, was Bildung für nachhaltige Entwicklung bedeuten kann und nennt Planspiele bzw. Simulationsspiele als geeignete Methode, führt aber nicht weiter aus, wie die Ziele einer Bildung für nachhaltige Entwicklung anhand dieser Methode erreicht werden (können). Lediglich für das Planspiel CORE-BIFA werden sieben Eigenschaften nachhaltiger Entwicklung genannt und mit Kompetenzen und Erfolgsfaktoren verknüpft.

Ulrich beschreibt hier sein Verständnis von Planspiel. Dieses wurde von ihm gemeinsam mit Capaul für das Buch „Planspiele - Simulationsspiele für Unterricht und Training" weiterentwickelt (vgl. Capaul, Ulrich 2010) und lautet nun:

> *„Ein typisches, heutiges Planspiel lässt sich wie folgt beschreiben: Das Planspiel versetzt die Teilnehmerinnen in eine fiktive Situation, die ein vereinfachtes Abbild einer speziell ausgewählten, realen oder hypothetischen Situation ist. Während mehreren Spielrunden machen sich die Teilnehmerinnen mit dem Szenario vertraut, sie analysieren die Ausgangslage und die Ziele, führen Verhandlungen und fällen konkrete Entscheidungen. Daraus wird mithilfe des Planspielmodells die Ausgangslage für die nächste Spielrunde ermittelt. Der Einsatz eines Computers ist dabei nicht zwingend. Während der anschließenden Transferphase werden die Erfahrungen aus dem Planspiel mit der Realität verbunden. Während dieser Reflexionsarbeit entwickeln die Teilnehmerinnen ihre handfesten Erfahrungen aus dem Planspiel zu praxiswirksamen Handlungswissen weiter." (ebd., S. 16)*

Dieser Beschreibungsversuch von Planspielen unterscheidet sich entscheidend von der ursprünglichen Beschreibung bei Ulrich (2003):

Die *Beschreibung* eines *typischen Planspiels* wird nun durch eine *Definition* des Begriffs abgelöst. Außerdem wird nun von einem *Abbild einer speziell ausgewählten, realen oder hypothetischen Situation* und nicht mehr vom *Abbild der Realität* gesprochen. Nun machen sich die Teilnehmer mit dem *Szenario* und nicht mehr mit der Situation vertraut und die *Analyse der Ausgangslage und der Ziele* kommen hinzu. Der Computer tritt weiter in den Hintergrund und es wird von einem *Planspielmodell* gesprochen. In der Transferphase werden nicht mehr durch systematische Reflexion Erfahrungen aus dem Planspiel *Lerninhalte verankert*, sondern die Erfahrungen werden mit der Realität *verbunden*. Die Teilnehmer *erwerben* nicht mehr Erfahrungen und Handlungswissen, sondern *entwickeln* ihre Erfahrungen aus dem Planspiel zu *praxiswirksamen Handlungswissen* weiter.

An diesen Modifikationen wird deutlich, dass der Begriff Planspiel schwer zu fassen ist. Eine abschließende abgrenzende Beschreibung von Planspielen ist derzeit nicht möglich. In Stroh (2013) wurden Planspiele, die in der schulischen Bildungsarbeit im Kontext der Nachhaltigkeit eingesetzt werden, analysiert. Dabei ergaben sich zwei Extremformen, zwischen denen sich Planspiele einordnen lassen und als Ordnungskriterium dienen können, als auch einen Hinweis für den didaktischen Einsatz geben.

2.2 Ergebnisse der Analyse

Ein erstes Ergebnis der Analyse war, dass viele Planspiele, die zu dem Themenfeld Nachhaltigkeit angeboten oder empfohlen werden, nicht das System Nachhaltigkeit simulieren, sondern Prozesse simulieren, in denen es thematisch um das Thema Nachhaltigkeit geht (meist Abstimmungsprozesse in Gremien). Wie in Stroh (2013) dargelegt, wird eine solche Simulation des Prinzips Nachhaltigkeit jedoch als zentral angesehen, wenn Nachhaltigkeit erlebbar gemacht werden soll. Ein anderer Anspruch ist es, die Abstimmungsprozesse über die (nachhaltige) Nutzung z.B. einer Landschaft in einem Planspiel abzubilden. Dies ist auch ohne Rückkopplungsmechanismus möglich, anhand von Diskussionsplanspielen, wie sie der nachfolgend beschriebenen Extremform II entsprechen.

2.3 Extremformen

Bei der Analyse von Planspielen zur Nachhaltigkeit konnten zwei Extremformen identifiziert werden (vgl. Stroh 2013).

Die *Extremform I* lässt sich beschreiben als Rollenspiel ohne Rückkopplungsmechanismus. Hier bestehen keine festgelegten Rückmeldungen (Output) anhand von Tabellenwerken oder nach Berechnungen eines Computerprogramms. Rückmeldungen geschehen nur durch die Reaktion der Mitspieler bzw. deren Handlungen, evtl. gibt es eine gewisse Form von festgelegter Rückmeldung durch einen Spielleiter, der Ableitungen aus dem Regelwerk des Spiels an die Spieler weitergibt. Die Spieler haben dabei meist keine oder kaum Handlungs- bzw. Gestaltungsmöglichkeiten, entweder agieren sie rein nach Vorgaben ihrer Rollenbeschreibungen (z.B. Kleinbauern, die ihre Waren verkaufen) oder die Diskussion ist die einzige Aktionsmöglichkeit.

Die *Extremform II* lässt sich beschreiben als Simulation ohne ausgeprägte Übernahme einer Rolle durch die Spieler. Diese Planspiele simulieren sehr genau ein reales Szenario, besonders die systemischen Zusammenhänge. Meist werden Computerprogramme eingesetzt oder komplexe Regel- und Tabellenwerke. Sie bieten keine Rollen an oder diese bleiben sehr abstrakt. Da es dabei oft keine oder kaum Interaktionsmöglichkeiten zwischen den Spielern gibt, besteht kein Anlass, die Rolle auszugestalten. Entweder werden die Spieler zu passiv Ausführenden ohne Gestaltungsmöglichkeiten oder übernehmen nicht oder nur unvollständig eine Rolle. Spiele dieser Extremform verfügen über einen stark wirkenden Rückkopplungsmechanismus, d.h. die Spieler erleben in hohem Maße die Folgen ihres Handelns, in komplexen Simulationen auch (stark) zeitversetzt. Dies ermöglicht die Erfahrung von Nachhaltigkeit bzw. von

Nicht-Nachhaltigkeit, erfüllt aber nicht den Anspruch an Planspiele zur Nachhaltigkeit, dass die Lernenden dort Verfahren ermitteln, wie Gruppen sich über Ziele und Prozesse verständigen und Konflikte bewältigen können.

2.4 Folgerungen für Planspiele zur Nachhaltigkeit

Um für die Teilnehmer Nachhaltigkeit erlebbar zu machen, sind Planspiele erforderlich, die über einen festgelegten Rückkopplungsmechanismus verfügen *und* eine Rollenübernahme und -ausgestaltung ermöglichen. Außerdem muss zwingend das System Nachhaltigkeit simuliert werden. Einige der analysierten Planspiele simulierten Systeme wie *Interessensbildung* oder *Abstimmung in Gremien* (Stadtrat, UN etc.). Innerhalb der Spiele wurde teilweise das Thema Nachhaltigkeit behandelt, aber es war nicht Gegenstand des Planspielmodells. Durch diese Plan- und Simulationsspiele können nicht die Ziele erreicht werden, Nachhaltigkeit erlebbar und sich mit den Einflussmöglichkeiten auf diese Prozesse vertraut zu machen.

Im Folgenden werden nur Planspiele untersucht, in denen das System Nachhaltigkeit simuliert wird und durch einen Rückkopplungsmechanismus auf das weitere Spiel einwirkt.

3. Planspiele zur Nachhaltigkeit in der Fischereiwirtschaft

Um die feinen Unterschiede bei der Simulation von Nachhaltigkeit deutlich zu machen, werden im Folgenden Planspiele zur Nachhaltigkeit beschrieben, die alle das Prinzip Nachhaltigkeit am Beispiel der Fischwirtschaft darstellen. Zu diesem Thema sind zu verschiedenen Zeiten und unter Verwendung unterschiedlicher Spielsysteme Planspiele entwickelt worden. Dabei beziehen sie sich teilweise explizit auf Fish-Banks Ltd. von Dennis Meadows, das hier auch als erstes vorgestellt werden soll.

3.1 Fish-Banks Ltd.

Der Autor dieses Planspiels Dennis Meadows wurde als Autor des Reports „Die Grenzen des Wachstums“ (Meadows et al. 1972) für den Club of Rome bekannt. Im Anschluss an die Veröffentlichung dieses richtungsweisenden Berichts engagierte sich Meadows für die Verbreitung des Systemdenkens. Seiner Überzeugung nach war es notwendig, dass die breite Öffentlichkeit die systemischen Prinzipien nachvollziehen kann, um eine Bereitschaft und Engagement für eine nachhaltige Entwicklung in allen Bereichen (wirtschaftlich, sozial, ökologisch) zu erreichen. Er bediente sich dazu spielerischer Methoden. Dies sind zum einen schnell durchführbare Übungen (fünf bis 60 Minuten) im „System Thinking Playbook for Climate Change“(Sweeney et al. 2011) und das umfangreichere Planspiel zur Nachhaltigkeit in der Fischereiwirtschaft Fish-Banks Ltd.

Hier konnten erstmals die Prinzipien der Rollenübernahme (Verantwortliche in einem Fischereiunternehmen) und ein ausgeprägter Rückkopplungsmechanismus (aus Daten zu Schiffskauf, Fanggebiete, Fangquoten etc. werden mit einer Software Daten für die nächste Runde ermittelt) verbunden werden. Spielziel für die Fischereiunternehmen, die jeweils von mehreren Spielern dargestellt werden und sich auf das weitere Vorgehen verständigen müssen, ist es, den höchsten Wertzuwachs für ihr Unternehmen zu erreichen. Dafür können neue Schiffe bestellt, gebrauchte Schiffe der anderen Unternehmen ersteigert oder auf diese Weise eigene Schiffe verkauft werden. Es kann festgelegt werden, ob die Schiffe im offenen Meer oder in Küstennähe fischen oder im Hafen liegen bleiben. Aus diesen Entscheidungen errechnet die Software die entsprechenden Fangmengen. Die Fische werden zu einem Festpreis verkauft und das entsprechende Geld den Fischereiunternehmen für die weiteren Entscheidungen zur Verfügung gestellt. Außerdem ermittelt das Programm den Wertzuwachs des Unternehmens.

Das Spiel wird meist in der Erwachsenenbildung eingesetzt, da es für Kinder zu komplex und schlecht nachvollziehbar ist. Aufgrund der Spieldauer (dreieinhalb bis sechs Stunden) sind die Einsatzmöglichkeiten begrenzt. Das Originalmaterial kann nur in den USA bestellt werden und kostet rund 250 €. Mittlerweile gibt es eine frei zugängliche Online-Version: http://forio.com/simulate/mit/fishbanks/simulation/login.html. Allerdings müssen sich Spielleiter registrieren lassen und sie müssen einer pädagogischen Institution (meistens Hochschule) angehören.

Seine multifaktorielle Simulation, die einen hohen Grad von Abbildungsübereinstimmung mit dem zugrundeliegenden Realitätsausschnitt ergibt, führt dazu, dass das Spiel eine (nachhaltige) Wirtschaftssimulation ergibt. Die sozialen und die ökologischen Aspekte der Nachhaltigkeit kommen nur randständig vor (Arbeitslosigkeit nach Pleite eines Fischereiunternehmens; Überfischung der Fischergebiete). Sie können in der Phase des Debriefing nach dem Spiel erarbeitet werden, sind aber kein entscheidender Faktor der Simulation. Dies lässt sich auf das grundsätzliche Problem zurückführen, dass wirtschaftliche Prozesse leichter zu simulieren sind als soziale Prozesse oder die Auswirkungen von ökologischen Zerstörungen. Besonders die sozialen (nachhaltigen) Prozesse lassen sich eher durch Diskussions-Planspiele darstellen, die aber aufgrund der dadurch erhöhten Freiheitsgrade auf einen festgelegten Rückkopplungsmechanismus verzichten müssen.

3.2 Harvest

Harvest ist eine stark vereinfachte Version von Fish-Banks. Sie ist im „Systems Thinking Playbook for Climate Change“ (Sweeney et al. 2011) enthalten.

Statt der vielen Entscheidungsmöglichkeiten in der Originalversion, kann hier von den Spielern nur entschieden werden, wie viele Fische (zwischen null und acht) in der jeweiligen Runde gefangen werden sollen. An die Stelle der Auswertung durch eine Software tritt eine einfache Kurve, die die Regeneration des Fischbestands festlegt. Sie lässt sich auf zwei Anweisungen für den Spielleiter reduzieren: 1. Wenn mehr als 25 Fische vorhanden sind, wird auf 50 Fische (Maximalbestand) aufgefüllt. 2. Wenn weniger als 25 Fische vorhanden sind, wird der vorhandene Bestand verdoppelt. Aus dieser Kurve, die den Spielern gezeigt wird, ist leicht zu ermitteln, wie viele Fische die Teams jeweils fischen dürfen, ohne dass es zu einer Überfischung kommt.

3.3 Ökospiel

In den 70er-Jahren veröffentlichten mehrere Schulbuchverlage Simulationsspiele für den Einsatz in der Schule. Westermann legte die Reihe *westermann planspiele* auf, beeinflusst durch das Raumwissenschaftliche Curriculum Forschungsprojekt (RCFP) (siehe Brühne 2009 S. 179ff). Diese Hefte enthielten alle nötigen Spielunterlagen und die Simulationsspiele konnten mit geringem Vorbereitungsaufwand im Unterricht eingesetzt werden. Durch den (gedanklichen) Ursprung in den Raumwissenschaften, wurden zum Großteil raumwissenschaftliche Konzepte bearbeitet. Ein Spiel jedoch hat Nachhaltigkeit als Grundlage für das Planspielmodell und hat die gleiche Thematik wie Fish-Banks Ltd.: die gemeinsame Bewirtschaftung der Ressource Fisch.

Als Besonderheit wird hier auch das ökologische Gleichgewicht zwischen Fried- und Raubfischen simuliert. Die wirtschaftliche Simulation ist hier im Gegensatz zu Fish-Banks Ltd. stark eingeschränkt. Wie viel Fische ein Fischer fängt, liegt nicht in seiner Entscheidung, sondern wird per Würfelwurf bestimmt. Er zieht mit geschlossenen Augen die gewürfelte Anzahl von Steinen, die je nach Farbe Fried- oder Raubfische darstellen. Somit kann nicht beeinflusst werden, wie viele Fried- und wie viele Raubfische er jeweils fängt. Bei ausreichendem Guthaben kann er sich einen zweiten Würfel zulegen (= zweites Schiff), jedoch verdoppeln sich dadurch auch die Betriebskosten. Diese werden immer nach vier Würfelrunden (ein Fangjahr) abgerechnet. Gerät ein Fischer in Schulden, muss er sich Geld von den anderen Fischern leihen. Ist dies nicht erfolgreich, scheidet er aus. Die gefangenen Fische werden nach jeder Runde verkauft, wobei der Preis sich rein danach richtet, wie viele Raub- bzw. Friedfische insgesamt zum Verkauf stehen. Es gibt keine Verhandlungen darüber und die Fischer können nicht entscheiden, wie viele Fische sie verkaufen wollen.

Zur Auswertung des Spiels sollen die Entwicklungen der Raub- und Friedfischbestände und das Guthaben der Fischer als Graphen in ein Koordinatensystem eingezeichnet werden. In dem Begleitheft sind zur Darstellung der Problemlage Hintergrundinformationen zur *Überfischung* in Form von Texten und Grafiken enthalten. Durch Arbeitsaufgaben bei den Spielregeln für die Fischer und zur Auswertung der Spielergebnisse wird sehr eng auf eine spezifische (eher inhaltliche) Reflexion hingeführt.

Ohne einen Eingriff der Fischer würden sich die Bestände der Raub- und Friedfische im typischen gegenläufigen Wellenmuster einer *Räuber-Beute-Beziehung* entwickeln. Werden zu viele Fische gefangen, kann der Fischbestand zusammenbrechen und das Spiel scheitert. Die Spieler haben darauf allerdings nur geringen Einfluss, da die Anzahl der gefangenen Fische erwürfelt wird. Lediglich ob ein zweites Schiff gekauft werden soll, können die Spieler (bei ausreichendem Guthaben) entscheiden, wodurch sich die Fangmenge durchschnittlich verdoppelt. Insgesamt sind damit die Optionen der Spieler sehr eingeschränkt. Es geht mehr um die Dokumentation der Entwicklung der Bestände der Fried- und Raubfische, der daraus erkennbaren Struktur der Räuber-Beute-Beziehung und der Ableitung einer nachhaltigen Fangmenge, die nicht das ökologische Gleichgewicht beeinträchtigt.

Eine Rollenübernahme ist nicht zu erwarten, da die Spieler kaum Gestaltungsmöglichkeiten haben. Außerdem ist die Reflexion rein inhaltlich ausgerichtet und geht nicht auf das Erleben einer Rolle und die persönlichen Eindrücke im Spiel ein.

Das Spiel, das eher eine Simulation mit beschränkten Einflussmöglichkeiten ist, eignet sich für den Biologie- und Geographieunterricht, um den menschlichen Einfluss auf eine Räuber-Beute-Beziehung und die Folgen einer nicht-nachhaltigen Fischereiwirtschaft zu verdeutlichen.

3.4 New Commons Game

Das New Commons Game ist eine Variante des amerikanischen The Commons Game (vgl. Powers et al. 1983). Hier wurde das grundsätzliche Spielprinzip auf das Thema Fischwirtschaft übertragen.

Die Spieler, die auch hier Fischer darstellen, haben in jeder Runde fünf Optionen. Sie können den Maximalbetrag fischen, einen geringeren Betrag fischen, der einer nachhaltigen Nutzung entspricht, sie können diejenigen belohnen, die die nachhaltige Option gewählt haben oder die bestrafen, die den Maximalbetrag gefischt haben. Außerdem können sie auch die Runde aussetzen. Sie wählen eine dieser Optionen, sollten sie im Team spielen, müssen sie sich auf eine Option einigen, und zeigen ihre Wahl mit Farbkarten dem Spielleiter an, ohne dass die Mitspielenden dies sehen. Dieser verkündet nach der Auswertung die Ergebnisse: wie oft der Maximalbetrag und wie oft der geringe Ertrag gefischt wurde und ob Strafen verhängt oder Belohnungen verteilt wurden. Der Spielleiter notiert welcher Fischer / welches Fischerteam wie viele Punkte erhält bzw. bei einer Bestrafung Punkte abgezogen bekommt. Die angegebene Spieldauer ist mit zwei bis sechs Stunden für den zu erwartenden Ertrag des Spiels relativ lang.

3.5 Fischteich

2010 entwickelte Ulrich Creative Simulations (UCS) für die Schweizerische Nationalbank eine vereinfachte Version vom New Commons Game unter dem Namen Fischteich. Dieses dauert nunmehr nur noch ein bis drei Stunden, im Gegensatz zum New Commons Game mit einer Spieldauer von zwei bis sechs Stunden. Hier wird die Möglichkeit der Bestrafung vom Spielleiter erst eingeführt, wenn der Fischbestand bedroht ist. Dies vereinfacht den Spieleinstieg sehr, da zu Beginn weniger Optionen für die Spieler zur Verfügung stehen. Außerdem gibt es nicht mehr die Möglichkeit, Fischer für ihr nachhaltiges Verhalten zu belohnen. Die Spieler entscheiden frei, ob sie keinen, ein, zwei oder drei Fische fischen wollen. Es sind somit nicht mehr die Kategorien *nachhaltiger Ertrag* und *nicht-nachhaltiger Ertrag* vorgegeben. Die Spieler müssen im Verlauf des Spiels herausfinden, wie viel Ertrag eine nachhaltige Nutzung ermöglicht. Den Spielern werden die Augen verdeckt, wenn sie dem Spielleiter ihre Entscheidungen mitteilen. Somit wissen die Mitspieler nicht, wer sich an Absprachen über Fangmengen hält oder wer eine Bestrafung beantragt.

4. Schlussfolgerungen für die Gestaltung von Planspielen zur Nachhaltigkeit

Folgende Schlüsse zur Gestaltung von Planspielen zur Nachhaltigkeit ergeben sich aus einem Vergleich der beschriebenen Simulationsspiele zur nachhaltigen Fischereiwirtschaft:

- Die Spieler müssen einen Gestaltungsspielraum haben. Sind sie nur Teil in einer Simulation mit begrenzten Optionen, ist die Anwendung der Methode nur gerechtfertigt, wenn anhand dieser Simulation eine vertiefte Veranschaulichung möglich ist. So z.B. im Fall vom Ökospiel, bei dem der menschliche Einfluss auf die Räuber-Beute-Beziehung von Fried- und Raubfischen dargestellt werden kann.
- Der zeitliche Aufwand der Methode muss angemessen sein, besonders im vorhergehend beschriebenen Fall, wenn es sich eher um eine Simulation mit begrenzten Einflussmöglichkeiten handelt.
- Eine noch tiefere Reflexion als in den beschriebenen Planspielen zur Nachhaltigkeit, kann angestoßen werden, wenn die Teilnehmer eine Rolle übernehmen und diese ausgestalten können.
- Die Komplexität der Simulation: Den Betrachtungen von Meadows folgend, dass einfache Simulationen oft einen größeren Lernerfolg ermöglichen als komplexe, stellen Capaul und Ulrich fest: „Viele Anwender von Simulationsspielen unterliegen der Versuchung, die vorgeschlagenen Regelwerke und Spielbeschreibungen zu differenzieren, um die Realität genauer darzustellen. Dies zahlt sich jedoch oft nicht aus und es kann sogar kontraproduktiv sein. Es ist oft wirksamer, das Simulationsspiel bewusst als prägnante ‹Karikatur der Wirklichkeit› einzusetzen und in der anschließenden Auswertung die Verbindung zwischen dem Planspiel und der Realität herzustellen.“ (Capaul und Ulrich 2010, S. 12). Somit ist keine komplexe Simulation erforderlich, die einen Computer benötigt. Ein Rückkopplungsmechanismus der Teil der Spielmechanik (Spielregeln + Tabellen) ist, erleichtert die Reflexion. Er darf jedoch nicht zu leicht durchschaubar sein. Zufallskomponenten erhöhen den Realitätsgrad, ohne sich negativ auf die Nachverfolgbarkeit auszuwirken.
- Die verdeckte Mitteilung der Entscheidungen der Teilnehmer an den Spielleiter (bei Fischteich und New Commons Game) ist reizvoll und eröffnet weitere taktische Möglichkeiten (Nicht-Einhalten von Absprachen). Dies vermittelt den Teilnehmern aber leicht das Gefühl, dem Spielgeschehen ausgeliefert zu sein und schränkt die Möglichkeiten der Reflexion (Bezugnahme auf bestimmte Ereignisse im Spielverlauf) stark ein.
- Es sollte die Möglichkeit der Auswertung des Spielgeschehens bestehen. Dazu eignen sich einfache Graphen, die während oder nach dem Spiel basierend auf den Entscheidungen der Spieler und der daraus resultierenden Folgen aufzeigen, wie sich z.B. der Fischbestand in Abhängigkeit von den Fangauf-

trägen entwickelt.

- Soll mit dem Planspiel das Denken in Systemen geübt bzw. geschult werden, sollten die so genannten Systemarchetypen nach Senge erkennbar sein.

5. woodbanks

Diese Schlüsse aus dem Vergleich der vorgestellten Simulationsspiele zur Nachhaltigkeit in der Fischereiwirtschaft flossen in die Konzeption des Brett-Planspiels woodbanks vom Autor dieses Artikels ein.

Das Spiel führt den Begriff Nachhaltigkeit zu seinem Ursprung zurück – in den Wald, genauer gesagt in die Forstwirtschaft. Die Spieler stellen Bewohner von Dörfern dar, die an einem Wald siedeln und diesen gemeinschaftlich bewirtschaften. In jeder Runde können die Bewohner der Dörfer Holz schlagen, neue Bäume pflanzen und müssen die Kosten für ihre Lebensbedürfnisse (Bau, Essenszubereitung etc.) mit dem geschlagenen Holz (in Form von Baumchips) begleichen. Nach jeder Runde wächst der Wald (meistens) weiter. Dabei kommt eine Zufallskomponente ins Spiel: Nach einem Würfelwurf wird aus einer Tabelle abgelesen, ob und wenn ja wie stark der Wald wächst. Dies stellt natürliche Einflüsse (Wetter, Wildverbiss etc.) dar.

Es gibt ein gemeinsames und ein individuelles Spielziel. Das gemeinsame Spielziel ist das Erreichen der letzten Runde. Sollte ein Dorf am Ende einer Runde seinen Konsum nicht begleichen können (eine festgelegte Menge Holz abgeben) oder der Wald komplett abgeholzt ist, ist das Spiel vorzeitig beendet. Wird die letzte Runde des Spiels erreicht, gewinnt das Dorf, das noch am meisten Holz übrig hat. Dies ist das individuelle Spielziel. Außerdem muss der Wald so hinterlassen werden, d.h. an die nächste Generation weitergegeben werden, wie er vorgefunden wurde. Das bedeutet, es müssen sich am Ende des Spiels mindestens so viele Baumchips auf dem Spielfeld befinden, wie zu Beginn des Spiels (= nachhaltige Nutzung des Waldes).

Die Spieler müssen während des ganzen Spiels zwischen den Ansprüchen aller angesiedelten Dörfer und den Ansprüchen des Waldes auf der einen Seite und auf der anderen Seite ihrem eigenen Anspruch, das Spiel mit möglichst viel Holz zu gewinnen, abwägen. Ein nicht-nachhaltiges Handeln von zu vielen Spielern in zu großem Ausmaß führt zum Scheitern des Spiels.

Um den Einstieg zu erleichtern und das Spiel für verschiedene Alters- und Zielgruppen zu erschließen, gibt es zwei Faktoren, die die Schwierigkeit des Erreichens des gemeinsamen Spielziels festlegen. Einerseits gibt es verschiedene Tabellen (Level), die festlegen, bei welchem Würfelergebnis die Bäume wachsen, nicht wachsen, stark wachsen oder nur Bäume (ab) einer bestimmten Größe wachsen. Andererseits gibt es die Szenarien. In diesen ist festgelegt, wie viel ihrer Vorräte die Dörfer in jeder Runde abgeben müssen. Dies stellt die grundsätzlichen Konsumbedürfnisse der Dörfer dar. Es gibt z.B. die „Ich muss immer mehr als mein Nachbar haben"-Lebensweise. Dabei steigen die Konsumbedürfnisse (z.B. größere Hütten, mehr Feuerholz für mehr Fleisch) von Runde zu Runde exponenziell an und es muss immer mehr Holz geschlagen werden. Im Gegensatz dazu „die vergnügten Vegetarier", die wenig Holz brauchen, da sie ihre vegetarische Kost nicht immer kochen müssen und wenig Wert auf Prestigesymbole legen. Diese kommen dauerhaft mit wenig Holz aus. Diese und weitere Szenarien vermitteln die Folgen unterschiedlicher Lebensstile und sind auch nach ihrem Schwierigkeitsgrad gekennzeichnet.

Die Spieler können versuchen, egoistisch ihren eigenen Vorteil zu suchen zum Schaden der Gemeinschaft. Sie können sich für das gemeinsame Spielziel stark machen, werden dadurch aber u. U. zum „Verlierer" (bezogen auf das individuelle Spielziel). Sie können aber auch vorgeblich das gemeinsame Spielziel verfolgen, um im Geheimen und gegen die anderen einen großen Gewinn zu machen.

5.1 Systemarchetypen in woodbanks

Um typische und häufig auftretende Prozesse systemisch beschreiben zu können, kreierte Peter M. Senge das Konzept der Systemarchetypen(Senge und Klostermann 2006). Diese können in Handlungsmustern im Alltag und in komplexen Systemen (z.B. Ökologie) identifiziert werden. Um einerseits eine Diskussion darüber zu ermöglichen und andererseits die Einübung von Gegenmaßnahmen trainieren zu können, werden diese in Planspielen und Gaming Simulations eingebaut bzw. sind Folgen des angewandten Planspielmodells. Wie sich einige dieser Systemarchetypen in woodbanks zeigen, soll im Folgenden beschrieben werden.

Tragödie der Allmende

Zu Beginn des Spiels ist die Nutzung des gemeinschaftlichen Waldes ungeregelt. Für das individuelle Spielziel soll das einzelne Dorf am Ende des Spiels die meisten Baumchips haben. Fokussieren die Spieler auf dieses Ziel, ist eine Übernutzung des Waldes unausweichlich. Nur wenn eine allgemeine explizite oder implizite Übereinkunft herrscht, dass der Wald nicht ausgebeutet werden darf, können die kollektiven Spielziele (Überleben aller Dörfer und Zurücklassen eines intakten Walds an die nächste Generation) erreicht werden. Oder es müssen Absprachen getroffen (und eingehalten) werden, um eine Übernutzung des Waldes zu verhindern. Solche Absprachen sind jedoch schwer gegen ein vermögendes Dorf (gerechnet in Baumchips) durchzusetzen[1]. Handlungen, die nur im Interesse des eigenen Dorfes stehen (möglichst viel Holz schlagen und wenig Bäume nachpflanzen), schaden den gemeinsamen Ressourcen (den Bäumen bzw. dem Wald) und damit langfristig der eigenen Existenz. Werden die gemeinsamen Interessen nicht im „Rat der Dörfer" koordiniert, wird das Spiel scheitern.

Grenzen des Wachstums

Die Anzahl der möglichen Bäume in dem gemeinschaftlich genutzten Wald ist begrenzt. Wenn diese Maximalzahl erreicht ist, können erst wieder neue Bäume wachsen, wenn alte Bäume gefällt wurden. Die Bäume können auch nur eine bestimmte Wachstumsstufe erreichen, dann hören sie auf zu wachsen. Haben zu viele Bäume diesen Punkt erreicht, limitiert dies das allgemeine Wachstum. Werden Bäume vor dem Erreichen dieser Höhe geschlagen, wird zwar ein Platz für einen neuen Baum frei, dieser kann aber erst drei Runden später genutzt werden, da Bäume erst ab dieser Größe geschlagen werden können. Außerdem ist auch die Anzahl der Baumchips begrenzt, die in Form von Bäumen auf dem Spielfeld, als Spielwährung bei den Spielern oder im Vorrat (für weiteres Wachstum der Bäume) vorhanden sein können. Dies simuliert die Begrenztheit natürlicher Ressourcen, in diesem Fall z.B. durch die Faktoren Nährstoffe im Boden, Lichteinfall, Schädlinge etc. Dadurch kann das Wachstum der Bäume über die Vorgabe des Levels (Tabelle, die festlegt bei welchem Würfelergebnis Bäume welcher Größe wie stark wachsen) und des Ergebnisses des Würfelwurfs hinaus (negativ) beeinflusst werden. Sind keine Baumchips mehr im Vorrat, können keine bzw. nicht alle Bäume wachsen. Dieser Fall kann besonders dann eintreten, wenn die Dörfer zu viel Vermögen, sprich Baumchips in ihrem eigenen Vorrat, anhäufen. Nur durch eine andauernde Reinvestition von ausreichenden Teilen des Vermögens kann ausreichendes Wachstum gewährleistet werden. Sollte dies ausbleiben, gefährdet dies das Überleben der Dörfer mit geringem Vermögen, da sie nicht ausreichend neues Holz schlagen können, um ihre Lebensbedürfnisse decken zu können.

Erfolg den Erfolgreichen

Das Dorf, das frühzeitig mehr Holz schlagen lässt als die anderen Dörfer, gewinnt einen (teilweise unaufholbaren) Vorsprung auf die anderen Dörfer. Das Dorf

---

[1] siehe „Erfolg den Erfolgreichen"

kann Strafen (bei nicht-erfüllten Schlagaufträgen), die alle Dörfer gleich treffen, ohne größere Probleme bezahlen und kann Runden, in denen weniger Bäume geschlagen werden können, durchstehen und trotzdem die Kosten für ihren Konsum begleichen. Auch kann ein solches Dorf mehr Bäume pflanzen, wofür die anderen Dörfer dankbar sein müssen und in ein gewisses Abhängigkeitsverhältnis geraten.

Zeitverzögerte Balance

Hier handelt es sich um eine balancierende Rückkoppelung, wobei ein angestrebter Zustand (Holzernte entspricht der Regenerierungsrate) erst nach einer zeitlichen Verzögerung erreicht wird. Ohne Vorerfahrungen können die Spieler nicht einschätzen, wie sich die Regenerationsrate auf den tatsächlichen Baumbestand auswirkt. Außerdem besteht noch eine Zufallskomponente durch den Würfelwurf, der das Wachstum innerhalb der gewählten Möglichkeiten des Levels festlegt. Das verleitet nach anfänglich vorsichtiger Nutzung zu gefährlich starken Aktionen wodurch eine ungewollte verstärkende Rückkopplung entsteht und das System übernutzt wird.

Eskalation

Bei einer Eskalation verstärken sich zwei Rückkopplungschleifen so lange gegenseitig, bis das System kollabiert. Wenn ein Dorf bei woodbanks einen deutlichen Vermögensvorsprung (Baumchips im eigenen Vorrat) erreicht hat, müssen die anderen Dörfer, um ihre Gewinnchance zu erhalten, ihr Verhalten an dieses Dorf anpassen. Das bedeutet, dass eine größere Anzahl von Bäumen geschlagen und weniger (bzw. im Extremfall gar keine) Bäume gepflanzt werden. Das bisher führende Dorf sieht seinen Vorsprung schwinden und wird seinerseits das Holzschlagen forcieren. Dieser Prozess verstärkt sich solange, bis der Wald erschöpft ist oder auf einem *Rat der Dörfer* Gegenmaßnahmen vereinbart werden.

5.2 Erweiterung „Nachhaltigkeitspunkte“

Bei der Erweiterung Nachhaltigkeitspunkte müssen durch taktisch geschicktes Vorgehen die drei Aspekte der Nachhaltigkeit Ökologie, Ökonomie und Soziales austariert werden, um zu gewinnen. Das Spiel wird anspruchsvoller und ist deshalb erst ab dem Alter von 14 Jahren geeignet.

In dieser Erweiterung wird das Modell der *Drei Säulen der Nachhaltigkeit*, angelehnt an den Brundtland-Bericht, thematisiert. Die Spieler können in den drei Bereichen *Ökologie*, *Ökonomie* und *Soziales* Nachhaltigkeitspunkte erzielen. Im Bereich Ökonomie hängen die erzielten Punkte vom Vermögen (= Guthaben in Baumchips) am Ende des Spiels ab. Im Bereich Soziales kann gepunktet werden, indem das Verhältnis von geschlagenem Holz zu gepflanzten Bäumen besonders positiv ist. Im Bereich Ökologie ist der Zustand des eigenen Waldabschnitts am Ende des Spiels entscheidend. Es gibt Punkte für den üppigsten Wald. Dies hat ein reales Vorbild: in Afrika werden in einem Projekt Dörfern einzelne Waldabschnitte zugeteilt. Nach einem Jahr bewertet eine Jury den ökologischen Zustand des Waldes (Pflanzen- und Tiervielfalt, Anzahl etc.) und vergibt Prämien für die besten Waldabschnitte.

Die Spieler müssen immer wieder zwischen den drei Bereichen abwägen und ihre Strategie an die aktuelle Entwicklung anpassen. Das Setzen auf nur einen Bereich kann nicht zum Erfolg führen, besonders da für den sozialen und den ökologischen Einsatz ausreichend Mittel (= Guthaben an Baumchips) zur Verfügung stehen müssen.

5.3 Gestaltungskriterien für woodbanks

- In den Spielregeln sind zwei Handlungsmöglichkeiten, die Schlag- und die Pflanzaufträge, für die Spieler festgelegt. Wie viele Bäume und von welcher Größe von den Dörfern geschlagen und wie viele neue Bäume jeweils gepflanzt werden ist dabei aber nicht festgelegt, sondern vom Guthaben des jeweiligen Dorfes und der entsprechenden Taktik abhängig. Außerdem können im Rat der Dörfer Abmachungen (evtl. auch verbunden mit Strafen) getroffen werden. Auch gibt es die Möglichkeit, Bündnisse einzugehen. Somit bestehen umfangreiche Gestaltungsmöglichkeiten.
- Die Spieler können selbst gewählte Rollen ausgestalten (z.B. „der Gierige", „der Umweltbewusste", „der Vermittler"). Dabei können die Spieler auch vom gemeinsamen Spielziel (gemeinsames Überleben am Wald) abweichen, indem sie das Spiel vorsätzlich scheitern lassen oder dies als Druckmittel verwenden und so spielen, dass entweder sie gewinnen oder keiner.
- Der zeitliche Aufwand ist überschaubar. Ein Grundspiel, das nicht vorzeitig endet, weil ein Dorf seinen Lebensunterhalt nicht mehr finanzieren kann oder der Wald zerstört wurde, dauert etwa eine Stunde. Somit ist der Einsatz des Spiels in der Schule in einer klassischen Doppelstunde möglich, wobei eine thematische Einleitung oder Vertiefung und eine Reflexion des Spiels dazu treten sollten. Dies kann aber auch zu einem anderen Zeitpunkt geschehen. Mit der Erweiterung „Nachhaltigkeitspunkte" wird das Spiel komplexer und muss noch intensiver reflektiert werden. Deswegen sollten hier 90 bis 120 Minuten eingeplant werden.
- Die Komplexität der Simulation: Der Rückkopplungsmechanismus besteht

aus mehreren Komponenten des Regelwerks. Direkt beeinflusst wird der aktuelle Zustand, der sich durch das Guthaben der Dörfer in Form von Baumchips und dem Zustand des Waldes definiert, durch die Schlag- und Pflanzaufträge der Dörfer, das Ausmaß des Nachwachsens (Würfelwurf und Tabelle (= „Level“) und den bisherigen Zustand des Waldes. Indirekt wirken auf den aktuellen Zustand noch die Höhe der Abgaben, die die Dörfer nach jeder Runde leisten müssen (= „Szenario“), eventuelle Absprachen der Dörfer im Rat der Dörfer und das bisherige Guthaben der Dörfer. Die Rückkopplung ist demnach besser nachvollziehbar als bei der Simulation komplexerer Vorgänge mithilfe einer Software, aber nicht so leicht durchschaubar und vorhersagbar wie bei sehr einfachen Regenerationsmodellen.

- Die Entscheidungen der Spieler sind für alle einsehbar. So entsteht viel Diskussionspotenzial, besonders beim Nicht-Einhalten von Vereinbarungen.
- Durch die Protokollbögen, auf denen alle Schlag- und Pflanzaufträge eingetragen werden, sind alle Spielentscheidungen nachvollziehbar und können während oder nach dem Spiel ausgewertet werden. Daneben kann noch jeweils der aktuelle Zustand des Waldes (Gesamtanzahl der Baumchips auf dem Spielfeld) notiert werden. In einer auswertenden Grafik kann nachvollzogen werden, welche Spielentscheidungen sich, oft mit zeitlicher Verzögerung, auf den Zustand des Waldes ausgewirkt haben.
- Wie oben beschrieben können einige Systemarchetypen in der Auswertung des Spiels entdeckt und reflektiert werden, um dann Überlegungen zur Gegensteuerung zu veranlassen.

5.4 Einsatzbereich

Das Grundspiel woodbanks macht den Begriff Nachhaltigkeit in seiner ursprünglichen Definition erlebbar: das Bewirtschaften eines Waldes, so dass, über einen längeren Zeitraum gesehen, nicht mehr Bäume geschlagen werden als nachwachsen können und den nachfolgenden Generationen ein genauso ertragreicher Wald zur Verfügung steht. Über den ökologischen Wert des Waldes sagt dies noch nichts aus. Im Grunde geht es hier nur um die ökonomische Nachhaltigkeit. Es ist zu beobachten, dass viele Simulationsspiele zur Nachhaltigkeit hauptsächlich auf die ökonomische Komponente fokussieren. So kommen z.B. bei Fish-Banks die ökologischen (Fischbestände gehen zurück) und die sozialen Folgen des Handelns (arbeitslose Fischer) nur in so weit vor, wie sie Einfluss auf das wirtschaftliche Geschehen haben.

Die Erweiterung „Nachhaltigkeitspunkte“ von woodbanks geht nun darüber hinaus, in dem sie die drei Bereiche der Nachhaltigkeit Ökologie, Ökonomie und Soziales thematisiert, womit es eher der Definition von Nachhaltigkeit nach dem Brundtland-Bericht entspricht. Dabei ist es im Spiel, wie auch im realen Leben, nicht möglich, immer so zu handeln, dass im Hinblick auf alle drei Bereiche ideal gehandelt wird. Es muss andauernd neu zwischen den verschiedenen Ansprüchen abgewogen werden.

6. Schluss

Um in der breiten Bevölkerung das Verständnis für nachhaltiges Handeln zu verankern, auch unter der Akzeptanz teilweise unbequemer Folgen, muss in einem ersten Schritt der Begriff Nachhaltigkeit verständlich gemacht werden. In einem zweiten Schritt muss dies erlebbar gemacht werden, da Nachhaltigkeit kein abgrenzbarer Zustand ist, sondern Teil und zugleich die Gesamtaussage eines laufenden Prozesses ist. In einem dritten Schritt müssen Lösungsmöglichkeiten für eine soziale, ökologische und ökonomische Nachhaltigkeit erarbeitet werden bzw. muss die Möglichkeit zur Erprobung solcher Maßnahmen gegeben werden.

Dies alles können Planspiele zur Nachhaltigkeit (PzN) bei Beachtung der genannten Gestaltungskriterien leisten.

Literaturverzeichnis

Brühne, Thomas (2009): Erneuerbare Energien als Herausforderung für die Geographiedidaktik. Univ, Wiesbaden, Köln. Online verfügbar unter http://dx.doi.org/10.1007/978-3-531-91579-1.

Capaul, Roman; Ulrich, Markus (2010): Planspiele. Simulationsspiele für Unterricht und Training ; mit Kurztheorie: Simulations- und Planspielmethodik. 2., aktualisierte Aufl. Altstätten: Tobler.

Meadows, Dennis; Meadows, Donella; Randers, Jørgen; Behrens III, William (1972): Die Grenzen des Wachstums. Bericht des Club of Rome zur Lage der Menschheit. Stuttgart: Deutsche Verlags Anstalt.

Powers, R. B.; Duus, R. E.; Norton, R. S. (1983): The Commons Game. Unpublished research manuscript. Utah State University, Logan.

Senge, Peter M.; Klostermann, Maren (2006): Die fünfte Disziplin. Kunst und Praxis der lernenden Organisation. 10. Aufl. Stuttgart: Klett-Cotta (/Management - Die blaue Reihe]). Online verfügbar unter http://www.gbv.de/dms/faz-rez/F19961223SENGE--100.pdf.

Stroh, Michael (2013): Brauchen Planspiele zur Nachhaltigkeit einen Rückkopplungsmechanismus? In: Müller M. Trappe M. Hemmer I. (Hg.): Rio + 20: Nachhaltigkeit neu denken? (in Vorbereitung). Rio + 20: Nachhaltigkeit neu denken? Eichstätt, 5.11 - 6.11.2012. Katholische Universität Eichstätt-Ingolstadt.

Sweeney, Linda Both; Meadows, Dennis L.; Mehers, Gilian Martin (2011): The Systems Thinking Playbook for Climate Change: A Toolkit for Interactive Learning. Eschborn. Online verfügbar unter http://star-www.inwent.org/fetch/1j6IQ1l01X4O4000g0/giz2011-0588en-playbook-climate-change.pdf, zuletzt geprüft am 24.07.2013.

Ulrich, Markus (2003): Mit Planspielen Nachhaltige Entwicklung erleben! Der Beitrag der Planspielmethodik zur Bildung über Nachhaltigkeit. In: DGU Nachrichten Heft 27/2003 (27). Online verfügbar unter http://www.ucs.ch/service/download/docs/artikelpsnaha.pdf, zuletzt geprüft am 11.07.2013.

Wandel durch Verhandlung – Verständnis durch Erleben

Simulation einer internationalen Konferenz zu nachhaltiger Entwicklung als Vorbereitung für Herausforderungen der Zukunft

Wolfgang Gruber, Lorenz Probst

In der vorgestellten Lehrveranstaltung setzten sich die Studierenden mit dem komplexen System internationaler Interessen in Klima- und Entwicklungsfragen auseinander. Durch die große Diversität der Lerngruppe konnten die Teilnehmer in disziplinär und regional gemischten Teams arbeiten. Die aktive Beschäftigung mit den systemischen und historischen Hintergründen verschiedenster Stakeholder in der Vorbereitung zur zweitägigen Simulation ermöglichte eine tiefgehende Erfahrung aus unterschiedlichen Perspektiven. Bedingt durch die Komplexität der Thematik erwiesen sich das eigene Erfahren und die konkrete Verhandlungsebene als passendes Design für den Lernprozess. Es wurden die theoretisch erworbenen Wissensinhalte über das Vehikel der praktischen Anwendung in einer intensiven Simulation in diplomatischer Atmosphäre verarbeitet. Insgesamt bot die Lehrveranstaltung durch ihren transdisziplinären Charakter einen sehr effektiven Ansatz, die Strukturen und Prozesse einer Welt zu verstehen, welche in ihrer Komplexität historisch gewachsen ist.

In the presented course students focused on the complex system that constitutes international negotiations on climate and development. The diversity of the learners enabled students to work in teams of mixed disciplinary and regional character. In preparation for the final two-day conference, the students analyzed the systemic and historical backgrounds of different stakeholders; this allowed for a multi-perspective, in-depth learning experience. Considering the complexity of the topic, experiential learning using negotiation as primary setting proved to be a useful design of the learning process. The students were able to apply the theoretical knowledge they had obtained in an intensive simulation in the atmosphere of diplomatic negotiation. Overall, the trans-disciplinary course was particularly effective in creating learning opportunities to understand the structures and processes of governing international relations, and their historical evolution.

1. Ausgangslage, Herausforderungen und Motivation[1]

Der Wunsch, optimale Lernbedingungen zu schaffen war grundsätzliche Motivation hinter der Konzeptionierung dieser Lehrveranstaltung. Dabei wurde ein konstruktivistisches Konzept der Wissensaneignung umgesetzt. Die Autoren dieses Beitrages waren als Leiter zu gleichen Teilen in allen Phasen von Vorbereitung, Durchführung und Nachbereitung des Kurses beteiligt und reflektieren in diesem Beitrag Einsichten und Herausforderungen ihrer Arbeit.

Die Grundidee, eine Veranstaltung mit Studierenden von mehreren Universitäten abzuhalten ist nicht neu, ebenso wenig wie Team-Teaching durch verschiedene Lehrende. Die Intensität einer solchen Zusammenarbeit im Laufe des Wintersemesters 2013, ist jedoch bereits hervorzuheben. Die Trainer setzten auf die entstehenden Synergieeffekte, wenn Studierende aus verschiedenen fachlichen Hintergründen und Ländern in Gruppen über das gesamte Semester die Positionen bestimmter Stakeholder (etwa Vertreter Russlands oder Nigerias) vorbereiten und vertreten sollen. Neben der Übung klassischer wissenschaftlicher Fertigkeiten, wie etwa dem Führen von Experteninterviews oder dem Anfertigen von Positionspapieren, war die Hauptaktivität eine zweitägige Simulation am Sitz der Vereinten Nationen in Wien. Dort waren die Studierenden gefordert, unter der Beobachtung von externen Gästen und Mitarbeitern von internationalen Organisationen ihre Positionen möglichst authentisch zu vertreten.

Bedingt durch die positiven Erfahrungen mit Simulationen in früheren Kontexten waren wir uns rasch über ihren Einsatz als optimaler Lernmethode einig und organisierten die Konferenz-Simulation als Kulminationspunkt des Kurses. Weiterhin war es uns wichtig, dass die Studierenden nicht nur den Seminarraum mit den Trainern als Bühne zur Verfügung hatten, sondern mit der „wirklichen Welt“ interagierten. Die Zusammenarbeit mit verschiedenen Institutionen, wie beispielsweise mit dem United Nations Environmental Program, dem österreichischen Außenministerium und zahlreichen NGOs wurde auch mit Gastvorträgen gefördert.

Durch die Zusammenarbeit mit dem Österreichischen Berufsverband für Dolmetscher und Übersetzer war es den Studierenden möglich, in bis zu 11 Sprachen zu

[1] In veränderter Form sind Teile dieses Artikels auch in der im Januar 2014 erschienenen Publikation Gruber, W., Köhler, S. (2014). Aktives (Er)lernen interdisziplinärer Inhalte und Praxisumsetzung im Rahmen eines Planspiels im ZHW-Almanach zu finden.

sprechen und simultane Übersetzungen über Kopfhörer zu empfangen. Dies und die Anwesenheit verschiedener Experten schafften eine dichte, authentische und für die Studierenden motivierende Atmosphäre. Unterstützt durch das professionelle Konferenzteam der Vereinten Nationen Wien, inspiriert durch die physischen Rahmenbedingungen in tatsächlichen Sitzungssälen und dem regen Interesse vieler Gäste und Experten arbeiteten die Studierenden in einer „realen" Atmosphäre, was sehr positiv evaluiert wurde.

Die Hauptherausforderungen für die Trainer lagen bei der unerwartet kleinen Teilnehmerzahl seitens der Studierenden, den derzeitigen institutionellen Rahmenbedingungen an den Universitäten, den Kosten für die Konferenzräume sowie der zeitlichen Intensität der Vorbereitung.

Die Herausforderungen erforderten Flexibilität und Kreativität seitens der Lehrenden und werden in der jetzigen Phase der Nachbereitung für eine optimierte Durchführung im Wintersemester 2014 in die Konzeption miteinbezogen.

2. Theoretischer Hintergrund für die Implementierung konstruktivistischer Lehr- und Lernmethoden

Der Grundproblematik vieler Wissensarbeiter - der passiven Haltung vieler ihrer Teilnehmer - haben sich in den letzten Jahrzehnten diverse Lernkonzepte angenommen. Dazu passend hat sich in der Grundsatz „From Teaching to Learning" allgemein verbreitet, welcher die Neufokussierung weg von den Lehrenden hin zu den Lernenden fordert (vgl. Waldherr, Walter 2009, S. 66f.; Berendt 2005). Diese Neuorientierung soll aktives Lernen auf Seiten der Studierenden ermöglichen, aber auch verlangen

Trotz der Forderung nach zeitgemäßen Lernmethoden im Rahmen des Bologna-Prozesses, der auf die nachhaltige Veränderung der universitären Lehre im Sinne von Kompetenzorientierung abzielt (vgl. Hiller 2012, S. 2ff.), lässt die tatsächliche Implementierung vielfach noch stark zu wünschen übrig. Die Einrichtung von Hochschuldidaktik-Kompetenzzentren, welche sich nicht nur mit E-Learning beschäftigen, ist flächendeckend zumindest im deutschsprachigen Raum noch nicht abgeschlossen. Oftmals sind neue Ansätze in der Lehre individuelle Initiativen, wobei allerdings einzelne Universitäten und Fachhochschulen hervorragende Konzepte umgesetzt haben. Die meisten dieser Konzepte basieren jedoch wiederum auf intrinsischer Motivation und sind hochgradig auf das Engagement der Lehrenden angewiesen, da institutionelle Anreizsysteme zur Fortbildung weiterhin ein Problem darstellen (vgl. Hiller 2012, S. 10f.). Es ist zu erwarten dass die erwähnte Neufokussierung lediglich in geringem Umfang stattfinden wird, solange es keine positiven Anreize zur Umsetzung geben wird. Dieser Zustand ist unter anderem dem Selbstverständnis der Universitäten geschuldet, die sich primär als Forschungseinrichtungen und nur sekundär als Lernzentren sehen, womit auch die begrenzte Wertschätzung für gute Lehre verbunden ist (vgl. Hiller 2012, S. 6f.).

Dabei kann prozessorientiertes Lernen Forschung und Lehre in besonderer Weise verbinden. Die hier angewandte Lernmethode basiert auf der Erkenntnistheorie des Konstruktivismus, die davon ausgeht, dass jedes Individuum Wissen selbst konstruiert. Daher muss bezüglich des Designs der Lernsituation auf Folgendes geachtet werden:

- Beim Lernprozess wird eine eigene Sichtweise zu den Informationen aufgebaut, die sich in allen wesentlichen Teilen am Entwicklungs-, Erfahrungs- und Wissensstand der Lernenden orientiert.
- Der Lernprozess ist selbst-gesteuert, die Lernenden müssen also ihren eigenen Zugang finden dürfen, um effektiv Informationen zu verarbeiten und den eigenen Stand von Wissen und Können zu erweitern.
- Aufgrund der unterschiedlichen Ausgangszustände der Studierenden ist es wichtig, eine breite Auswahl an Methoden zur Verfügung zu haben, um individuelle Lernerfahrungen zu ermöglichen(vgl. Böss-Ostendorf, Senft 2010, S. 61f.).

Die Anforderungen an Absolventen in der Arbeitswelt sind äußerst vielfältig und haben sich in den letzten Jahrzehnten erweitert. Deshalb sind neben dem Erwerb von Fachwissen auch komplementäre Fähigkeiten in der Anwendung aufzubauen – eine speziell im Hochschulbereich schwer zu bewältigende Aufgabe (vgl. Kawalle 2012, S. 32ff.). Eine Möglichkeit ist hier das prozessorientierte Lernen (vgl. Hellmer, Smetschka 2009, S. 10ff.), welches analytisches und kreatives Denken erfordert (vgl. Holzbaur 2005, S. 2ff.). Diese Umstellung von linearem Wissenstransfer hin zu gemeinsamer Lernarbeit von Trainern und Studierenden ist herausfordernd und verlangt im Selbstverständnis beider Gruppen ein Umdenken. Die Lehrenden werden Lernbegleitern, die durch die Auswahl ihres didaktischen „Rüstzeugs" dafür verantwortlich sind, dass die Studierenden effektiv lernen können (vgl. Lehner 2011, S. 95f.). Der Aufbau einer offenen Kommunikations- und Dialogkultur, um das volle Potenzial von Studierendengruppen erschließen zu können (vgl. Langmaack, Braune-Krickau,

2010, S. 11f.), ist ebenso fixer Bestandteil der Kernkompetenzen von erfolgreichen Lernbegleitern an Hochschulen wie auch integraler Bestandteil der hier vorgestellten Lehrveranstaltung. Die Implementierung der Methode Planspiel ist ein Schritt in Richtung einer zielgruppenorientierten Didaktik und erfordert viele Planungsvorüberlegungen, auf die in weiterer Folge eingegangen wird (vgl. Fischer 2012, S. 13ff.). Wir unterstreichen in jedem Fall das Potenzial einer umfangreichen Übertragbarkeit der Methodik Planspiel auf unterschiedliche Thematiken zur maximalen Aktivierung von Studierenden (vgl. Raiser, Warkalla 2011, S. 11ff.).

2.1 Angewandte didaktische Prinzipien

Die vorgestellte Lehrveranstaltung basierte auf den Konzepten problembasierten Erfahrungslernens in Teams (im Sinne Deweys, Freires, Kolbs). Sie war eine Zusammenarbeit des Centre for Development Research an der Universität für Bodenkultur Wien und des Instituts für Internationale Entwicklung der Universität Wien. Ein besonderes Anliegen war es, die Studierenden zu selbstgesteuertem Lernen jenseits von „falsch“ und „richtig“ zu ermutigen. Neben der Beschäftigung mit den einzelnen Regionen und Akteuren wurde versucht, ein Wissensnetz über die Erde zu spannen, welches eine Verständnismöglichkeit rezenter Thematiken in der Entwicklungspolitik, Geschichte, Politik, Wirtschaft, Religion und Kultur anbot. Das Gesamtprodukt sollte den Studierenden eine möglichst reale Abbildung der hochschwierigen und oftmals frustrierenden Verhandlungen im Bereich Klima und Entwicklung bieten.

Die Selbstorganisation der Studierenden im Sinne des prozessorientierten Erfahrungslernens wurde durch die Führung eines Lernblogs, die Arbeit in gemischten Teams, alternative Präsentationsformen in Form eines Marktplatzes, Peer-Review Prozessen sowie Übungen zur Gruppendynamik gefördert.

Handlungsanleitend war für die Trainer die Verschiebung des Fokusses auf die Studierenden, was auch für die Lernenden gewohnte Rollen- und Handlungsmuster in Frage stellte.

2.2 Lernergebnisse

Insgesamt wurden sechs Lernergebnisse für den Kurs formuliert, welche hier summarisch abgebildet sind und über die in der Diskussion am Ende des Artikels noch berichtet werden wird:

- Eine Herausforderung in nachhaltiger Entwicklung beschreiben und dabei historische sozio-ökonomische und agro-ökologische Kategorien anwenden.

- Interessen bestimmter Akteure bezüglich einer Entwicklungsherausforderung recherchieren und entsprechende Lösungsstrategien erarbeiten.
- Basierend auf den jeweiligen Interessen Verhandlungsstrategien konstruieren, um internationales Handeln im eigenen Sinne zu beeinflussen.
- Erarbeiten, repräsentieren und verhandeln von Lösungsstrategien unter Anleitung durch Trainer in einer simulierten internationalen Versammlung.
- Erkennen erfolgreicher Kommunikationswege zur Förderung von Veränderungsprozessen.
- Teilnahme an einem Multi-Stakeholder Prozess, um strategisches und kommunikatives Handeln zu erleben
- Erfassen und reflektieren des komplexen Systems internationaler Verhandlungen.

3. Beschreibung der Lehrveranstaltung

Insgesamt war das Arbeitsprogramm in vier wesentliche Schritte unterteilt: Erstens wurden in einer Eingangsphase von den Trainern und geladenen Experten wesentliche inhaltliche Inputs gegeben und vertieft. In einem zweiten Schritt wurden dann die Positionen der zu repräsentierenden Akteure erarbeitet und in mehreren Reflexionsschleifen adaptiert. Im dritten Arbeitsschritt wurden in der Simulation diese Inhalte praktisch verwendet und so auf ihre „Tauglichkeit“ geprüft. In der Debriefing-Phase stand die Reflexion im Vordergrund, um die Erfahrungen des Semesters zu verarbeiten.

Die Studierenden wurden durch diese Vorgehensweise dazu befähigt, wissenschaftlich fundierte Standpunkte zu Herausforderungen der nachhaltigen Entwicklung auszuarbeiten. Darauf aufbauend sollten sie klare Positionen basierend auf Interessen der Gesellschaften in spezifischen Teilen der Welt formulieren. Schließlich wurde während eines Planspiels im Vienna International Center über die (Un-)Vereinbarkeit dieser verschiedenen Interessen verhandelt. Das Leitthema der Veranstaltung 2013 war die „Einbettung der Auswirkungen des Klimawandels in Sustainable Development Goals“.

Indem die Studierenden selbstorganisierte Forschung betrieben, stellten sie den Bezug vom vorgegebenen Leitthema zum historischen sozio-ökonomischen und agrar-ökologischen Hintergrund einer spezifischen Region (wie beispielsweise Äthiopien) her. Durch die Repräsentation einer Region und deren Interessen entwickelten die Studierenden Vorstellungen für Lösungen, um sich mit der Herausforderung (beispielsweise Energieproduktion, Wasserverfügbarkeit) adäquat zu befassen. Durch das Verhandeln mit anderen regionalen Repräsentanten (beispielsweise Indien) erfuhren die Studierenden die Komplexität solcher Kommunikation in einer „realen“ Situation. Basierend auf den Verhandlungen in der Planspielsituation einigten sich die Studierenden auf ein Abschlussdokument (im Anhang). Zum Abschluss wurde das komplexe System von internationalen Interessen in der Entwicklungspolitik anhand der Erfahrungen reflektiert.

3.1 Spezifisches methodisches Vorgehen

Prägend für diesen Kurs ist dessen Positionierung als Wahlfach innerhalb der Curricula beider Universitäten, was den Kurs für aufwandsökonomisch denkende Studierende weniger attraktiv macht. Einen großen Mehrwert hatte jedoch die Teilnahme vieler internationaler Studierender mit entsprechendem kulturellen und sprachlichen Hintergrund. Dieser Effekt zeigte sich auch in der Zusammenarbeit mit den Dolmetschern, da diese ihre praktischen Fähigkeiten des Simultandolmetschens auch in exotischeren Sprachen wie Dänisch, Rumänisch oder Kroatisch schärfen konnten. Arbeitssprache des Kurses war Englisch.

In der ersten Einheit des Kurses wurde die Gruppe mit Hilfe einer Kennenlernrunde und einem Weltcafé an die Thematik der Lehrveranstaltung herangeführt. So wurde früh die Barriere des „Sprechens“ durchbrochen (vgl. Langmaack, Braune-Krickau 2010, S. 190ff.). Es wurde eine begrenzte Anzahl an Fragen gestellt, die dann in kollektiver Denkanstrengung in Form eines Brainstormings auf Plakaten bearbeitet und durch Moderatoren kurz präsentiert wurden. So wurden die sehr unterschiedlichen Vorkenntnisse der Studierenden transparent, was es den Trainern erlaubte, gezielt spezifischen Ungleichgewichten zu begegnen.

Ein Mittel hierzu war die Einteilung der Gruppen, welche das gesamte Semester zusammenarbeiteten. Die Studierenden erstellten hierfür eine Präferenzliste, in der sie ihre bevorzugt darzustellenden Akteure angeben konnten. Die Trainer wägten bei der Zusammenstellung die individuellen Präferenzen und die zu erwartende Lern- und Gruppendynamik ab. Möglich war für die Studierenden die Auswahl sowohl von Vertretern geographischer Regionen als auch diplomatischer Repräsentanten der dortigen Kernländer. Weiterhin war es möglich Interessensvertreter von Handel und Industrie, Bauernvereinigungen oder NGOs darzustellen. Eine dritte Kategorie fand sich in der Möglichkeit, als Vertreter internationaler Organisationen wie dem United Nations Environmental Program, der Weltbank oder des Internationalen Währungsfonds aufzutreten.

Als erste individuelle Aufgabe erstellten die Studierenden ein Persönlichkeitsposter, um Erwartungshaltungen, sowohl im inhaltlichen als auch im sozialen und persönlichen Bereich, abzufragen. Der Zweck für die Trainer ist das Abholen der Studierenden mit ihren Interessen und Erwartungen. Gleichzeitig wurde durch den offenen Zugriff auf die Poster das gegenseitige Kennenlernen gefördert. Kreatives Arbeiten wurde ausdrücklich gewünscht und besonders schöne Umsetzungen wurden positiv hervorgehoben.

Im Laufe des Semesters und um die Fortschritte der Studierenden erlebbar zu machen, kam die „adaptierte Marktplatzmethode" als alternative Präsentationsform zum Einsatz. Vier Lerngruppen pro Einheit stellen dabei ihre Fortschritte in Form eines Kurzreferates vor. Jeweils zwei Gruppen präsentieren dabei parallel ihre Ergebnisse, wobei das Publikum der Studierenden sich aktiv für einen der Vorträge entscheiden muss, um dann Feedback zu geben Auf diese Weise werden die Zwischenergebnisse der einzelnen Gruppen nicht zeit-füllend auf eine komplette Einheit langatmigen Frontalunterrichts gedehnt.

Zur Vorbereitung dieser Referate trifft sich die Lehrveranstaltungsleitung idealerweise eine Woche vor dem Präsentationstermin mit den vortragenden Studierendengruppen, um sich das Konzept und die geplante Vorgehensweise schildern zu lassen. Als zeitlicher Mindestrahmen für solch ein informelles Treffen ist eine halbe Stunde vorzusehen. Während des Gesprächs wird sowohl inhaltlich als auch organisatorisch auf die Möglichkeiten der Präsentation eingegangen, wodurch der persönliche Kontakt zwischen Studierenden und Trainern gestärkt wird. Für den adaptierten Marktplatz werden die Studierenden ermutigt, eine optimal auf sie abgestimmte Form zu finden (bspw.: Improvisationstheater, Podiumsdiskussion, usw.). Die Faustregel „alles außer Powerpoint" hat sich als sehr wirkungsvoll erwiesen, da die Wissensaufnahme durch aktive eigene Auswahl des Inhaltes und der Form nachhaltiger passiert.

Nach den parallelen Präsentationen leiten zwei freiwillige Studierende eine Plenumsdiskussion, welche dann die zweite Hälfte der Lehrveranstaltungseinheit von 90 Minuten umfasst. Wichtig ist dabei, dass die Studierenden nach den beiden Präsentationen einige Minuten bekommen um sich in Murmelgruppen (vgl. Waldherr, Walter 2009, S. 35) miteinander zu beraten, dann die zwei Moderatoren einen kurzen Überblick über die gehörten Themen geben und anschließend in die Plenumsdiskussion überleiten. Die Trainer sind dabei nur in einer helfenden Expertenfunktion eingebunden, das Hauptaugenmerk liegt auf der Selbstorganisation der Studierenden. Damit alle Gruppen verpasste Inhalte nachvollziehen können, wird später als Arbeitsauftrag eine schriftliche Ausarbeitung der Präsentation durch die Gruppen online allen Teilnehmern zur Verfügung gestellt. Die Studierenden erhalten zu ihrer Präsentation auch ein schriftliches Feedback von den Trainern.

Insgesamt besitzt diese Methode relevante Vorteile gegenüber herkömmlichen Präsentationsformen. Das Präsentieren vor großen Gruppen fällt vielen Studierenden gerade zu Anfang ihres Studiums sehr schwer. Deshalb erweist sich diese Methode als hilfreich, da sie große Gruppen aufspaltet – haben die gleichen Gruppen im Semester mehrfach die Möglichkeit zu präsentieren, können selbstreflexiv und durch das Feedback von Kollegen und Trainern Verbesserungen vorgenommen werden. Ebenso ist die Aufmerksamkeit des jeweiligen Plenums gesichert, da die aktive Auswahl einer Präsentation eine bewusste Entscheidung erfordert und die Studierenden körperlich und geistig in Bewegung versetzt. Die abschließende Plenumsdiskussion bietet dann noch einmal den Raum, offene inhaltliche Fragen anzuschneiden und diese entweder mit Hilfe des kollektiven Wissens der Studierenden oder der Trainer zu klären.

3.2 Leistungsbeurteilung

Zur Benotung verwendeten die Trainer ein Punktesystem, welches verschiedene Komponenten der Mitarbeit gewichtete. Hier wurden sowohl schriftliche als auch mündliche Noten, individuelle Leistungen und Gruppenleistungen, aber auch substanzielle Selbstbenotung einbezogen. Insgesamt hat sich dieses Modell sehr gut bewährt und kann weiterempfohlen werden.

Die Benotung wurde den Studierenden detailliert aufgeschlüsselt im Online-Lernsystem zur Verfügung gestellt. Der Ansatz der Selbstbenotung durch die Studierenden wurde positiv erlebt, und die selbst zugeteilten Punkte entsprachen durchgängig dem Eindruck der Trainer und Beobachter.

Aktivität und Umfang	Leistungsart	Beurteilung	Maximale Punktzahl
Persönlichkeitsposter (eine DIN A4 Seite)	Individuell	Trainer	10
Lernblog (sieben Einträge mit einem Minimum einer halben DIN A4 Seite)	Individuell	Trainer	14
Inhaltliche Vorbereitung und Engagement während der Simulation	Individuell	Selbstbenotung	46

Aktivität und Umfang	Leistungsart	Beurteilung	Maximale Punktzahl
Peer-Review (~8000 Zeichen)	Gruppe	Trainer	10
Research Paper (~28000 Zeichen)	Gruppe	Trainer	45
Positionspapier (~8000 Zeichen)	Gruppe	Trainer	15

Tab. 1: Punktesystem zur Benotung

Die 140 insgesamt zu erreichenden Punkte wurden durch einen Prozentschlüssel in das österreichische Notensystem übersetzt:

50.0 - 62.5 % = 4

62.6 - 75.0 % = 3

75.1 - 87.5 % = 2

87.6 - 100 % = 1

4. Simulation

Die Simulation war als Kulminationspunkt mehrmonatiger Vorbereitungen seitens der Trainer und Studierenden ein Ereignis, welches sich durch die Konzentration auf die jeweiligen Aufgaben, freudige Nervosität und Angespanntheit und schließlich zufriedene Erschöpfung auszeichnete. Kurz gehen wir daher auf die verschiedenen Phasen der Simulation ein, um ein besseres Bild dieses Ereignisses zu geben, verweisen aber gleichzeitig auf verschiedene Berichte seitens der UN und der Institute, um sich auch visuelle Eindrücke zu erschließen (vgl. BOKU 2013; Rainer 2014; UNIS Vienna 2014).

Das Ziel der Konferenzsimulation war das Erarbeiten eines gemeinsamen Schlussdokuments, ähnlich einer Resolution.

4.1 Vorbereitung

Auf Seiten der Lehrveranstaltungsleitung ist die Zusammenstellung des begleitenden Beobachterteams zur unterstützenden Evaluierung der Studierenden während des Konferenztages unerlässlich. Die externen Beobachter sind darüber hinaus in die organisatorische Einzelvorbereitung bezüglich Technik und Ausstattung eingebunden. Besonders in Bezug auf das Team wurden im Laufe der Jahre Veränderungen, sowohl in der Zusammensetzung, als auch der Anzahl und der inhaltlichen Aufgaben vorgenommen. Initial bestand das Team ausschließlich aus einer Reihe von Kollegen, die mit Hilfe ihrer inhaltlichen Expertise nicht nur beobachteten, sondern sich auch - wenn nötig - korrigierend an Verhandlungen beteiligten. Mittlerweile besteht das Team zum größeren Teil aus Studierenden, welche ähnliche Simulationen in früheren Semestern bereits absolviert haben und durch außergewöhnliche Kenntnisse und Mitarbeit hervorstachen. Die Rolle der Teams wurde im Gegensatz zu alternativ durchgeführten Simulationen auf reines Beobachten reduziert – die Ergebnisse werden dann in Nachbesprechungen und schriftlichen Berichten den Trainern mitgeteilt, welche diese wiederum für die Studierenden zusammenfassen. Es ist ein besonderer Anreiz für die Studierenden, sich durch besondere Leistungen für die Beobachterrolle in einem der nächsten Semester zu qualifizieren. Weiters hervorzuheben ist die besonders zeitintensive Akquise und Koordination der externen Experten für Gastvorträge während der Simulation.

4.2 Durchführung

Einen genauen Simulationsablauf kann man im Anhang nachvollziehen. Wir wollen hier nur auf einige besondere Aspekte eingehen.

Grundsätzlich war der jeweilige Simulationstag (8.30 bis 17.00 Uhr) in Phasen im großen Plenum und in intensive Gruppenverhandlungen eingeteilt. Innerhalb der Plenumsphasen wurden verschiedene Aktivitäten durchgeführt, von der Kurzpräsentation der Standunkte durch die Gruppen (Umgang mit Energie, Nutzung von Wasser, Nachhaltige Landwirtschaft, Klimamigration, Landdegradierung) bis hin zu den öffentlichen Verhandlungen über Formulierungen des zu erarbeitenden Abschlussdokuments.

Zusätzlich wurden durch die Studierendengruppe „United Nations Environmental Program“, welche die Moderation der beiden Tage übernahm, verschiedene Vorträge externer Experten eingebunden. Jederzeit konnten die Studierenden auf die professionellen Dolmetscher zurückzugreifen, und in allen Phasen des Plenums in ihren jeweiligen Muttersprachen diskutieren.

In den Phasen der Gruppenverhandlungen verlagerten sich die Aktivitäten der Studierenden in Nebenräume, wo temperamentvoll diskutiert wurde. Die Simulation zeichnete sich besonders durch ein hohes Maß an Konzentration und Motivation aus, um den „eigenen“ Standpunkt in das Schlussdokument zu bringen. Dieser Motivationsmoment ist ein Schlüsselelement der Lernstrategie Konferenzsimulation.

Das freiwillige Engagement der Beoachter und Gäste trug wesentlich dazu bei, ernsthaft und konstruktiv zu arbeiten.

4.3 Debriefing

Im Anschluss an die Simulation erfolgte eine erste Feedbackrunde, welche in der abschließenden Einheit vertieft wurde. Sowohl mündliches als auch schriftliches Feedback hatten den Zweck, den Lerngewinn zu sichern (vgl. Kriz, Nöbauer, S. 2ff.). Die Studierenden hatten auch die Möglichkeit, den Trainern umfassend mündlich und schriftlich Rückmeldungen zu geben.

Die Zusammenfassung und Diskussion der Erfahrungen des Planspiels müssen als integrale Bestandteile von Simulationen betrachtet werden und stehen auf der gleichen Ebene wie die Vorbereitung und Durchführung.

Das Feedback zeigte, dass das Einnehmen von Rollen als Staatenvertreter, Lobbyisten und anderer Akteure das Aneignen von Fachwissen, die Kreativität, das Handlungswissen und die Sozialkompetenz auch im Erleben der Studierenden reiche Lernmöglichkeit bot. Die Studierenden mussten sich ihres eigenen kulturellen und fachlichen Hintergrunds bewusst werden, um sich in andere Akteure einfühlen zu können.

Das Erleben der Studierenden spiegelt sich in der Zusammenfassung einer Studierenden: „An diesem Tag, der zweifelsohne eines der Highlights des Wintersemesters ist, hatten wir die Chance, eine fast echte Generalversammlung in der echten UNO zu simulieren[..]. Denn Diplomatie unter dem Motto „Learning by Doing“ ermöglicht es den Studierenden, wertvolle persönliche Erfahrungen im Diskutieren globaler Herausforderungen, im öffentlichen Reden sowie in der Entwicklung von Verhandlungsgeschick in einer Simulationsumgebung zu gewinnen. “(Arbeithuber 2013).

4.4 Nachhaltigkeit von Simulationen im universitären Kontext

Unsere Erfahrungen bestätigen, dass Simulationen eine hervorragende Möglichkeit bieten, schwer miteinander vereinbare Ziele und komplexe Lerninhalte in Einklang zu bringen (vgl. Böss-Ostendorf, Senft 2010, S. 227f.). Die Methode ermöglicht das „spielerische“ Einsetzen erlernten Wissens und fördert die Fähigkeit zum Perspektivenwechsel in handlungsbezogenen Situationen. Das Ziel der besprochenen Simulation, selbstverantwortlich ein Schlussdokument zu erstellen, welches möglichst umfassend die „eigenen“ Interessen beinhaltet, war äußerst effektiv, um die Studierenden zur inhaltlichen Vorbereitung und zum ernsthaften Verhandeln zu motivieren. Grundsätzlich haben Planspiele das Potenzial, in gleichem Maße Sozial-, Organisations-, Präsentations- und Handlungskompetenz der Studierenden zu steigern. Die Anwendbarkeit und Adaptierbarkeit auf vielfältige Szenarien und wechselnden Teilnehmerzahlen von Klein- bis zu Großgruppen sind ebenfalls als Stärke zu betrachten. Ebenso kann die Dauer von Planspielen erheblich variiert und an die Realitäten des Lehralltags angepasst werden.

Der Einsatz von Planspielen bietet also eine Möglichkeit, sich Herausforderungen der universitären Lehre aktiv zu stellen (fehlende Studierendenbeteiligung, wenig nachhaltige Implementierung von Lerninhalten, fehlende Verbindung von Theorie und Praxis, etc.; siehe Schwägele 2012, S. 42f.) Planspiele sind jedoch kein Allheilmittel, da sie erhöhte Flexibilität und scheinbar höhere Kosten als klassische Lehrveranstaltungen erfordern. Die Umsetzung trifft in einer komplexen und historisch gewachsenen Lehrlandschaft auf Wohlwollen, aber auch auf Widerstand. Die anspruchsvolle Aufgabe besteht daher in der Adaptierung des Ansatzes für verschiedene Lernfelder, wobei Planspiele als Teil einer Gesamtstrategie zu sehen sind, welche die Qualität der Lehre an Universitäten steigern kann (vgl. Hitzler, Zürn, Trautwein 2011, S. 108ff.).

5. Diskussion der Ergebnisse und Perspektive

Die Simulation als singuläres Ereignis hätte kaum den gewünschten Effekt erzielt, wenn keine Einbettung in verschiedene didaktische Methoden erfolgt wäre. So konnten die Studierenden in ihren eigenen Geschwindigkeiten und mittels ihrer eigenen Techniken Wissen und Erfahrungshorizonte erweitern.

Die Rückmeldung der Studierenden zeigt eine positive Einstellung gegenüber dieser praktischen Umsetzung konstruktivistischer Lerntheorien.

Eine systematische Auswertung der Evaluierungsergebnisse konnte aufgrund der Aktualität der letzten Durchführung noch nicht vorgenommen werden, weshalb wir exemplarische Schlaglichter von Studierenden hier anführen (als Originalkommentare in Englisch):

> *„It was a great experience. I am thankful for that. I appreciate that people go such a way and create space in the current university system. Thank you for that and keep going on this way.“; „I can imagine to work for the UN now.“; „Thank you for all your hard work. This has been a fantastic experience, it has impacted me greatly.“*

Die Frage nach der Messbarkeit von fachlichen Ergebnissen im Rahmen des

Planspiels ist berechtigt, wird jedoch von Birgmayer folgendermaßen beantwortet: „Bewertungen von Planspielergebnissen stellen einen Widerspruch zum Lernen in Planspielen dar und sollten nur beschränkt eingesetzt werden.“ (Birgmayer 2011, S. 54). Grundsätzlich schließen wir uns dieser Meinung an, haben jedoch durch den Einsatz von Beobachtern präzisen Eindruck von der Gruppendynamik, der Verhandlungstiefe, dem persönlichen Engagement und der fachlichen Expertise der Studierenden gewinnen können.

Der angesprochene Ausbau von Sozialkompetenzen lässt sich direkt nach der Lehrveranstaltung ebenfalls nicht in Zahlen fassen und beruht auch im Wesentlichen auf der Selbsteinschätzung der Studierenden, die auch eine ausführliche Schlussreflexion verfassen müssen.

Insgesamt wird diese Lehrveranstaltung basierend auf den Rückmeldungen dynamisch weiterentwickelt und sorgt so für die von Kriz geforderten qualitätssichernden Evaluationsschleifen (vgl. Kriz 2011, S. 29ff.). Perspektivisch ist dieses Projekt von hohem Interesse in der Politik, Zivilgesellschaft und Wissenschaft in Österreich und ermöglicht so Studierenden gute Ausgangsbedingungen für einen Wissensgewinn. Die Autoren sind zuversichtlich, mit der Methode Planspiel weiterhin gute Erfolge zu erzielen.

Als weiterführende Konsequenz muss die Fokussierung auf die Lernenden weiter betont werden, womit prozessorientiertes Lernen Gegenstand von Forschung als auch von Lehre ist. Die Anwendung des angesprochenen breiteren Methodenpools wäre gleichbedeutend mit einer tatsächlichen Aufwertung des Bildungsauftrages an Hochschulen. Schließlich sollte die Wissensvermittlung eines der wesentlichen Elemente einer Hochschule sein und die Studierenden folgerichtig in den Mittelpunkt dieses Bildungsauftrages stellen.

Downloads

Unter https://zms.dhbw-stuttgart.de/fileadmin/Redaktion/Planspielplus/Literatur/2014/Gruber__Probst_2014_Downloads.zip stehen die folgenden Dokumente zum Download:

- Semesterprogramm
- Simulationsprogramm
- Abschlussdokument der Simulation

Literaturverzeichnis

Arbeithuber C. (2013): Die IE in der UNO – „Model United Nations Conference". Online verfügbar unter: http://ie.univie.ac.at/neuigkeiten/aktuelles-einzelansicht/article/die-ie-in-der-uno-model-united-nations-conference/?tx_ttnews[backPid]=92503&cHash=f5c86909f6ba4537f2969857f6a1efe9, zuletzt geprüft am 02.01.2014.

Berendt B. (2005): The Shift from teaching to Learning – mehr als eine „Redewendung": Relevanz – Forschungshintergrund – Umsetzung. In: Welbers U., Gaus O. (Hg.): The Shift from teaching to Learning. Konstruktionsbedingungen eines Ideals. Bielefeld: Bertelsmann Verlag.

Birgmayer R. (2011): Planspielleistungen beurteilen – ein Widerspruch? In: Hitzler S., Zürn B., Trautwein F. (2011): Planspiele – Qualität und Innovation. Neue Ansätze aus Theorie und Praxis. Norderstedt: Books on Demand GmbH.

BOKU (2013): Tough negotiations. Online verfügbar unter: http://www.boku.ac.at/top-stories.html?&no_cache=1&L=1&tx_ttnews[tt_news]=6788&tx_ttnews[backPid]=2&cHash=531fe5cf64d4395e5e9b1d5b6a427957, zuletzt geprüft am 02.01.2014.

Böss-Östendorf A., Senft H. (2010): Einführung in die Hochschullehre. Ein Didaktik-Coach. Opladen&Farmington Hills: Verlag Barbara Budrich.

Fischer C. (2012). Von der Idee zum Planspiel. In: Schwägele S., Zürn B., Trautwein F. (Hg.): Planspiele – Trends in der Forschung. Norderstedt: Books on Demand GmbH.

Hellmer S., Smetschka B. (2009): Prozesskompetenz entwickeln, Veränderung gestalten. Prozessorientiertes Lernen in Unternehmen und Universitäten. Heidelberg: Verlag für Systemische Forschung im Carl-Auer Verlag.

Hiller G. G. (2012): Anreize zur Etablierung einer neuen Lehr-Lernkultur an Hochschulen. In: Zeitschrift für Hochschulentwicklung, Jg.7, Nr.3. Online verfügbar unter: http://www.zfhe.at/index.php/zfhe/article/view/436/510, zuletzt geprüft am 02.01.2014.

Hitzler S., Zürn B., Trautwein F. (2011): Optimierung und Intensivierung des Einsatzes von Planspielen an Hochschulen. In: Hitzler S., Zürn B., Trautwein F. (Hg.): Planspiele – Qualität und Innovation. Neue Ansätze aus Theorie und Praxis. Norderstedt: Books on Demand GmbH.

Holzbaur U. (2005): Spieltheoretische Aspekte im Planspiel. Optimierung, Entscheidung, Strategie. In: Bundesinstitut für Berufsbildung. Online verfügbar unter: http://www.bibb.de/dokumente/pdf/1_14.pdf, zuletzt geprüft am 02.01.2014.

Kawalle S. (2012): Planspiele – methodische Alternative im Fach „Internationale Beziehungen"? In: Schwägele S., Zürn B., Trautwein F. (Hg.): Planspiele – Trends in der Forschung. Norderstedt: Books on Demand GmbH.

Kriz W. C. (2011): Qualitätskriterien von Planspielanwendungen. In: Hitzler S., Zürn B., Trautwein F. (Hg.): Planspiele – Qualität und Innovation. Neue Ansätze aus Theorie und Praxis. Norderstedt: Books on Demand GmbH.

Kriz W. C., Nöbauer B. (2003): Den Lernerfolg mit Debriefing von Planspielen sichern. In: Bundesinstitut für Berufsbildung. Online verfügbar unter: http://www.bibb.de/dokumente/pdf/1_08a.pdf, zuletzt geprüft am 02.01.2014.

Langmaack B., Braune-Krickau M. (2010): Wie die Gruppe laufen lernt. Anregungen zum Planen und Leiten von Gruppen. Weinheim, Basel: Beltz-Verlag.

Lehner M. (2011): Viel Stoff – wenig Zeit. Wege aus der Vollständigkeitsfalle. Bern, Stuttgart, Wien: Haupt Verlag.

Raiser S., Warkalla Björn (2011): Konflikte verstehen. Planspiele und ihr Potenzial in der Lehre der Friedens- und Konfliktforschung. In: Zentrum für Konfliktforschung der Philipps-Universität Marburg. Online verfügbar unter: http://www.uni-marburg.de/konfliktforschung/pdf/workingpapers/ccswp13.pdf, zuletzt geprüft am 02.01.2014.

Rainer, J. (2014): UNO-Simulation „Embedding Climate Change in the Sustainable Development Goals".Online verfügbar unter: http://ie.univie.ac.at/neuigkeiten/aktuelles-einzelansicht/article/uno-simulation-embedding-climate-change-in-the-sustainable-development-goals/?tx_ttnews[backPid]=92503&cHash=25b812921bc4ab5b6b7d0004f146894c, zuletzt geprüft am 02.01.2014.

Reich K. (2008): Konstruktivistische Didaktik. Lehr- und Studienbuch mit Methodenpool. Weinheim und Basel: Beltz Verlag.

Schumacher, E.-M. (2011): Schwierige Situationen in der Lehre. Methoden der Kommunikation und Didaktik für die Lehrpraxis. Opladen&Farmington Hills: Verlag Barbara Budrich.

Schwägele S. (2012): Integriertes Lernen mit Planspielen. In Schwägele S., Zürn B., Trautwein F. (Hg.): Planspiele – Lernen im Methoden-Mix. Integrative Lernkonzepte in der Diskussion. Norderstedt: Books on Demand GmbH.

Stahl, E. (2007): Dynamik in Gruppen. Handbuch der Gruppenleitung. Weinheim, Basel: Beltz-Verlag.

United Nations Information Service Vienna (2014): „Ein Einblick in die Realität." Online verfügbar unter: http://www.unis.unvienna.org/unis/de/events/2013/mun_university_vienna.html, zuletzt geprüft am 02.01.2014.

Waldherr, F., Walter, C. (2009): didaktisch und praktisch. Ideen und Methoden für die Hochschullehre. Stuttgart: Schäffer-Poeschel Verlag.

Yossinger, S. N. (2013): „What is Model UN? And why you should care." Online verfügbar unter: http://iipdigital.usembassy.gov/st/english/publication/2012/07/2012073142614.html#axzz2lSH4DnI0, zuletzt geprüft am 02.01.2014.

Planspiel und Wirtschaftsenglisch im Trainerdoppel

Konzeptionierung, Umsetzung und Reflexion eines bilingualen Trainings

Torsten Forberg, Silvia Scheinert

Fachsprache und Wirtschaft werden häufig isoliert voneinander gelehrt. Das hier vorliegende Konzept soll dazu beitragen, dass Sprachkompetenz und betriebswirtschaftliches Fachwissen in der Tiefe vernetzt und längerfristig wirksam werden. Vorgestellt werden generalistisch angelegte betriebswirtschaftliche Fachinhalte und der didaktische Hintergrund, insbesondere Kriterien, die bei Gestaltung und Evaluierung von Lehr-Lern-Arrangements erfüllt werden sollten. Neben einer Kurzbeschreibung von Materialien, Abläufen und Methoden wird eine Klassifizierung der vielschichtigen Dimensionen von Lehr-Lern-Zielen vorgenommen und angewendet. Ein konkreter Einsatz an einer sächsischen Berufsakademie wird beschrieben und reflektiert. Erste „Lessons Learned" umfassen Punkte wie die Eingangsvoraussetzungen, den Schwierigkeitsgrad, das Qualitätsbewusstsein und die Notwendigkeit einer Zertifizierung der erworbenen Qualifikation. Ein Ausblick auf die Weiterentwicklung des Konzeptes und verschiedene Einsatzmöglichkeiten schließen diesen Beitrag ab.

Technical language and business skills are often taught separately from each other. The concept presented here is designed as a contribution to link language competencies and business specialist knowledge in depth and to turn these combined skills into sustainable, ready-to-use skills with a long-term effect. General business contents and their didactic background are presented, especially those criteria that should be met when designing or evaluating trainer-learner settings. A short description is given of the materials used, the processes and methods applied. Furthermore, the multiple dimensions of the teaching aims and learning objectives are classified and then implemented. The concrete use of the concept at the Sächsische Berufsakademie is described and reflected upon. First "lessons learned" comprise issues such as the knowledge required to participate in the training, the level of difficulty, as well as the quality awareness and the necessity of a certification of the acquired qualification. The article concludes with an outlook on the further development of the concept and its various applications.

1. Hintergrund

Bestandteile klassischer betriebswirtschaftlicher Studiengänge sind – auch bei unterschiedlichen Vertiefungsrichtungen, Differenzierungen und Bezeichnungen – im Wesentlichen die Teildisziplinen Grundlagen der Betriebswirtschaftslehre, Kosten- und Leistungsrechnung, Buchführung, Beschaffung, Lager, Produktion/Leistungserstellung, Absatzwirtschaft, Marketing, Investition und Finanzierung, Personalwirtschaft sowie Management/Controlling. Diese werden in der Regel aufeinander folgend durch Lehrveranstaltungen der Semester 1 bis 5 oder 6 und üblicherweise in der Muttersprache der Studierenden abgedeckt.

Die auf dem Arbeits- und weiterführenden Bildungsmarkt häufig notwendige Sprachkompetenz Englisch wird je nach Schwerpunktsetzung der Studiengänge durch Lehrveranstaltungen in General English und Business English trainiert. Problematisch erscheint, dass Sprache und Wirtschaft in Curricula häufig isoliert voneinander gelehrt werden - Wirtschaft in der Muttersprache von Kaufleuten (keine Sprachdozenten) und Englisch in der Fremdsprache durch Sprachdozenten (keine Kaufleute). Damit ist zwar der Ausbau von Kompetenzen in Sprachen und/oder Wirtschaft möglich, mangels Verknüpfung bleiben diese Kenntnisse jedoch häufig „träges Wissen“. Der bereits von Whitehead (1929, S. 13) geprägte Begriff bezeichnet Wissen, das „merely received into the mind without being utilised, or tested, or thrown into fresh combinations“ und damit mangels Anwendung und Verknüpfung in künftigen Situationen nicht für eine nutzbringende Anwendung abrufbar ist.

Das hier vorliegende Konzept soll dazu beitragen, dass Sprachkompetenz und betriebswirtschaftliches Fachwissen in Kombination nicht träge, sondern wirksam werden. In einem komplexen Lehr-Lern-Arrangement (vgl. Achtenhagen 2003, S. 77 und Kapitel 2) werden

- in einem ausgewogenen Methodenmix
- handlungsorientiert
- Wirtschaft und Sprache
- bilingual vertieft.

Dieser Beitrag soll das Konzept theoretisch fundieren, darstellen, reflektieren und einen Ausblick geben.

2. Theoretische Basis

Aus fachinhaltlicher Perspektive wird in diesem generalistisch angelegten Konzept kein Teilaspekt der Betriebswirtschaftslehre fokussiert, sondern jede relevante betriebliche Grundfunktion in ihren Kernaspekten berücksichtigt. Dies sind (vgl. Forberg 2008, S. 111) im Einzelnen

(1) Unternehmen im Umfeld und Unternehmensziele,
(2) betriebliche Leistungsprozesse - Beschaffung, Lager, Produktion, Absatz,
(3) Finanzwirtschaft - Investition, Finanzierung, Finanzplanung und
(4) betriebliches Rechnungswesen.

Aus didaktischer Sicht kann dieses „Komplexe Lehr-Lern-Arrangement (...) dadurch charakterisiert werden, dass (...) wirklichkeitsnahe, komplexe, vernetzte, intransparente und dynamische Problemstellungen enthalten sind. Die Lösungen dieser Problemstellungen sollen mittels Handlungen der Lernenden vorangetrieben bzw. erreicht werden können, dabei eine Beleuchtung aus unterschiedlichen Perspektiven ermöglichen sowie die Erarbeitung von strukturiertem Wissen und weitere Anwendungsmöglichkeiten eröffnen“ (vgl. Dubs 1996, S. 62; Dörner 2001, S. 59 und zusammenfassend Forberg 2008, S. 2 und 77).

Die Entwicklung von Lehrmethoden zur Vermittlung von (Fremd)sprach(en) kenntnissen war von jeher eher empirisch (vgl. Corder 1973, S. 135). Der in den 1980er Jahren entwickelte *Communicative Approach* oder *Communicative Language Teaching* (CLT) basiert auf der Idee, dass erfolgreicher Spracherwerb nur dann entsteht, wenn reale Inhalte kommuniziert werden und die Lernenden ihre natürlich erworbenen Lernstrategien anwenden, was ihnen erlaubt, die erlernten Sprachkompetenzen praktisch anzuwenden.

Michael Lewis Lexical Approach (vgl. Lewis, 1993), den er 1993 mit seinem Buch „The lexical approach: The state of ELT and a way forward.“ vorstellte, führte CLT auf gewisse Weise weiter, stellte die Methode aber gleichzeitig auch zur Diskussion. Seither wird eine angeregte Debatte geführt über die Effektivität und Angemessenheit von Lehrmethoden im Spracherwerb, so u.a. von Duncan Hunter: „The communicative methods have come under attack in recent years, perhaps most prominently for their failure to take into account local conditions (…). (vgl. Hunter 2009, S. 16).

Im bilingualen Planspiel mit Wirtschaftsenglisch wird ein innovativer Ansatz verfolgt, der nach kritischer Auseinandersetzung verschiedene methodisch-didaktische Ansätze zusammenführt und damit contents-based learning ermöglicht.

So sollten komplexe Lehr-Lern-Arrangements, um eine hohe Lernwirksamkeit zu erreichen, verschiedene Gestaltungskriterien erfüllen. The Cognition and Technology Group at Vanderbilt (1997, S. 46) fasst Folgende zusammen:

a) Lernerzentrierung,
b) Wissenszentrierung,
c) Einschätzungsorientierung und
d) Gemeinschaftsorientierung.

Achtenhagen (2003, S. 83) benennt unter Anderem

e) Komplexität und Realitätsbezug,
f) Berücksichtigung von Vorwissen und Interesse,
g) Komplexe Ziel- und Inhaltsstruktur in Verbindung mit einem advanced organizer,
h) Begriffsinhalt (Intension), begründet durch Zweckmäßigkeit (Intention),
i) Handlungsorientierung,
j) Anschaulichkeit,
k) Balance von Kasuistik und Systematik,
l) ausgewogenes Verhältnis von Einzelarbeit und Gruppenarbeit sowie
m) Berücksichtigung unterschiedlicher Wissensstrukturen.

Diese Kriterien liefern nicht nur einen theoretischen Rahmen für die zugrunde gelegte Planspieldidaktik, sondern insbesondere handlungsleitende Richtungen für die Gestaltung und Durchführung des Konzeptes und für die Evaluierung der Veranstaltungen, die aufgrund der Methodenvielfalt ein professionelles Vorgehen erfordert.

3. Konzeptionelle Umsetzung

Die erfolgreiche Umsetzung des Konzeptes erfordert eine ausgewogene Balance zwischen

- sorgfältiger unter den Trainern abgestimmter Vorbereitung und Planung der Lehrveranstaltungen und
- *On-the-fly-Sequenzen*, bei denen spontan und situationsbezogen ohne vorherige Detailplanung agiert wird.

Zentrale Inhalte, Materialien und Medien zur Durchführung sind

a) ein Unternehmensplanspiel - TOPSIM easyManagement, easyStartup, General Management, Global Management, Project Management oder Banking mit Software und Teilnehmerhandbüchern (insb. zur Einführung in den Fall) in deutscher und englischer Sprache,

b) Foliensätze für Theoriesequenzen, die in deutscher und englischer Sprache identisch sind,
c) Aufgabenstellungen – partiell in deutscher, partiell in englischer Sprache, partiell in deutscher und in englischer Sprache mit grundsätzlich inhaltlich identischen Aufgabenstellungen und
d) begleitende Unterrichtsmaterialien und Medien.

Im Planspiel übernehmen die Studierenden in Gruppen die Geschäftsführung von konkurrierenden Unternehmen mit einer gleichen Ausgangssituation/Unternehmensgröße. Im Teilnehmerhandbuch und ggf. in der Einführung der Seminarleiter können sich die neuen Geschäftsführungsteams mit den Unternehmen, mit den Bereichen und den Zahlen/Berichten vertraut machen. Die Seminarleiter übernehmen die Rollen der Gesellschafter, die ihre bis dahin ausgeführte Geschäftsführungstätigkeit aus persönlichen Gründen abgeben und nun den Teams übertragen. Diese legen den Vorsitz der Geschäftsführung fest, der auch als erster Ansprechpartner für Share- und Stakeholdergruppen gilt.

Innerhalb der Lehrveranstaltung wird ein breites Repertoire an Methoden eingesetzt. Zentrale Sequenzen sind dabei

a) Einarbeiten in das Unternehmen (bei TOPSIM easyManagement z. B. die Vallenberg Outdoor GmbH),
b) Theoriesequenzen in Vorlesungsform auf Deutsch und Englisch, teilweise in simultaner oder konsekutiver Verdolmetschung der auf Deutsch vorgetragenen Inhalte und damit als spezielle Hörverständnisübung,
c) Gruppenarbeit, anfangs auf Deutsch, später zunehmend auf Englisch: Entscheidungsfindung im Planspiel, mit Vokabeltraining im Kontext, dabei der Fokus auf Skills Training, u.a. mit den Themen Meetings, Presenting, Negotiating und mit dem Ziel einer interaktiven Wortschatzerarbeitung in der Fremdsprache bei gleichzeitiger Vertiefung der BWL-Fachkenntnisse
d) Auswertungen und Reflexionen der Planspielrunden durch die Seminarleiter,
e) Auswertungen und Reflexionen der Planspielrunden durch die Teams,
f) eine Vielzahl angrenzender Aufgaben zu Kalkulation, Buchhaltung, Marketing, Öffentlichkeitsarbeit, Statements vor Shareholdern, Bankengespräche und vieles andere mehr,
g) Sprachtest schriftlich in englischer Sprache,

h) abschließende Gesellschafterversammlung mit Fachdiskussion und Bewertung.

Aufgrund einer Vielzahl möglicher Sequenzen, verschiedenen fachlichen Inhalten in den Dimensionen

a) Betriebswirtschaft & Controlling,
b) Kommunikation,
c) Teamentwicklung und
d) Coaching/Consulting

und unterschiedlichen Schwerpunktsetzungen in deutscher und englischer Sprache ergeben sich umfangreiche Gestaltungsmöglichkeiten für ein Training innerhalb dieses Konzeptes.

Dozierende, Auftraggeber und sonstige verantwortliche Personen stehen häufig vor der Problematik, welche Kompetenzen konkret in der Veranstaltung entwickelt werden sollen. Für Akquise, Beratung und Planung wurde eine Systematik entwickelt, mit der konkrete, vorstrukturierte Bedarfe abgefragt, diskutiert, gewichtet und festgelegt werden können. Darauf basiert dann die von den Trainern zu entwickelnde angepasste Detailplanung der Lehrveranstaltung.

4. Praktischer Einsatz und Reflexion der Gestaltungskriterien

Das Konzept wurde in einem Umfang von 40 Unterrichtseinheiten im Wahlpflichtfach 5. Semester an der Berufsakademie Sachsen, Staatliche Studienakademie Riesa eingesetzt und erprobt. Auf Interesse stieß das Konzept bei einer Vielzahl von Studierenden, wobei – vermutlich aufgrund des vorab schon erkennbaren Anspruchsniveaus – die tatsächliche Teilnehmerzahl relativ gering blieb.

In den Abbildungen 1 und 2 ist ein Überblick über die Fachinhalte der Veranstaltung dargestellt.

Business English within the management simulation | TOPSIM *easyManagement*
Wirtschaftsenglisch mit dem Unternehmensplanspiel

TOPSIM-Planspiele
Learning business by doing business

Fachinhalte – kaufmännisches Grundlagenwissen

Warum sind wir heute zusammen gekommen?	„Learning Business by Doing Business"
(1) Blick aufs Ganze! Worum geht es? Was will ich? Was kann schief gehen?	Unternehmen im Umfeld, Executive Summary Ziele, Strategien und Gefährdung
(2) Wie verkaufe ich am Besten? Worauf achte ich bei Einkauf und Herstellung?	Absatz, Marketing, Marktforschung Beschaffung, Lager, Produktion
(3) Stimmt mein Preis? Lohnt sich das Ganze?	Kostenarten-, -stellen-, -trägerrechnung
(4) „Cash is King" – Wie sieht es in der Kasse aus? Wie muss ich aufzeichnen und berichten?	Finanzplanung / Finanzbericht Bilanz, Gewinn- und Verlustrechnung
(5) Kann ich erweitern? Sollte ich das tun?	Investition und Finanzierung
(6) Wie kann ich bewerten und vergleichen?	Kennzahlen zu Liquidität, Rentabilität, Stabilität
Blick zurück – was haben wir erreicht?	Zusammenfassung und Reflexion

„Ich höre und vergesse. Ich sehe und erinnere. Ich tue und verstehe." Konfuzius

Literaturhinweis: Wöhe & Döring, Einführung in die allgemeine Betriebswirtschaftslehre. München: Vahlen

© Dr. rer. nat. Silvia Scheinert   © Dr. rer. pol. Torsten Forberg

Abb. 1: Fachinhalte - kaufmännisches Grundlagenwissen

Business English within the management simulation | TOPSIM *easyManagement*
Wirtschaftsenglisch mit dem Unternehmensplanspiel

TOPSIM-Planspiele
Learning business by doing business

Contents – basic knowledge in business and commerce

Why have we come together here today?	„Learning Business by Doing Business"
(1) Getting the big picture! 'What is it all about? What do I want? What can go wrong?	Enterprise and environment, executive summary Targets, strategies and threats
(2) How do I sell best? What is to be considered at purchase and manufacturing?	Sales, marketing, market research Procurement, stocks, production
(3) Is the price right? Is it all worth it?	Cost-type, cost-center, cost-unit accounting
(4) „Cash is King" – Take a look into your purse. What to register, what to report?	Financial planning / financial report Balance sheet, profit and loss account
(5) Can I expand? Should I do it?	Investment and financing
(6) How to evaluate, how to compare?	Key indicators on liquidity, profitability, stability
Looking back – What are our achievements?	Summary and reflection

"I hear and I forget. I see and I remember. I do and I understand." Confucius .

Reference: Wöhe & Döring, Einführung in die allgemeine Betriebswirtschaftslehre. München: Vahlen

© Dr. rer. nat. Silvia Scheinert   © Dr. rer. pol. Torsten Forberg

Abb. 2: Contents - basic knowledge in business and commerce

Ein Beispiel für eine Teilnehmersequenz ist in der Abbildung 3 beigefügt.

Business English within the management simulation
Wirtschaftsenglisch mit dem Unternehmensplanspiel | TOPSIM easyManagement

TOPSIM-Planspiele
Learning business by doing business

Radio statement on taking over the management of the former Vallenberg Outdoor GmbH

A trans-regional radio station invites you to make a statement on the management takeover. Your allotted talking time is three minutes. Prepare the statement under consideration of the following aspects:

- Short profile of the new managers
- Central idea for the enterprise
- Company name
- Sales/marketing/turnover
- Balance sheet total
- Profit
- Strategy and
- Staffing of departments.

Student 1	management, human resources, sales
Student 2	r&d, procurement, inventory, production
Student 3	operational accounting

© Dr. rer. nat. Silvia Scheinert © Dr. rer. pol. Torsten Forberg

Abb. 3: Beispiel für eine Teilnehmersequenz

Das Seminar schloss mit sehr guten und guten Ergebnissen/Noten der Studierenden ab.

Im Folgenden werden die eingangs aufgezeigten Gestaltungskriterien anhand des umgesetzten Konzeptes exemplarisch reflektiert.

a) Lernerzentrierung:	Handlungsorientierung, konkrete Rolle
b) Wissenszentrierung:	Theoriesequenzen, identische Theoriefolien Deutsch und Englisch
c) Einschätzungsorientierung:	Englischtest, Bewertung der Gesellschafterversammlung, Wettbewerb
d) Gemeinschaftsorientierung:	Gruppenarbeit in Wettbewerb
e) Komplexität und Realitätsbezug:	Führung der Unternehmen, vernetzte Strukturen, Dynamik, Orientierung an realen Strukturen, z. B. Finanzbuchhaltung
f) Berücksichtigung von Vorwissen und Interesse:	Aufbau auf vorgelagerten Modulen Betriebswirtschaft, General English, Business English

g) Komplexe Ziel- und Inhaltsstruktur in...	komplexes Zielsystem des Unternehmens mit Interessenkonflikten von Shareholdern und Stakeholdern
...Verbindung mit einem advanced organizer:	Entscheidungen/Vorgaben der „alten" Geschäftsleitung
h) Begriffsinhalt (Intension), begründet durch die...	Kaufmännische Inhalte werden zur Steuerung benötigt weil...
... Zweckmäßigkeit (Intention),	das Unternehmen nicht in Insolvenz fallen darf und Gewinne erwirtschaften muss.
i) Handlungsorientierung,	Führung der Planspielunternehmen, aktive Entscheidungen notwendig
j) Anschaulichkeit,	Nachvollziehbares Produkt (bei TOPSIM easyManagement: Zelte)
k) Balance von Kasuistik	Gruppendiskussionen, Marketing, Rhetorikübungen
und Systematik	Theoriesequenzen, Strukturen, englische Grammatik
l) ausgewogenes Verhältnis von Einzelarbeit	Vokabeltraining, individuelle Ausarbeitungen
und Gruppenarbeit,	Führung der Unternehmen im Team
m) Berücksichtigung unterschiedlicher Wissensstrukturen	Definitionen (Faktenwissen), Überblick Unternehmen im Umfeld (konzeptuelles Wissen), Auswirkung von Entscheidungen, z.B. Preissenkung (prozedurales Wissen)

Diese exemplarische Darstellung verdeutlicht, dass die Anforderungen, die an komplexe Lehr-Lern-Arrangements gestellt werden sollten, in zentralen Punkten erfüllt sind, wobei explizit darauf hingewiesen wird, dass die einzelnen Punkte in weiterführenden Betrachtungen detaillierter analysiert und evaluiert werden könnten.

5. Erste „lessons learned"

Die Schwierigkeit, Unternehmen zu führen, dabei Kalkulationen, Marktforschung, Produktentwicklung, Investition und Finanzierung, Personalwirtschaft, Produktion usw. zu berücksichtigen und zu steuern, erwies sich in der Fremdsprache als noch anspruchsvoller als im Vorfeld erwartet. Es stellte sich heraus, dass die Eingangsvoraussetzungen / sprachlichen und fachlichen Kompetenzen der Teilnehmenden bei der Umsetzung der Lehrveranstaltung starke Berücksichtigung finden müssen.

Für die Umsetzung eines solchen Konzeptes ist es notwendig, entsprechende Rahmenbedingungen zu schaffen. Insbesondere die Umsetzung durch zwei Dozenten, ein angemessenes Stundenvolumen und die erforderliche Planspiellizenz verdeutlichen, dass hier – mit entsprechendem Bewusstsein der Verantwortlichen – die Qualität der Lehre vorangetrieben wird, was zu Lasten der Kosten geschieht.

Zielgruppe des Konzeptes sind leistungsmotivierte und zielstrebige Teilnehmer, die nach der hier vorliegenden Erfahrung viel Zeit und Energie investieren. Diese außerordentlichen Leistungen sollten in einem separaten Zertifikat dokumentiert werden, das sich in Relation zu den standardisierten Zertifikaten/Zeugnissen deutlich hervorhebt.

6. Ausblick

Lehrveranstaltungen mit komplexen Lehr-Lern-Arrangements verlaufen nie vollständig gleich, haben aber insb. im Bereich der Theorieanteile, der Aufgabenstellungen, der Sequenzen und der Leistungsüberprüfungen ähnliche Bestandteile. Diese gilt es, permanent zu verbessern und Erfahrungen zu integrieren. Das Gesamtkonzept steht und kann jederzeit eingesetzt werden; eine Standardisierung ist jedoch nur bis zu einem gewissen Maße sinnvoll und möglich.

Zur Evaluation der Lehrveranstaltung sind vorgegebene und vorgeschriebene Instrumente nur bedingt geeignet, sodass ein valider und reliabler Bogen unter Berücksichtigung der Kriterien aus Kapitel 2 entwickelt, getestet und kontinuierlich eingesetzt werden könnte.

Vertieft werden soll der Transfer des Konzeptes in weitere Fachbereiche von Hochschulen sowie in Unternehmen für das qualifizierte Training von Führungskräften, Nachwuchsführungskräften und fachlichen Experten – sowohl für Kaufleute/Betriebswirte als auch für Techniker/Ingenieure.

Literaturverzeichnis

Achtenhagen, F. (2003): Konstruktionsbedingungen für komplexe Lehr-Lern-Arrangements und deren Stellenwert für eine zeitgemäße Wirtschaftsdidaktik. In: Kaiser, F.; Kaminski, H. (Hg.): Wirtschaftsdidaktik. Bad Heilbrunn / Obb.: Klinkhardt, S. 77-98.

Corder, S. P. (1973): Introducing Applied Lingustics. Harmondworth: Penguin.

Dörner, D. (2001): Die Logik des Misslingens: strategisches Denken in komplexen Situationen. (14. Auflage). Reinbek bei Hamburg: Rowohlt.

Dubs, R. (1996): Komplexe Lehr-Lern-Arrangements im Wirtschaftsunterricht - Grundlagen, Gestaltungsprinzipien und Verwendung. In: Beck, K.; Müller, W.; Deißinger, T.; Zimmermann, M. (Hg.): Berufserziehung im Umbruch - didaktische Herausforderungen und Ansätze zu ihrer Bewältigung. Weinheim: Deutscher Studien Verlag, S. 159-172.

Forberg, T. (2008): Auswirkungen von Präsentationen und Leistungsbenotungen im betriebswirtschaftlichen Unterricht - eine empirische Untersuchung am Beispiel eines Unternehmensplanspieles. Dissertation, Dresden: TUDpress.

Forberg, T.; Scheinert, S. (2013): Kurzbeschreibung: Planspiel & Wirtschaftsenglisch im Trainerdoppel mit TOPSIM General Management oder anderen | Short Summary: Business Simulation & Business English with a trainer team and TOPSIM General Management or others, Dresden. Verfügbar unter: www.trainerdoppel.com, zuletzt geprüft am 08.11.2013.

Lewis, M. (1993): The Lexical Approach: The state of ELT and a way forward. Language Teaching Publications.

Hunter, D. (2009): Communcative Language Teaching and the ELT Journal: a Corpus-Based Approach to the History of a Discourse. PhD-Thesis: Centre for Applied Linguistics, University of Warwick

Whitehead, A. N. (1929): The Aims of Education. New York: The New American Library.

Kulturtechnik Unternehmensplanspiel

Eine medien- und kulturwissenschaftliche Annäherung

Stefan Böhme, Tobias Conradi, Rolf F. Nohr, Serjoscha Wiemer

Das Unternehmensplanspiel (UPS) entsteht nach Ende des Zweiten Weltkriegs im Kontext eines allgemeinen Wandels gesellschaftlicher Steuerungslogiken. Am Schnittpunkt von Unternehmensführung und ökonomischen Paradigmen materialisiert sich im UPS die Emergenz eines neuen Typs marktwirtschaftlicher Rationalität. Dabei stellt das UPS eine Kulturtechnik dar, die über die Grenzen einer reinen Führungsausbildung oder Prognostik in die Gesamtgesellschaft hinein wirkt: diskursiv über Ansätze der Kybernetik, Informatik und ein verändertes Verständnis von Medialität; als Artefakt schließlich über das Medium „Computer". In den „Serious Games" der 50er Jahre werden Handlungssteuerung, Wissenstransformation sowie die Adaption an ein neues Medium und einen veränderten Rationalitätsbegriff „gespielt". Es ist eine relevante epistemologische Innovation des 20. Jahrhunderts, dass das (Plan-) Spiel als operatives Element der Wissens- und Wahrheitsproduktion in einen rationalen Diskurs eingebunden wird.

Business games come into existence after the Second World War. In the context of a broader change in societal steering logics and at the intersection of corporate management with economic paradigms business games are an outcome of the emergence of a new type of market economical rationality. The business game represents a cultural technique (Kulturtechnik) that is effective not solely in the field of education of a specific management style or economical prognostics, but for the society as a whole: intellectually influential through discourses of cybernetics, informatics and mediality and, concerning its key artifact, finally materializing in the medium „computer". The serious games of the 1950s enact fundamental changes in (economic) controlling, the transformation of knowledge as well as the adaptation to a new medium and a renewed concept of rationality. It is a relevant epistemological innovation of the 20th century that the (business) game is installed as an operative element in a rational discourse on the production of knowledge and truth.

1. Einleitung

Unternehmensplanspiele sind Kulturtechniken, die zum Zeitpunkt eines bedeutenden Umbruchs der Steuerungslogik moderner, industrialisierter Gesellschaften entstehen. Maßgeblich für diesen Umbruch ist das Zusammenspiel einer spezifischen Konstellation aus Wirtschaft, Informatik, Medien und Gesellschaft. Planspiele werden zu einer charakteristischen Praktik fortgeschrittener Industriegesellschaften. An ihnen können folglich grundlegende Veränderungen nachvollzogen werden, die Vorstellungen von Rationalität genauso betreffen wie ökonomische Leitparadigmen, arbeitswissenschaftliche Verfahren oder Subjekttechnologien. Unternehmensplanspiele (UPS) bilden dabei einen Ausschnitt aus der ökonomischen, politischen oder sozialen Wirklichkeit ab und enthalten vor allem Modelle zu wirtschaftlichen Zusammenhängen. In dem hier vorliegenden Text soll die Skizze des Forschungsprojekts „Kulturtechnik Unternehmensplanspiel“[1] vorgestellt werden, das sich der Erforschung solcher UPS widmen möchte, wie sie sich spezifisch nach dem Zweiten Weltkrieg herausbilden.

Das Forschungsprojekt wird erstmals eine systematische Erschließung von UPS aus medien- und kulturwissenschaftlicher Perspektive vornehmen. Die Untersuchung versteht sich als Beitrag zur Computerspielforschung (Game Studies) und ist dort dem Segment der „Serious Games“[2] zuzurechnen. In der Computerspielforschung stellt die Analyse und Reflexion von UPS eine Erweiterung herkömmlicher Forschungsperspektiven dar, die in der Vergangenheit vor allem durch die Auseinandersetzung mit kommerziellen Unterhaltungsspielen geprägt waren.[3] Darüber hinaus liefern die

---

[1] Das Projekt wird von Prof Dr. Rolf F. Nohr an der HBK Braunschweig (Institut für Medienforschung) in enger Kooperation mit Prof. Dr. Jan-Otmar Hesse (Lehrstuhl für Allgemeine Geschichte, insbesondere Wirtschaftsgeschichte, Universität Bielefeld) ab 11/2013 durchgeführt.

[2] Als „Serious Games“ werden Spielformen bezeichnet, die nicht primär für die Unterhaltung verwendet werden, sondern beispielsweise für Trainings- und Ausbildungszwecke im Rahmen von Wirtschafts- oder Militärsimulationen oder im Bereich wissenschaftlicher Heuristik.

[3] Für die Konzentration auf die Erforschung vornehmlich populärer Unterhaltungsspiele sei exemplarisch auf die für den angelsächsischen Raum maßgeblichen Theorie-Sammlungen von Raessens, Goldstein (2005) sowie Perron, Wolf (2008) verwiesen. Ein differenzierter Einblick in die medienwissenschaftlich ausgerichtete Computerspielforschung im deutschsprachigen Raum findet sich in Neitzel/Nohr (2006). Dabei fällt auf, dass die deutschsprachige Computerspielforschung weniger rigide auf Unterhaltungsspiele ausgerichtet ist und stärker auf historische Kontextualisierungen hinarbeitet als der angloamerikanische und skandinavische Diskurs, so etwa in den Beiträgen von Nohr (2006), Schweinitz (2006) und Spies, Schröter (2006)

geplante Erfassung von Firmenarchiven und die Einordnung von UPS in die bundesdeutsche Wirtschaftsgeschichte wichtige wirtschaftshistorische Erkenntnisse.

2. Ursprünge der Unternehmensplanspiele

Unternehmensplanspiele werden seit den 1950er Jahren im Bereich der Aus- und Weiterbildung, der operationalen Unternehmensführung und der (wirtschafts-) wissenschaftlichen Forschung verwendet.[4] Einen Überblick über die einschlägigen Untersuchungen zur Verbreitung von Business Simulations geben Faria et al. (2009). Demnach werden in den USA bereits 1961 mehr als 100, 1969 mehr als 190 und 1980 mehr als 228 derartiger Simulationen in der Fachliteratur erfasst. Kibbee, Craft und Nanus (1961) gehen davon aus, dass 1961 mehr als 30.000 Führungskräfte in den USA Business Simulations gespielt haben.

Als Lernsysteme importieren diese Spiele von Beginn an Konzepte aus Psychologie, Soziologie und Kulturanthropologie[5], während mediengeschichtlich die Entwicklung und Verbreitung von UPS eng mit der Geschichte der Computerisierung verbunden ist. So gehören die computergestützten UPS der American Management Association (1956) nach dem Zweiten Weltkrieg zu den frühesten (nicht-militärischen) Computerspielen überhaupt.[6]

---

in dem genannten Sammelband und bei Pias (2002).

[4] Ab Mitte der 1950er Jahre werden UPS zunächst in den USA entwickelt (vgl. Watson 1978). In den 1960er und 1970er Jahren erfährt das UPS eine zunehmende Verbreitung, vor allem in den USA und Großbritannien und schließlich auch in der Bundesrepublik (vgl. Rohn 1980, Faria et al. 2009). Spiele wie das New York University Business Game fanden in den 1970er Jahren auch international Verwendung, beispielsweise in Holland, Israel, Polen und Ungarn. Davon unabhängig ließe sich vermutlich eine relativ eigenständige Geschichte des wirtschaftlichen Planspiels in der Sowjetunion und anderen Ländern anführen (vgl. Assa 1982, Gagnon 1987).

[5] Den Einfluss psychologischer Leittheorien zu „erfahrungsbasiertem Lernen“ und den prägenden Einfluss von Kurt Lewins Feldtheorie für die implizite Didaktik von UPS fasst Wolfe (1993) zusammen. In den Game Studies hat Bopp (2006) entlang eines handlungstheoretischen Ansatzes Computerspiele als Lehr-Lern-Umgebungen analysiert, deren besonderes Merkmal ihre „immersive Didaktik“ darstellt.

[6] Als das erste computergestützte UPS gilt die Top Management Decision Simulation, die im Auftrag der American Management Association (AMA) in Zusammenarbeit mit dem Naval War College und IBM für den Einsatz in Management-Seminaren entwickelt wurde (Marting, Riccardi 1957, Pias 2002). Die beiden wichtigsten unmittelbaren Ableger des ersten AMA Spiels waren das IBM Management Decision-Making Laboratory und das UCLA Executive Game No. 2. Beide Spiele verwendeten den IBM 650 Computer. Als weiterer Prototyp des UPS wird zudem das Business Ma-

Obwohl die internationale Forschung zu UPS seit den 1970er Jahren institutionell stark entwickelt ist[7], und eine Vielzahl von Einzelstudien vorliegen, hat eine an wissensgeschichtlichen sowie medien- und kulturwissenschaftlichen Fragestellungen ausgerichtete Forschung zu UPS erst in den letzten Jahren eingesetzt. Im Vordergrund des Projekts stehen vor allem Fragen nach Veränderungen von Rationalitäten und Steuerungslogiken, des Weiteren die Aufwertung des Spielbegriffs und der Spieltheorie in Bezug auf die Modelltheorie sowie Perspektivierungen von Medialität, insbesondere hinsichtlich der Rolle des Computers.

3. Kontextuelle Einbindung

Wissenschaftshistorische Forschungen zur Geschichte der Kybernetik, wie sie in Deutschland insbesondere durch Claus Pias vorangetrieben worden sind (vgl. Pias 2004, aber bspw. auch Aumann 2009), bestätigen die historische und diskursgeschichtliche Relevanz der UPS als Bestandteil eines wissenshistorischen Umbruchs. Die Entstehung des Unternehmensplanspiels, so lässt sich eine zentrale These dieser Forschung zusammenfassen, ist einerseits nur als Ergebnis der Verschränkung einer Vielzahl unterschiedlicher Diskurse und Technologien zu verstehen (Operations Research (OR), Informatik, Mathematik, wissenschaftliche Betriebsführung, Kybernetik, militärisches Planspiel, und andere) (vgl. Pias 2002) und ist andererseits ideengeschichtlich mit der Utopie umfassender Steuerbarkeit verbunden, wie sie als

---

nagement Game angesehen, das 1958 von Andlinger und Green bei McKinsey&Co. entwickelt wurde (Cohen/Rhenman 1974 [1961]).

7 Neben der ISAGA (International Simulation and Gaming Association) (seit 1969) als internationalem Zusammenschluss von Forschenden und Praktikern existieren eine Reihe nationaler Institutionen. In den USA sind hier insbesondere NASAGA und ABSEL (seit 1974) zu nennen, in Großbritannien SAGSET, in Japan NOP-JSAGA (seit 1989). Seit 2001 existiert mit SAGSAGA auch eine offizielle Vertretung der ISAGA für Deutschland, Österreich und die Schweiz. Als führende internationale Zeitschrift für diese Institutionen gilt *Simulation & Gaming*. Für die Forschungen zu UPS aus dem Bereich des Operations Research (OR) sind internationale Fachzeitschriften wie *Management Science* (seit 1954) und *Operations Research* (seit 1956) von Bedeutung. Beide Zeitschriften werden seit 1995 von INFORMS herausgegeben, einem Zusammenschluss der Operations Research Society of America und des Institute of Management Sciences. Stark entwickelt ist vor allem die anwendungsorientierte Forschung, in der es insbesondere um die Validierung der Effizienz von UPS (vgl. Wolfe 1976) sowie um die Optimierung der dynamischen Spielvorgaben (Spielsetting, Spielverlauf, Entscheidungsmatrizen etc.) und der mathematischen Modellierung von wirtschaftlichen Zusammenhängen (vgl. Faria 2001) geht.

charakteristisch für den Begründungsdiskurs der Kybernetik angesehen werden kann (vgl. Beer 1963, Pircher 2004, Pircher 2008).

Darüber hinaus wird ein ähnlicher Wendepunkt in Studien zur Geschichte der Wirtschaftswissenschaft thematisiert. So sieht Philip Mirowski (2002) in der in den 1940er Jahren entwickelten ökonomischen Spieltheorie letztlich einen epistemologischen Bruch in der Entwicklung der Disziplin, die sich seitdem einer modellorientierten *„Cyborg Science“* zuwandte, in der spontane Konsumentscheidungen keine Bedeutung mehr hätten. Von hier ausgehend entwickelte sich die Experimentelle Ökonomik allmählich zu einem zentralen Forschungsfeld der modernen Wirtschaftstheorie. In welcher Weise der epistemologische Bruch der Wirtschaftstheorie zugleich die moderne Unternehmensführung beeinflusste, ist bisher noch nicht systematisch untersucht worden. Für die Bundesrepublik liegen immerhin vereinzelte Erkenntnisse vor, dass bereits in den 1950er Jahren nach Anwendungsmöglichkeiten für die formalisierten Modelle der OR für die Unternehmenssteuerung gesucht wurde (vgl. Hesse 2010).

Darstellungen, die sich im engeren Sinne mit der Geschichte der UPS befassen, konzentrieren sich dagegen bisher auf den angloamerikanischen Raum (vgl. exemplarisch Wolfe 1993, Faria et al. 2009). Für eine materialorientierte Erschließung der wichtigen Phase der Einführung und ersten Popularisierung von UPS in Deutschland nach dem Zweiten Weltkrieg können jedoch insbesondere die Übersichten von Rohn (1964, 1986, 1988) als Ausgangspunkt für weitere Recherchen herangezogen werden. Obwohl die grundsätzliche Relevanz von UPS in der Forschung anerkannt wird – als herausgehobene Manifestationen spezifischer Diskurs- und Wissensformationen, als Lehr-Lernumgebung und als Bestandteil wirtschaftlicher Dynamisierungs- und Modernisierungsbemühungen – liegen bisher keine medien- und kulturwissenschaftlichen Studien vor, die diese Spielformen ins Zentrum stellen.

Spiele, die als Proberäume für effizientes und zielorientiertes Handeln konzipiert werden, sind medien- und kulturtheoretisch von besonderem Interesse, weil sich in ihnen Entscheidungshandeln, die Prozessierung von Regeln und die Modellierung von Wirklichkeit funktional verbinden (vgl. Nohr 2008). Als regelbasierte Artefakte stellen sie „Materialisierungen“ und operative Konfigurationen von je spezifischen theoretischen Annahmen über den im Spiel abgebildeten Ausschnitt der Wirklichkeit dar. Charakteristisch für das Spiel ist diesbezüglich eine Reduktion von Komplexität, um für menschliche Spieler Handlungsmächtigkeit auch angesichts komplexer und teils unüberschaubarer Problemlagen und Wirkungszusammenhänge zu gewährleisten. Als wichtiger Vorläufer moderner Planspiele gilt in dieser Perspektive beispielsweise Johann Christian Ludwig Hellwigs Kriegsspiel von 1780. In Braunschweig wurde durch die Verfasser erstmalig eine materielle Rekonstruktion des Hellwig'schen Kriegsspiels durchgeführt (vgl. Nohr, Böhme 2009). Im Hinblick auf UPS sind die Rekonstruktion und Analyse der „performativen Didaktik" des Hellwig'schen Kriegsspiels von Bedeutung. Darüber hinaus konnten hier wichtige Erfahrungen für die Analyse von Spielpartien gewonnen werden, die hilfreich sein werden im Hinblick auf die Genealogie und Vorgeschichte des Planspiels sowie weiterführend für die methodische Konzeption von Spielanalysen.

4. Diskursanalytische Modellbildung

Für die Erforschung von Computerspielen und deren Funktion für Prozesse der Produktion und Zirkulation von Wissen verwendet das Forschungsprojekt ein diskursanalytisches Modell, das auf theoretische Begriffe der Kritischen Diskursanalyse Jürgen Links (2009) und Siegfried Jägers Bezug nimmt. Ein Strukturmodell der Wissenszirkulation im Spiel und der Verschränkung von Spezialdiskurs, Interdiskurs, und Elementardiskurs wurde von Rolf Nohr (2008a) erstmals skizziert und angewendet. Die Tragfähigkeit dieses Modells für die diskurstheoretische Einordnung und Analyse von Spielen als funktionale Elemente gesellschaftlicher Wissensproduktion und -zirkulation wurde im Anschluss in verschiedenen Analysen überprüft (vgl. Nohr 2010, 2012, 2010a).

Computerspiele können demnach als Materialisierungen von intersubjektiven Wissensformationen aufgefasst werden, als Aushandlungen beziehungsweise Aushandlungsorte von sozialem und operationalem Wissen. Sie stellen generell Mechanismen zur Übersetzung von gesellschaftlichem in subjektives Wissen bereit (vgl. Nohr 2012). Dies gilt insbesondere für Trainingsspiele, die ein Setting für die Einübung und Optimierung des eigenen Handelns bieten, und somit Adaption an ein Regelsystem mit der Funktion der Selbstoptimierung verbinden – in Form einer handlungsorientierten Selbstadjustierung an ins Spiel eingeflochtene Zielvorgaben, Wertorientierungen und Wissenskomplexe. Die Übertragungs- und Übersetzungsleistung des Spiels manifestiert sich dann insbesondere als Internalisierung und Naturalisierung von diskursiven Zusammenhängen.

5. Erste Ergebnisse

In der Vorphase des eigentlichen Projekts wurde mit einer ersten Erschließung des bundesdeutschen Fachdiskurses zu UPS begonnen. Geprägt ist dieser Diskurs insbesondere durch eine dezidiert wirtschaftspolitische und didaktische Motivation hinsichtlich der Verwendung und Effektivität von UPS. Die untersuchten Autoren verweisen auf den Einsatz von UPS für Lernprozesse, für die Schulung von Führungskräften und für Forschungszwecke.

Für die BRD kann nach einer Veröffentlichung des RKW (Rationalisierungs-Kuratorium der Deutschen Wirtschaft) davon ausgegangen werden, dass bis 1963 mindestens 117 verschiedene Planspiele zur Aus- und Weiterbildung von Führungskräften eingesetzt worden sind (vgl. Pack 1968). In dieser Frühphase der 1950er und 1960er Jahre konstatieren fast alle zeitgenössischen Quellen eine generalisierende und umfassende „Wirkung“ des Einsatzes von spielerisch anmutenden Modellkonstruktionen im Bildungs- und Ausbildungskontext.

Die Vorstellung der auszubildenden Führungspersonen als „pädagogisierbare Einheiten des Produktionsprozesses“ soll einer steigenden Spezialisierung und Scientifizierung der Wirtschafts- und Unternehmensordnung Rechnung tragen und zur Rationalisierung und Effektivierung von Unternehmensführung beitragen. Maßgebliches Mittel einer solchen operativen Pädagogik ist die konstatierte Probehandlungsfunktion des UPS; also das konsequenzfreie Ausagieren von Führungsentscheidungen in Modellsituationen mit dem Ziel, das eigene Handeln vermittelt durch die algorithmisch quantifizierte Bewertung der Spielleistung zu optimieren und an ökonomische Parameter zu adjustieren. Mit variierender Zielsetzung wird ein solches Modellhandeln durch UPS mit ausbildungslogischer und pädagogischer Konsequenz auch für die Schulung wissenschaftlichen Nachwuchses an Universitäten eingefordert; neben dem Einsatz des UPS als „heuristischem Werkzeug“ und zur Überprüfung ökonomischer Theorien soll es psychologischen Studien des Spielerverhaltens dienen. Die bestehende Literatur lässt auf eine rasche Verbreitung von UPS in der Frühphase der 1950er und 1960er Jahre schließen. Rohn (1964) listet mehr als 200 internationale UPS auf, und es ist davon auszugehen, dass einige davon auch in Deutschland eingesetzt wurden. Als Beispiele für die firmeninterne Verwendung von Management-Simulationen nennt Rohn unter anderem Siemens, BASF, Dresdner Bank, Drägerwerk AG und die Bayrische Hypothekenbank. [8] Gerade hinsichtlich der wichtigen Phase der Entwick-

---

[8] Die vierte Auflage der Deutschen Planspiel-Übersicht (=DPSÜ; Rohn 1988) be-

lung und ersten Popularisierung von UPS ungefähr zwischen 1955 und 1975 ist die Datenlage für Deutschland jedoch als unbefriedigend anzusehen. So werden in Rohn (1988) lediglich zwei Planspiele aufgeführt, die explizit vor 1970 entwickelt wurden. Zudem ist nicht ausreichend nachvollziehbar, mit welcher Methode die Deutsche Planspiel-Übersicht von Rohn erstellt wurde. Die vorhandenen Daten müssen daher dringend durch eigene Recherchen in den entsprechenden Archiven ergänzt werden.

Eine erste Vorrecherche in Unternehmensarchiven hat ergeben, dass eine archivbasierte Bearbeitung des Themas möglich ist, wenn auch die Archivsituation insgesamt nicht vollständig befriedigt, weil die Archivalia derzeit nur teilweise verzeichnet sind. In vielen Archiven deutscher Großunternehmen sind aber Überlieferungen über den Einsatz, die Entwicklung unternehmensspezifischer Planspiele oder den Einsatz generalistischer Unternehmensplanspiele auffindbar (unter anderem Siemens, Bayer, Degussa, IBM und Thyssen Krupp). In der Vorphase des Projekts wurde bereits mit dem Aufbau einer eigenen Datenbank zu UPS begonnen.

6. Ziele

Das Projekt will für die kultur- und medienwissenschaftliche Forschung einen substanziellen Beitrag zum Verständnis von Unternehmensplanspielen als einer wichtigen Spielform fortgeschrittener Industriegesellschaften leisten. Da bisher noch kaum systematische Studien zur Geschichte der UPS vorliegen, ist hier ein weitgehend unerforschtes Feld zu erschließen. Getragen werden soll diese Untersuchung durch eine ausführliche Ebene der Rekonstruktion von ausgewählten UPS und einer Recherche zur Unternehmensgeschichte. Anhand einer materialorientierten Analyse sollen erstmals der Bestand in historischen Firmenarchiven und die Verbindung mit der bundesdeutschen Wirtschaftsgeschichte untersucht werden. Damit legt das Projekt maßgebliche Grundlagen für den wissenschaftlichen wie gesellschaftlichen Zugriff auf den Gegenstand Unternehmensplanspiel.

Das UPS wird als eine „Verdichtung" begriffen, die verschiedene diskursive und dispositive Konstellationen vereint. Diese durchlaufen im 20. Jahrhundert in unterschiedlicher Weise Veränderungen. Die Neukonturierung der Selbstpolitik, als Adjustierung an spezifische Rationalitäts- und Mediendispositive, beginnt dabei an der

---

inhaltet Informationen über mehr als 300 Planspiele. Hinsichtlich ihres formulierten Ziels, nämlich alle Planspiele zu erfassen, die in deutschsprachigen Unternehmen, Universitäten und Institutionen entwickelt und verwendet werden, muss die Übersicht jedoch als unvollständig angesehen werden.

Schnittstelle von Ökonomie, Informatik, Gesellschaft und Spiel: in der Ökonomie mit der aufkommenden Beratung und Schulung von Führungspersonal,[9] in der Informatik mit der beginnenden Computerisierung der Industrie und den Paradigmen der Kybernetik, in der Gesellschaft mit veränderten Rationalitäts-, Subjekt- und Ökonomiediskursen sowie im Spiel, als ein herausgehobenes Beispiel für die Potenzialität des Computers. Diese Veränderungen schlagen sich ebenfalls in der erweiterten funktionalen Operationalisierung des Spiels nieder und lassen sich damit am Gegenstand UPS beispielhaft darstellen. Um dem UPS auch in seiner Kontur als wirtschaftswissenschaftlichem und betriebswirtschaftlichem Objekt gerecht zu werden, ist zudem eine Betrachtung aus unternehmenshistorischer und ökonomietheoretischer Perspektive unumgänglich.

Der Untersuchungszeitraum ist auf 1950 bis 1970 festgelegt. Dieser hat sich in der Vorstudie als sinnvoll handhabbarer und ausschlaggebender Zeitraum der Entstehungs- und Ausdifferenzierungsgeschichte des UPS gezeigt. Der vorrangig nationale Zugriff mit dem Schwerpunkt BRD ist eine sinnvolle Einschränkung, die eine Durchführbarkeit des Projekts sicherstellen soll. Ein Exkurs in die UPS-Geschichte des angloamerikanischen Raums ist aber zum Verständnis zwingend. Eine Abgrenzung zum Unterhaltungsspiel begründet sich aus dessen „Nachgängigkeit" zum UPS: Unterhaltungsspiele reflektieren oftmals Paradigmen des UPS und anderer Simulationsumgebungen und sind damit als sekundärer Reflex auf den primären Erkenntnisgegenstand zu betrachten. Das Projekt beginnt daher mit dem UPS, erhofft sich aber genauso Aufschlüsse über das weite Feld des Unterhaltungsspiels.

Im Zentrum des Projekts steht die Entwicklung eines Modells, anhand dessen die Verschränkung von Ökonomie, Informatik, Spiel und Gesellschaft im UPS näher analysiert und erklärt werden kann. Die Erstellung des Modells wird durch folgende forschungsleitende Fragestellungen motiviert:

---

9 Die Entwicklung externer Beratungsinstitutionen wie McKinsey & Co. (gegr. 1923, erstes deutsches Büro 1964) oder der Boston Consulting Group (1963) stellen spannende Zugriffspunkte für Detailuntersuchungen dar. Gerade hier, am Kulminationspunkt der (externen) Beratung kann ebenso ein signifikantes diskursoperatives Moment festgemacht werden, wenn man von der These ausgeht, dass die Konjunktur der UPS durch die Dynamiken einer ökonomischen Umformung (Beratungskultur als Adaptionskultur) und medialer Dynamiken (Computer als Wunschkonstellation algorithmischer datenverarbeitender Beherrsch- und Prognostizierbarkeit) betrieben wird. Vgl. zur entstehenden Beratungskultur bspw. Brandstetter, Pias, Vehlken 2010.

- Welches Verhältnis besteht im UPS zwischen Spiel und Simulation? Wie kommen Spiel und Simulation im UPS zusammen, welche Elemente trennen beide Konzepte? Verbinden sich Spiel und Simulation im UPS zu einer Konstellation neuer Qualität? Was ist das Spielerische am UPS und wozu dient es? Wo sind simulatorische Anteile dominant? Wie verhalten sich Spiel und Simulation zueinander und in Hinsicht auf mediengeschichtliche und medientechnische Implementierungen der Computertechnologie?
- Was heißt es, „mit Datenbanken zu spielen"? Wie könnte eine Theorie der kulturellen Logik von Datenbank, Regelkreis und Simulation aussehen? Welche Rolle spielt die Modellierung von Komplexität? Inwiefern lassen sich Ökonomietheorie und Medientheorie noch weiter aufeinander beziehen? Nimmt das Spiel dabei eine Brückenfunktion ein?
- Wie verhalten sich Computer und spezifische Formen von Rationalität zueinander? Welche Rationalitätsprägungen und Modifizierungen produziert der Computer als Effekt im Hinblick auf die Operativität von Unternehmen (im Sinne einer durch ökonomische Rationalität definierten Organisationsstruktur)? Und umgekehrt: Was sind an den Computer herangetragene Rationalitätstypen? Wie tragen Medien als Apparate/Operationen zur Transformation von Rationalität bei?
- Welche Rolle wird dem Zufall in der Konzeption von Unternehmensplanspielen zugewiesen? Wie wird in der Spiele-Umgebung, die als Raum für Probehandlungen immer spezifischen Regelsystemen unterliegt, Kontingenz generiert oder simuliert? Auf welche Weise wird im Vollzug der Spiele sichergestellt, dass die lernenden Subjekte spezifische Fähigkeiten spontaner Adaption an variabel-dynamische (Wettbewerbs-) Situationen erwerben?
- Welche ikonischen Darstellungen, Visualisierungen, welches Spielmaterial und welche Medientechnik verwenden Unternehmensplanspiele? Was ist das ›Bild‹ des Computers im Unternehmensplanspiel? Wie verändert es sich historisch? Gibt dies einen Hinweis auf veränderte Auffassungen von Rationalität beziehungsweise veränderte diskursive Formierungen gesellschaftlicher Steuerungsmodelle? Was bedeutet der Übergang von brettbasierten zu computergestützten Spielen? Wie verändern sich im 20. Jahrhundert Wissensformen durch das Spiel?

Der genuin medien- und kulturwissenschaftliche Zugriff des Projekts legitimiert sich in der Annahme, dass innerhalb des Untersuchungszeitraums und speziell am

Gegenstand UPS eine spezifische Verbindung von ökonomischen, politischen, kulturellen und technischen Fragestellungen aufgezeigt werden kann. Im Blickpunkt steht hier die enge Verzahnung von Rationalitäts- und Steuerungsdispositiv der Wirtschaft mit dem medial-apparativ verfassten Informations- und Modellbegriff der fortschreitenden Computerisierung. Über seine historische Ausrichtung berührt das Projekt somit den Kern der medienwissenschaftlichen Debatte zwischen technikdeterministischen und anthropozentrischen („symptom approach“) Theorien der Medienentwicklung (vgl. Winkler 1999). Insbesondere hinsichtlich der Entwicklungsgeschichte des Computers lassen sich so weitergehende Erkenntnisse für das Verständnis einer beginnenden Umformung des Medienbegriffs im Untersuchungszeitraum erwarten. Grundlegende These ist hier, dass sich zwischen den 1950er bis 1970er Jahren das Verständnis des Computers als *Medium* – im Sinne einer Kulturtechnik und im Gegensatz zur schlicht funktional gefassten „Rechenmaschine“ – etabliert und hiermit weitergehende Verschiebungen der gesellschaftlichen *Anforderungen an* und *Vorstellungen von* Medien einhergehen. Das UPS erscheint als privilegierter Gegenstand, an dem sich die wechselseitige Verschränkung von Diskursen technischer Machbarkeit und gesellschaftlichen Bedürfnisstrukturen nachvollziehen lässt.

Innerhalb der UPS verknüpfen sich unterschiedliche Erwartungen mit dem Einsatz des Computers: So besteht die Hoffnung, mittels der Integration von Computern die „realitätsnahe Komplexität“ (Cohen, Rhenman 1974 [1961], S. 17) von UPS zu erhöhen, während gleichzeitig die „Spannung des Spiels“ (ebd.) gesteigert werden könne. Die Frage nach der Entstehung der UPS verbindet sich hier unweigerlich mit der Frage nach den Bedingungen unter denen der Computer seinen festen Platz in der Unternehmensplanung und -kultur erobern konnte und verspricht weiterführende Erkenntnisse über die „Wunschkonstellationen“ (Winkler 1997) – die gesellschaftlichen Hoffnungen und Utopien –, die der Ausweitung der Computerisierung zugrunde liegen.

7. Ausblick: Relevanz für Medienwissenschaft und Ökonomietheorie

Ein Schnittpunkt zwischen Medien- und Ökonomietheorie liegt insbesondere im Begriff der „Information“. Für die Zeit ab den 30er Jahren des 20. Jahrhunderts kann ein Wandel im Verständnis von Ökonomie als statischer Zuteilung endlicher Ressourcen hin zu einer Ökonomie, in deren Zentrum Fragen des „Informationsmanagements“ stehen, ausgemacht werden (vgl. Hesse 2006; Mirowski 2002). Nach dem

Zweiten Weltkrieg und bedingt durch eine Verknüpfung von ökonomischen mit physikalischen (Thermodynamik) Theoremen sowie als Reaktion auf „externe“ Krisen wie die Depression oder Ölkrise (vgl. Hesse 2006) schlägt sich dieser Wandel in der Herausforderung neoklassischer Theorie durch eine *cyborg science* nieder (Mirowski 2002, S. 18f.). In deren Zentrum steht wiederum der Computer als „paradigmatisches Objekt“, mit dem vom Informationsmanagement bis hin zur reinen technologischen Materialität alle Bereiche der Wirtschaft umfasst werden können – und das zugleich prägend für ein Verständnis ökonomischer Akteure als „Prozessoren von Information“ (ebd., S. 7) ist. Das UPS stellt diesbezüglich, so eine weiterführende These, ein Vehikel dar, über das die Aneignung des neuen Mediums Computer – und die mit diesem verbundene Neuformierung ökonomischer Rationalität – durch ›unternehmerische Subjekte‹ (Bröckling 2007) spielerisch erlernt und schließlich naturalisiert werden kann.

Zu den spezifischen Formen medialer Rationalität, die es hierbei zu analysieren gilt, sind die Datenbank, der Regelkreis und die Simulation zu zählen. Sie stellen als unterschiedliche kulturelle Formen der vermittelten Medialität des Computers Zwischenelemente dar, die zwischen der rechnenden, programmierbaren Maschine und der kulturellen Grammatik ihrer Handhabung und ihrer sozialen Implementierung stehen. Die Analyse dieser Formen im historischen Kontext ihrer Implementierung in UPS eröffnet Ansätze für den Anschluss der dortigen „strategischen Rationalität“ an philosophisch und soziologisch konturierte Modelle von Rationalitätskritik. Zu beschreiben wären in dieser Hinsicht die Kennzeichen der Rationalitätsmodelle, ihre diskursiven Begründungszusammenhänge, ihre konkrete Operationalisierung (Fallanalysen von Unternehmensplanspielen) und das Verhältnis dieser Rationalitätsmodelle zu gleichzeitig bestehenden kulturellen Typen von Rationalität im Sinne von Selbstbeschreibungen und Selbststeuerungen der Industriegesellschaft im betreffenden Zeitraum.

Der Gegenstand UPS erscheint in dieser Perspektive als ›diskursive Verdichtung‹, deren Betrachtung eine Engführung diverser theoretischer Ansätze und Analysen paralleler Argumentation verlangt und ermöglicht. So deutet beispielsweise Mirowskis Terminus der *cyborg sciences*, die unter anderem durch eine Auflösung der klaren Trennung von Natur und Sozialem sowie von Realität und Simulation gekennzeichnet sind, die Möglichkeit an, die Rolle des Computers als spezifischem Artefakt mit dem analytischen Instrumentarium der Akteur-Netzwerk-Theorie zu betrachten.[10] Über die Interdisziplinarität des Forschungsprojekts lassen sich in einer doppelten Bewegung sowohl Ergebnisse zu Fragen der Verflechtung von Computerentwicklung mit ökonomischen Paradigmen erwarten als auch zu der koevolutionären Beziehung von Technik- und Gesellschaftsentwicklung. Die Untersuchung dieses historisch-archäologischen Knotenpunkts verspricht zudem eine Übertragbarkeit auf zeitgenössische Zusammenhänge. Zentrales Ergebnis des Projekts wird ein Modell sein, anhand dessen die Verschränkung von Ökonomie, Informatik, Spiel und Gesellschaft im Unternehmensplanspiel näher analysiert und erklärt werden kann.

Literaturverzeichnis

Assa, Isak (1982): Management Simulation Games for Education and Research: A Comparative Study of Gaming in the Socialist Countries. In: Simulation & Gaming, Jg. 13, H. 4, S. 379-412.

Aumann, Philipp (2009): Mode und Methode. Die Kybernetik in der Bundesrepublik Deutschland. Göttingen.

Beer, Stafford (1963): Kybernetik und Management. Frankfurt / M.: S. Fischer.

Bopp, Matthias (2006): Immersive Didaktik und Framingprozesse in Computerspielen. Ein handlungstheoretischer Ansatz. In: Nohr, Rolf F.; Neitzel, Britta (Hg.): Das Spiel mit dem Medium. Partizipation, Interaktion, Immersion. Tagungsband der Gesellschaft für Medien. Marburg: Schüren, S. 169-184.

Brandstetter, Thomas; Pias, Claus; Vehlken, Sebastian (2010): Think-Tank-Denken. Zur Epistemologie der Beratung. In: Brandstetter, Thomas; Pias, Claus; Sebastian Vehlken (Hg.): Think Tanks. Die Beratung der Gesellschaft. Zürich, Berlin: Diaphanes, S. 17-57.

Bröckling, Ulrich (2007): Das unternehmerische Selbst. Soziologie einer Subjektivierungsform. Frankfurt / M.: Suhrkamp.

Cohen, Kalman J.; Rhenman, Eric (1974 / 1961): Die Rolle von Unternehmungsspielen in Ausbildung und Forschung. In: Eisenführ, Franz; Ordelheide, Dieter; Puck, Gerhard (Hg.): Unternehmungsspiele in Ausbildung und Forschung. Wiesbaden: Gabler, S. 13-56.

Conradi, Tobias; Derwanz, Heike; Muhle, Florian (2011): Strukturentstehung durch Verflechtung. Akteur-Netzwerk-Theorie(n) und Automatismen. München /

[10] Für Überlegungen zur Anschlussfähigkeit der Akteur-Netzwerk-Theorie an die Diskurstheorie vgl. die Beiträge von Röhle, Seier und Conradi, Muhle in Conradi, Derwanz, Muhle 2011.

Paderborn: Fink.

Faria, Anthony J. (2001): The Changing Nature of Business Simulation / Gaming Research: A Brief History. In: Simulation & Gaming, Jg. 32, H. 1, S. 97-110.

Faria, Anthony J.; Hutchinson, David; Wellington, William J.; Gold, Steven (2009): Developments in Business Gaming: A Review of the Past 40 Years. In: Simulation & Gaming, Jg. 40, H. 4, S. 464-487.

Gagnon, John H. (1987): Mary M. Birshtein: The Mother of Soviet Simulation Gaming. In: Simulation & Gaming, Jg. 18, H. 1, S. 3-12.

Hartl-Prager, Helmut (1972): Unternehmensplanspiele in Theorie und Praxis. Graz: Rechenzentrum Graz.

Hesse, Jan-Otmar (2006): Information und Wissen in der ökonomischen Theorie. Überlegungen zum Zusammenhang von Mediengeschichte und Geschichte der Wirtschaftswissenschaft. In: Adelmann, Ralf; Thiele, Matthias; Keilbach, Judith (Hg.): Ökonomien des Medialen. Tausch, Wert und Zirkulation in den Medien- und Kulturwissenschaften. Bielefeld: transcript, S. 103-126.

Hesse, Jan-Otmar (2007): Komplementarität in der Konsumgesellschaft. Zur Geschichte eines wirtschaftstheoretischen Konzeptes. In: Jahrbuch für Wirtschaftsgeschichte 30 (2007), S. 147-167.

Hesse, Jan-Otmar (2010): Wirtschaft als Wissenschaft. Die Volkswirtschaftslehre in der frühen Bundesrepublik. Frankfurt / M.: Campus.

Kibbee, Joel M.; Craft, Clifford J.; Nanus, Burt (1961): Management games: A new technique for executive development. Reinhold Pub. Corp.

Link, Jürgen (2009): Versuch über den Normalismus: Wie Normalität produziert wird. 4. Aufl., Göttingen: Vandenhoeck & Ruprecht.

Marting, Elizabeth; Riccardi, Frank M. (Hg.) (1957): Top Management Decision Simulation. The AMA approach. New York: American Management Association.

Mirowski, Philip (2002): Machine dreams: Economics becomes a cyborg science. Cambridge [u. a.]: Cambridge University Press.

Nohr, Rolf F. (2006): Rhythmusarbeit. Die Interdependenz von Rhythmus und Spiel am Beispiel der Arbeitswissenschaft. In: Nohr, Rolf F.; Neitzel, Britta (Hg.): Das Spiel mit dem Medium. Partizipation, Interaktion, Immersion. Tagungsband der Gesellschaft für Medien. Marburg: Schüren, S. 223-244.

Nohr, Rolf F. (2008): Die Natürlichkeit des Spielens. Vom Verschwinden des Gemachten im Computerspiel. Münster: LIT.

Nohr, Rolf F. (2008a): Handlungsanweisungen für Siegertypen". Diskurse des Strategischen. In: Kaminski, Winfried; Lorber, Martin (Hg.): Spielen in digitalen Welten. München: kopaed, S. 149-166.

Nohr, Rolf F. (2010): Strategy Computer Games and Discourses of Geopolitical Order. In: Eludamos. Journal for Computer Game Culture, Jg. 4, H. 2, S. 1–3. Online verfügbar unter http://www.eludamos.org.

Nohr, Rolf F. (2010a): The Naturalization of Knowledge. Games between Common Sense and Specialized Knowledge. In: Günzel, Stephan; Liebe, Michael; Mersch, Dieter (Hg.): Logic and Structure of the Computer Game. Potsdam: University Press, S. 130–145. Online verfügbar unter: http://opus.kobv.de/ubp/volltexte/2010/4269/pdf/digarec04.pdf.

Nohr, Rolf F. (2012): Free market economy and Dino-Crisis. The production and circulation of knowledge in strategy games. In: Fromme, Johannes; Unger, Alexander (Hg.): Computer Games and New Media Cultures. A Handbook of Digital Games Studies. Berlin: Springer, S. 125-142.

Nohr, Rolf F.; Böhme, Stefan (2009): (unter Mitarbeit von Gunnar Sandkühler) Die Auftritte des Krieges sinnlich machen. Johann C. L. Hellwig und das Braunschweiger Kriegsspiel. Braunschweig: Appelhans.

Pack, Ludwig (1968): Unternehmer-Planspiele für die betriebswirtschaftliche Ausbildung: Spielbeschreibungen. Köln: Westdeutscher Verlag.

Perron, Bernard; Wolf, Mark J. P. (2008): The Video Game Theory Reader 2. New York [u. a.]: Routledge.

Pias, Claus (2002): Computer-Spiel-Welten. München: Sequenzia.

Pias, Claus (Hg.) (2004): Cybernetics - Kybernetik: The Macy-Conferences 1946 - 1953. Bd. 2: Essays and Dokumente. Zürich [u. a.]: diaphanes.

Pircher, Wolfgang (2004): Markt oder Plan. Zum Verhältnis von Kybernetik und Ökonomie. In: Pias, Claus (Hg.): Cybernetics - Kybernetik: The Macy-Conferences 1946 - 1953. Bd. 2: Essays and Dokumente. Zürich [u. a.]: diaphanes, S. 81-96.

Pircher, Wolfgang (2008) Im Schatten der Kybernetik. Rückkopplung im operativen Einsatz: Operational Research. In: Hörl, Erich; Hagner, Michael (Hg.): Die Transformation des Humanen : Beiträge zur Kulturgeschichte der Kybernetik. Frankfurt / M.: Suhrkamp, S. 348-376.

Raessens, Joost; Goldstein, Jeffrey (2005): Handbook of Computer Game Studies. Cambridge, Mass. [u. a.]: MIT Press.

Rohn, Walter Ernst (1964): Führungsentscheidungen im Unternehmensplanspiel. Essen: Girardet.

Rohn, Walter Ernst (1980): Methodik und Didaktik des Planspiels. Köln: Deutscher Instituts-Verlag.

Rohn, Walter Ernst (1986) The Present State and Future Trends in Management Games for Management Development in Germany. In: Simulation & Gaming, Jg. 17,

H. 3, S. 382-392.

Rohn, Walter Ernst (1988) Deutsche Planspiel-Übersicht. 4. Aufl., Wuppertal: Dt. Planspiel-Zentrale.

Schweinitz, Jörg (2006) Totale Immersion, Kino und die Utopien von der virtuellen Realität. Zur Geschichte und Theorie eines Mediengründungsmythos. In: Nohr, Rolf F.; Neitzel, Britta (Hg.): Das Spiel mit dem Medium. Partizipation, Interaktion, Immersion. Tagungsband der Gesellschaft für Medien. Marburg: Schüren, S. 136-153.

Spies, Christian; Schröter Jens (2006): Interface. Analoger Closed Circuit vs. Digitale Interaktivität. In: Nohr, Rolf F.; Neitzel, Britta (Hg.): Das Spiel mit dem Medium. Partizipation, Interaktion, Immersion. Tagungsband der Gesellschaft für Medien. Marburg: Schüren, S. 104-116.

Watson, Hugh J. (1978): An Empirical Investigation of the Use of Simulation. In: Simulation & Gaming, Jg. 9, H. 4, S. 477-482.

Winkler, Hartmut (1997): Docuverse. Zur Medientheorie der Computer. Regensburg: Boer.

Winkler, Hartmut (1999): Die prekäre Rolle der Technik. Technikzentrierte versus ‚anthropologische' Mediengeschichtsschreibung. In: Pias, Claus (Hg.): [me'dian] i Dreizehn Vortraege zur Medienkultur. Weimar, S. 221-238.

Wolfe, Joseph (1976): Correlates and Measures of the External Validity of Computer-Based Business Policy Decision-Making Environments. In: Simulation & Gaming, Jg. 7, H. 4, S. 411-438.

Wolfe, Joseph (1993): A History of Business Teaching Games in English-Speaking and Post-Socialist Countries: The Origination and Diffusion of a Management Education and Development Technology. In: Simulation & Gaming, Jg. 24, H. 4, S. 446-463.

Blackout – und morgen sitzen wir im Dunkeln?

Bericht aus dem Forschungsprojekt AktOr mit der deutschen Energieindustrie

Arne Maibaum, Eric Treske

Die deutschen Energieversorger garantieren Industrie und Bevölkerung eine im internationalen Vergleich hohe Versorgungssicherheit. Infolge gesetzlicher Neuregelungen, steigen die Anforderungen für die Energieunternehmen und ihre Mitarbeiter insbesondere an das Stromnetz und die sie koordinierenden Leitwarten. Das Forschungsprojekt AktOr arbeitet die Stärken der bestehenden Systeme entlang der HRO Theorie von Karl Weick heraus. Die Erkenntnisse werden in ein Planspiel übertragen, mit dem Mitarbeiter lernen, unter schwierigeren Rahmenbedingungen kompetent zu handeln. Der Artikel beschreibt das empirische Feld und die ersten Entwicklungsschritte auf dem Weg zu einem Planspiel im Format eines Policy Games.

The German energy suppliers guarantee industry and population, in international comparison, a high security of supply,. As a result of new legislative regulations, the requirements for energy companies and their employees, particularly to the power grid and they coordinating power control rooms. The research project AktOr works out the strengths of the existing systems along the HRO theory of Karl Weick. The results are transferred into a simulation game, so that the employees will learn to act competently under difficult conditions. The article describes the empirical field and the first steps of the development on the way to a simulation game in the format of a policy game.

1. Stromnetz

Seit das erneuerbare Energien-Gesetz (EEG) im Jahr 2000 in Kraft getreten ist, hat sich die Situation im deutschen Stromnetz stark gewandelt. Was früher ein klassisches Top-Down gesteuertes Netz war, bei dem der Strom zentral in großen Kraftwerken produziert wurde, ist man heute auf dem Weg in ein dynamisches System mit dezentralen unabhängigen Einspeisern. Statt die Stromproduktion wie bisher standardisiert planen zu können, verhalten sich die durch das Gesetz geförderten Energieträger, vor allem Photovoltaik und Windenergie, volatil. Das bedeutet, dass diese Energiesorten vergleichsweise spontan und schwankend auftreten, was die Planbarkeit der Versorgung erheblich erschwert. Im alten Modell gibt es eine Standard-Kurve des Stromverbrauchs: morgens stehen die Menschen auf, die Industrie fährt an, die Last steigt bis Mittag zum Höhepunkt an und nimmt dann bis in den Abend wieder ab. Nach einer solchen Abfrage können die Kraftwerksleistungen abgerufen werden, dazu müssen sie nicht sonderlich flexibel sein. Wird mehr Strom gebraucht, fahren die Kraftwerke höher. Soll - wie durch das EEG vorgeben - ein immer größerer Anteil durch Energieformen ersetzt werde, die nicht beliebig verfügbar sind, geht das alte System nicht mehr auf. Da sich Strom nicht dauerhaft in großen Mengen speichern lässt, muss zum Beispiel in Fällen eines windstillen, nebeligen Morgens die Last durch herkömmliche Kraftwerke ausgeglichen werden. Geschieht dies nicht oder nicht schnell genug, ist nicht ausreichend Energie im Netz verfügbar, es kommt zur Unterversorgung, der Strom fällt aus, der Kunde sitzt im Dunkeln.

Noch schwieriger für die Netzbetreiber ist die umgekehrte Situation: zu viel Ladung ist im Netz, es gibt keine Last, die diese abnehmen könnte. Typisch hierfür ist die Situation einer windigen Nacht: Die Windenergieanlagen produzieren Strom, aber es sind kaum Abnehmer vorhanden. Sollte diese Stromspitze ungeregelt durch das Netz laufen, kann es zum Durchbrennen der Anlagen und damit zu dauerhaften Schäden kommen. Hinzu kommt die Gefahr, dass wenn der Wind zu stark wird, die Windanlagen komplett vom Netz gehen, da sie nur bis zu einer gewissen Windgeschwindigkeit ausgelegt sind. Hier entstünde dann wieder ein abrupter Leistungsabfall, Kunden wären unterversorgt. Ein Abschalten der Anlagen ist schwierig, da sie im Gegensatz zu den klassischen Kraftwerken nicht im Besitz der Netzbetreiber sind, und ihre Betreiber durch die Einspeisevergütung ein Recht auf Abnahme der produzierten Energie haben. Zudem sind weder die Verteilnetze noch die Übertragungsnetze aktuell für die weite Übertragung großer Energiemengen ausgelegt, ihr Ausbau wurde Jahrzehnte lang verzögert. Sie jetzt zügig zu erweitern, ist wesentlich teurer und schlechter vergütet als der Ausbau der durch die Politik geförderten Wind- und Solaranlagen.

Als ein Heilmittel für diese Drohszenarien steht seit längerem das Stichwort der smarten Technik im Raum: Netze sollen intelligent werden, Zähler vernetzt, Haushaltsgeräte smart, sie sollen die Stromlage erkennen und sich ein oder abschalten können, wenn der Strompreis günstig ist. Aber auch dadurch droht neues Risiko für die Sicherheit der Netze: es bilden sich Zugriffsmöglichkeit aus, für die das Netz in seiner heutigen Form nie gedacht war. Hier überschneiden sich IT-Infrastrukturen, die durch ihre Unabhängigkeit sicher waren, mit den Zugriffsmöglichkeiten des öffentlichen Internets (vgl. Jendricke 2011); ein Szenario, das auch in dem erfolgreichen Roman „Blackout“ als Ausgangspunkt für einen Stromausfall dient (vgl. Elsberg 2012).

Hinzu kommen Veränderungen in der Struktur der Energieunternehmen selbst. Auf Bestreben der EU wurde das klassische monopolartige Konzept der großen Energieversorger aus Energieerzeugung, Energietransport und Energiehandel aufgebrochen. Ziel war es, den Strommarkt für alle Anbieter zu öffnen. Dazu sollen die Gewinnen aus der Stromproduktion und die Gebühren aus der Netz-Durchleitung getrennt werden und somit eine transparente Preispolitik erreicht werden. Drei der vier deutschen Höchstspannungsnetze sind in der Folge an internationalen Investorengruppen verkauft worden. Darüber hinaus sieht das Energie-Wirtschafts-Gesetz (vgl. EnWG 2005) für alle Energieanbieter mit mehr als 100.000 Kunden die buchhalterische, informationelle, organisatorische und gesellschaftsrechtliche Entflechtung vor, was dazu führt, dass Tochtergesellschaften entstehen, die langfristig eigenen Gewinnerwartungen gerecht werden müssen.

Anstelle großer integrierter Quasi-Monopole mit zentralisierter Top-down-Kontrolle wird der Strommarkt zunehmend von Organisationen beliefert, die aus entflechteten und marktförmigen Teilen beliefert werden (vgl. Schulmann 2004), die aus einem „Patchwork aus privaten und öffentlichen Eigentümer bestehen“ (De Bruijne 2007, S. 19). Zudem erhöht sich die Anzahl der Teilnehmer und der genutzten Technologien drastisch. Gleichzeitige Liberalisierung und Deregulierung und Reregulierung (vgl. ebd.) und staatliche Steuerung ergeben problematische Situationen.

Das Ziel des Projektes „Achtsamkeitstraining für Organisationen zur Prävention und Bewältigung von Krisen“ (AktOr) ist es, Energiewirtschaft als Betreiber einer kritischen Infrastruktur dabei zu unterstützen, trotz dieser komplexen Veränderungen im Bereich der Energieerzeugung und –verteilung die deutsche Gesellschaft weiterhin zuverlässig mit Energie zu versorgen. Es soll ein Planspiel erstellt werden, das anhand unterschiedlicher Krisenszenarien die Sensibilität gegenüber unerwarteten Ereignissen und den flexiblen Umgang damit erhöht.

2. Theorie der High Reliability Organizations (HRO)

Die Idee des Projektes AktOr ist es, auf soziologische Theorie zurückzugreifen, um zentrale Elemente des Planspiels zu gestalten bzw. die empirischen Befunde aus den Partnerunternehmen zu systematisieren. Für den Bereich der kritischen Infrastrukturen, wie das Stromnetz, gibt es in der Soziologie die Theorie der High Reliability Organizations (HROs). Bei HROs handelt es sich um Organisationen, die in einer Umwelt, in der Unfälle aufgrund großen Risikos und hoher Komplexität zu erwarten sind, erfolgreich operieren.

HROs scheinen Prototypen für ein zuverlässiges Handeln unter komplexen Bedingungen, wie dem modernen Stromnetz zu sein. Sie konzentrieren sich weniger auf ihre Erfolge als vielmehr auf ihre Fehler, die genauestens analysiert werden. Sie sind skeptisch gegenüber ihren eigenen Erwartungen und ihrem vermeintlichen Wissen; von daher sind HROs aufmerksam gegenüber kleineren Abweichungen oder Zwischenfällen. Sie bemühen sich aktiv um Verlässlichkeit und versuchen, dieses Ziel mit Wirtschaftlichkeitserwägungen zu vereinbaren. Sie erarbeiten sich ein komplexes Bild der Wirklichkeit, indem sie möglichst viele verschiedene Perspektiven auf ein Problem sammeln und eine respektvolle Atmosphäre schaffen, in der es möglich ist, sich wechselseitig zu widersprechen, aber auch eigene Fehler einzugestehen. HROs „seek agressively to know what they don't know" (Roberts, Bea 2001, S. 1).

Zugleich bleiben sie sich jedoch der Überraschungsfähigkeit der Systeme, mit denen sie es zu tun haben, und der Vorläufigkeit ihrer formalen Regeln bewusst.

HROs zeichnen sich schließlich durch eine flexible Rollenstruktur aus, die es erlaubt, Entscheidungskompetenzen dorthin zu verlagern, wo die größte fachliche Expertise vorhanden ist. Sie springen zwischen verschiedenen Steuerungsmodi hin und her: Sie sind einerseits hierarchisch organisiert, können situationsspezifisch die hierarchische Struktur aber auch umkehren und Befugnisse nach unten oder zu informellen Gruppen verlagern.

Begonnen wurde die Erforschung dieser Organisationen Ende der 1980er-Jahre von amerikanischen Forschern der Berkley Gruppe (vgl. Bourrier 2009, S. 122):, die spezielle Organisationen wie Flugzeugträger (vgl. Weick, Roberts 1993) oder Feuerwehren (vgl. Weick 1993) analysierten. Da diese Organisationen aus anderen Bereichen mit anderen Strukturen kommen, wie Befehlskultur oder den permanenten

Ausnahmefall, mussten wir uns im Projekt AktOr fragen, wie es den Betreibern des Stromnetzes gelingt, den Alltag zuverlässig und fehlerfrei zu organisieren. Daher ist der Ansatz aus Sicht der wissenschaftlichen Forschung zweiteilig: zum einem wird in Interviews mit den Netzbetreibern die Frage gestellt, was ihre Prinzipien und Vorgehensweisen sind, wo ihre besonderen Fähigkeiten liegen und was ihr expliziter Bedarf an Verbesserung ist. Zum anderen wird die Theorie aufgearbeitet und auf das Feld der Stromnetzbetreiber bezogen. Besonders nützlich sind die fünf Prinzipien der HROs, die Karl Weick und Kathleen Sutcliff zusammengestellt haben (vgl. Weick, Sutcliff 2007).

Die HRO Prinzipien nach Weick und Sutcliff bestehen aus zwei Stufen: Antizipation und Eindämmung. Antizipation hat drei Elemente: Preoccupation with failure (Konzentration auf Fehler), Reluctance to simplify (Abneigung gegen vereinfachende Interpretation), Sensitivity to operations (Sensibilität für betriebliche Abläufe). Das Prinzip der Eindämmung besitzt zwei Elemente: Commitment to resilience (Streben nach Flexibilität), und Deference to expertise (Respekt vor fachlichem Wissen und Können) (vgl. Weick 2007).

Achtsamkeit entsteht zum Großteil aus „Konzentration auf Fehler“ (1. Prinzip). Weick sieht HROs als geradezu „besessen von Fehlern“ an (vgl. Weick 2010, S. 10). Diese Besessenheit entstammt dem Wissen, dass in komplexen Systemen, also der üblichen Umwelt der HROs, kleine Fehler oft große Unfälle nach sich ziehen können. In komplexen und eng gekoppelten Systemen, wie zum Beispiel auch dem Stromnetz, können sich Fehler völlig unerwartet fortsetzen, indem zum Beispiel kleine Pannen unerwartet zusammenwirken und so eine große Katastrophe auslösen (vgl. Perrow 1992). HROs müssen diese Fehler sofort eindämmen; je früher sie erkannt werden, desto einfach ist es, ihnen entgegen zu wirken. Solche kleinen Fehler sind in Hoch-Risiko-Organisationen jedoch seltene Ereignisse, die aktiv gesucht werden müssen um sie zu entdecken. Damit dies funktionieren kann, müssen Fehler auch gemeldet werden. HROs haben deshalb eine „Reporting Culture“ (Weick 1987), eine Organisationskultur bei der die Mitarbeiter keine Sanktionen fürchten müssen, wenn sie Fehler melden, sondern geradezu zum Melden jedweder Unregelmäßigkeit angehalten werden.

Damit die Fehlererkennung richtig funktionieren kann, haben HROs eine „Abneigung gegen vereinfachende Interpretationen“ (2. Prinzip) (vgl. Weick 2010). Das bedeutet, dass sie ihre komplexe Umwelt auch als komplex wahrnehmen. Mitarbeiter haben eine differenzierte Sicht auf ihre Umwelt, ihre Achtsamkeit beschränkt sich nicht nur auf den eigenen Arbeitsplatz oder das eigene Element des Systems, da „eine stärkere Differenzierung ein reichhaltigeres und vielfältigeres Bild der potentiellen Folgen [ergibt], das wiederum vielfältigere und aussagekräftigere Vorsichtsmaßnahmen und Frühwarnzeichen [ermöglicht]" (ebd., S. 73). Die Devise, die Weick ausmacht, lautet: „Man benötigt Vielfalt, um Vielfalt zu beherrschen" (ebd., S. 76). Zudem haben HROs Personen, die gezielt darauf achten, dass das Gesamtbild erhalten bleibt. Gerade in komplexen, hochtechnischen Systemen mit vielen Spezialisten ist es wichtig, das „Big Picture" (Roberts, Bea 2001) möglichst an alle Beteiligten zu vermitteln. Um dies umsetzen zu können besitzen HROs eine „Sensibilität für betriebliche Abläufe" (3. Prinzip). Das bedeutet, HROs achten vor allem auf die ‚vorderste Front', wo praktische Arbeit geleistet wird. Nicht die Planung, wie das Budget oder der Personaleinsatz bekommen die höchste Aufmerksamkeit, sondern die tatsächlichen operativen Akteure.

Außerdem lassen HROs ihre Hierarchien nicht in schwerfällige Bürokratien ausarten. So versorgen sie alle Mitarbeiter mit „detaillierten Informationen über den neuesten Stand der Dinge" (Weick 2010, S. 78). Dadurch kann auch das ‚große Bild' besser erreicht werden und mehr Mitarbeiter haben einen Gesamtüberblick. Zudem ist HROs bewusst, dass „ein enger Zusammenhang zwischen der Sensibilität für betriebliche Abläufe und der Sensibilität für Beziehungen besteht" (ebd., S. 14). Wenn keine Reporting Culture herrscht und Mitarbeiter davor Angst haben, Fehler zu melden, kann das System nicht funktionieren, da wichtige Informationen vorenthalten werden. Daher ist es wichtig, dass HROs alle Anzeichen für einen gestörten Betrieb erkennen und diese auch mitteilen.

Sollten sich Fehler dennoch ereignen, greifen die Prinzipien der Eindämmung. So streben alle HROs nach Resilienz[1] (Streben nach Flexibilität, 4. Prinzip): „Resilienz ist eine Mischung aus der Fähigkeit, Fehler frühzeitig zu entdecken, und der Fähigkeit, das System durch improvisierte Methoden am Laufen zu halten". Diese Widerstandskraft besteht aus drei Komponenten: die Möglichkeit, im Notfall flexibel zu reagieren und die Aktivität zu erhöhen, um die Krise zu überwinden, die Fertigkeit nach unerwarteten Ereignissen zurück zum normalen Betrieb zu kommen und besonders die Fähigkeit aus einem solchen Event zu lernen und zu wachsen.

Um eine solche Flexibilität in Krisenfällen zu erreichen, haben HROs besonderen

[1] Im Deutschen mit „Flexibilität" übersetzt. Flexibilität ist aber nur ein Teil der „widerstandsfähigen" Organisation

Methoden. Eine ist der „Respekt vor fachlichem Wissen und Können“ (5. Prinzip). Dieser Respekt erlaubt es ihnen, dass in Krisenfällen keine starre Hierarchie herrscht, sondern die Entscheidungsgewalt durch die Organisation zu der Person wandert, die das beste fachliche Wissen und Können hat, um das Problem lösen zu können. So ist es HROs möglich, auch in komplexen Situationen hoch zuverlässig zu entscheiden und so die bestmögliche Strategie zu finden, um Unerwartetes zu managen (vgl. Weick 2010), eine Fähigkeit, die weit über klassisch zuverlässige Standard Operational Procedures hinaus geht. Gleichzeitig können HROs aber auch eine Entscheidung erzwingen, wenn die Lösungssuche zu viel Zeit in Anspruch zu nehmen droht. Entscheidungsfähigkeit wandert also in der Organisation hin und her. Möglich ist das nur bei „mutual recognition of skill levels and legitimacy“ (Weick 2007, S. 78).

Je mehr alle diese Prinzipien gelebt werden und in die Organisationskultur übergehen, desto besser ist die Achtsamkeit einer Organisation. Je höher die Achtsamkeit ist, desto besser ist die Fähigkeit, Unerwartetes zu erkennen und zu managen. Eine Organisation, die dies kann, ist hoch reliabel.

3. Vorgehen bei der Planspielentwicklung

3.1 Klassische Vorgehensweise

Wie verbindet sich nun sozialwissenschaftliche Forschung mit der Entwicklung eines Planspiels? Es gibt unterschiedliche Ansätze (vgl. Duke 1974; Duke, Geurts, Underwood 1989; Geurts, Caluwe, Stoppelenburg 2000; Greenblat 1989; Jones 1997; Maidment, Bronstein 1973; Ellington 1982) für das Vorgehen in einer Planspielentwicklung, wobei sich diese in ihrer Struktur ähneln. Für die Entwicklung eines Planspiels, das sich an einer komplexen empirischen Realität orientiert, hat sich das neun- bzw. 21- stufige Vorgehen von Richard Duke etabliert (vgl. Duke, Geurts, Underwood 1989). Um die Endnutzer besser in den Entwicklungsprozess zu integrieren, haben wir uns für die kompaktere Variante von Ivo Wenzler (2011) entschieden (siehe Abb. 1). Das Vorgehen von Wenzler hat sich in unterschiedlichen Projekten in der Industrie bewährt und wird vom Autor regelmäßig in Fachartikeln reflektiert (vgl. Wenzler 2004; Wenzler 2008; Deenen 2012). Eine vergleichbare Reduktion haben wir für die Übertragung des abzubildenden Systems in Spielkomponenten des Planspiels gewählt. Im Laufe des Entwicklungsprozesses werden mit Hilfe einer Matrix die Elemente der sozialen Realität in Spielkomponenten übersetzt.

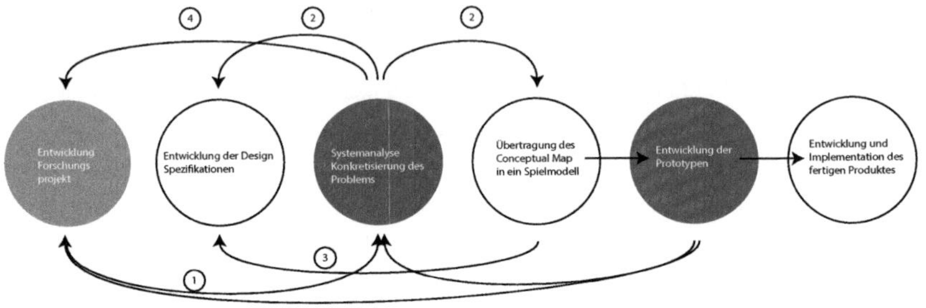

Abb. 1: Typischer Verlauf Planspielentwicklung, nach Wenzler (vgl. Deenen et.al. 2012)

3.2 Was ist anders in der Vorgehensweise bei AktOr

Unser Vorgehen im Projekt AktOr unterscheidet sich von der idealtypischen Planspielentwicklung. In der Literatur wird großer Wert darauf gelegt, dass zu Beginn des Entwicklungsprozesses das Problem gemeinsam mit dem Kunden beschrieben und geklärt wird. Nur wenn das Problem verstanden wurde, kann es von den Entwicklern in einem Planspiel abgebildet werden. Die Besonderheit im Projekt AktOr lag nun darin, dass zwar mit dem Projektantrag ein Problem bzw. eine Forschungshypothese vorlag, die empirische Forschung diese aber zunächst bestätigen musste.

Ein Problem mit dem Kunden zu besprechen und zu klären, klingt einfach. Ist das, was die Wissenschaftler der TU Dortmund sehen[2] auch das, was die beteiligten Unternehmen als Problem betrachten? Eine der Stärken der Methode Planspiel besteht darin, unterschiedliche Perspektiven auf ein Problem zu vereinen. Im konkreten Projekt bedeutete dies, die Perspektiven unterschiedlicher Unternehmensabteilungen von vier Unternehmen zu berücksichtigen. Für den Entwicklungsprozess ergaben sich hieraus zwei Anpassungen: die Ergänzung einer zusätzlichen Entwicklungsphase und die Etablierung eines iterativen Entwicklungsprozesses[3]. Eine zusätzliche Phase wurde vor den klassischen Entwicklungsprozess gesetzt.

---

[2] Welche Vor- und Nachteile die verallgemeinernde, wissenschaftliche Beschreibung für die Entwicklung eines Planspieles hat, wird einzig von Cathy Greenblat diskutiert. Es würde diesen Artikel sprengen, diesen Aspekt zu diskutieren (vgl. Greenblat 1975, S. 151).

[3] Im Gegensatz zu einem streng chronologischen Vorgehen

So führte die TU Dortmund zunächst Experteninterviews durch, um Situation und Bedarfe der beteiligten Unternehmen zu beschreiben bzw. zu erheben. Anstatt aber dann dem typischen Entwicklungsprozess sequentiell zu folgen, kommunizierten wir die Zwischenergebnisse der Phase „Konkretisierung des Problems", um die Ergebnisse der Diskussion bereits in der nächsten Phase „Spezifikation" zu berücksichtigen. Wir parallelisierten somit die einzelnen Schritte des Entwicklungsprozesses und arbeiteten mit Zwischenergebnissen. Dies setzte voraus, dass wir frühzeitig Rückmeldungen aus den Unternehmen in den Entwicklungsprozess einbezogen. Dies gelang nur teilweise. So mussten wir beispielsweise feststellen, dass die Leistungsbeschreibung aus der klassischen Planspielentwicklung für die Unternehmensvertreter zu fachspezifisch war und so letztlich keine ausreichende Rückmeldung stattfand.

3.3 Fundstücke aus der Empirie

In der Interviewphase stellte sich die HRO-Theorie als sehr fruchtbar für die Untersuchung der Energieunternehmen dar. Die erste Aufgabe der Feldphase war es, den explizit geäußerten Bedarf an Training durch die Partner zu sammeln und zu systematisieren. Dabei lässt sich feststellen, dass sich der Bedarf gut mit der HRO-Theorie beschreiben und aufbereitet werden kann. Vor allem die geäußerten Punkte, die mit „Schnittstellenkommunikation" und „Informationsweitergabe" gelabelt werden konnten, lassen sich unter Zuhilfenahme der Prinzipien wie ‚Respekt vor fachlichem Wissen und Können' und der ‚Reporting Culture' aufarbeiten.

Die zweite Absicht war es, die Betriebsabläufe der Unternehmen durch die Anwendung der HRO-Theorie zu verbessern. Unerwartet dabei war, wie stark das Verhalten der Mitarbeiter den Beschreibungen der HRO-Theorie gleicht. In allen Unternehmen existiert viel implizites Wissen über Fehler-Vermeidung und Krisenbewältigung. Zudem zeigte die Analyse, dass auch die Organisations-Strukturen der Energieunternehmen über die vergangenen Jahrzehnte sehr reliabel aufgestellt worden sind. Über lange Mitarbeiter-Bindung und breite, ausgefeilte Ausbildung schaffen es die Unternehmen im Krisenfall tatsächlich die von Weick beschriebene Flexibilität zu erreichen.

Dies lässt sich mit den Zuverlässigkeitsdaten des Stromnetzes belegen: die „durchschnittliche [...] Nichtversorgungszeit" (SAIDI[4]) gibt die Netzzuverlässigkeit an. Hier steht das deutsche Stromnetz seit Jahren an der Spitze in Europa mit den

[4] System Average Interruption Duration Index - erhoben von der Bundesnetzagentur und dort einzusehen.

höchsten Zuverlässigkeitswerten. Die Strukturen, die diese Zuverlässigkeit ermöglichen, wurden allerdings zu einem Zeitpunkt geschaffen, als die Unternehmen noch nicht fragmentiert waren und unter weniger direktem wirtschaftlichen Druck standen. Sie zehren von ihren alten Verbindungen und den guten Mitarbeitern, die seit Jahrzehnten im Unternehmen sind. Dies bedeutet aber auch, dass mittelfristig beide Faktoren des Erfolges brüchig werden. Zusammen mit den eingangs beschriebenen Entwicklungen, die erst in kommenden Jahren ihre volle Wirkung zeigen werden, verändert diese Erkenntnis den Fokus des Trainingsziels. Es stellte sich daher eher die Frage: „Wie kann dieses erfolgreiche Verhalten, gemäß einer HRO-Kultur, in den beteiligten Unternehmen auf Dauer gestellt werden? Wie lassen sich die unbewussten Fähigkeiten explizieren und zukünftig nutzbar machen?"

3.4 Folgerungen für das Format Policy Game

Aus diesem Grund entschlossen wir uns, das Planspielformat Policy Game zu wählen. Ein Policy Game wird insbesondere dann eingesetzt, wenn das zu behandelnde Thema noch in der Zukunft liegt und / oder relativ unbestimmt in seinen Folgen ist.

Kriterien und Eingrenzungen für das Planspiel

Aus dem umfangreichen Interviewmaterial wurden die Akteure, Abteilungen und Bereiche identifiziert, die entlang des Versorgungsprozesses für die Stromversorgung eine zentrale Bedeutung haben. Als eine wichtige Rolle im System, identifizierten wir die Teamleiter in den Leitwarten. Je nach Unternehmen trägt diese Funktion unterschiedliche Bezeichnungen. Gemeinsam ist dieser Personengruppe, dass sie eine Funktion ausübt, die im Moment der Großstörung zwischen Krisenstab und Leitwarte steht. Sie bilden das zentrale Scharnier, übersetzen technische Entwicklungen für den eher strategisch ausgerichteten Krisenstab und halten zugleich den Mitarbeitern in den Leitwarten den Rücken frei. Die Mitarbeiter der Leitwarten schalten in der Störungssituation die Anlagen und steuern die Werkstatteams vor Ort. Es lag daher nahe, folgende Ebenen abzubilden: die Leitwarte mit dem jeweiligen Teamleiter und die Werkstatteams. Der Krisenstab sollte in seiner Sonderfunktion ebenfalls in das Planspiel integriert werden. Da der Umgang mit Störungen weniger als 10 % der regulären Tätigkeit in einer Leitwarte ausmachen, bestand die Überlegung, dies auch in der Art der Aufgabenverteilung im Planspiel zu berücksichtigen.

Erster Prototyp oder: Wie könnte das Planspiel aussehen?

Parallel zu den Experteninterviews verschafften wir uns einen Überblick über die bekannten Trainingssimulationen im Bereich des Krisen- und Störungsmanagements. Typische Themen für Trainingssimulationen sind der Umgang mit Naturkatastrophen (Busch- und Waldbrände, Vulkanausbrücke, Überschwemmungen, Erdbeben, Stürme, Sturmfronten oder der Ausbruch von Krankheiten), Unfällen (Atomunfälle, Flugzeugabstürze, Boots- und Schiffsunglücke), technischen Störungen (Atomkraftwerke, Chemische Anlagen, Raumfahrt, Krankenhaus-, Haus- und Fabrikbrände), Stresssituationen (OP-Teams) oder politisch motivierten Aktionen (Terroranschläge, Bombendrohungen oder Geiselnahmen). Zeitlich setzen die beschriebenen Trainingssimulationen vor, während und nach einer Krise an. So versucht man einerseits mit Achtsamkeit die Krise abzuwenden, wenn sie doch eingetreten sein sollte, diese einzugrenzen oder schließlich kompetent mit den Folgen umzugehen (siehe Abb. 2).

Abb. 2: Ansatzpunkte für ein Planspiel

Der Begriff der Krise wird bei den Energieversorgern vermieden, gebräuchlicher ist der Begriff der Störung oder Großstörung (siehe Abb. 3). Zielgruppe der bislang vorliegenden Trainingssimulationen sind zum überwiegenden Teil die Krisenstäbe der beauftragten Organisationseinheiten oder staatliche Stellen. Simulationskonzepte, welche breite Teile der Bevölkerung miteinbeziehen, sind lediglich im pazifischen Raum zu finden. Die zweite Richtung unserer Recherche konzentrierte sich auf Trainingssimulationen im Bereich Infrastruktur, insbesondere der Stromversorgung. Die TU Delft (Niederlande) und das Forschungsinstitut Crismart (Schweden) sind in Europa führend im Einsatz und der Entwicklung von Trainingssimulationen mit realem Krisenpotenzial. In der dritten Recherche konzentrierten wir uns auf allgemein erhältliche Gesellschaftsspiele, in geringerem Maße auf computerbasierte Spiele. Bei diesen Spielen interessierten uns die eingesetzten Spielmechanismen. Aus allen Recherchen kristalisierten sich drei Trainingssimulationen heraus, die in die engere Betrachtung kamen: The Communication Protocol Game (Fields of View, Indien), The Ghost Map (Universität Keio, Japan) und The ProRail Game (TU Delft, Niederlande und KTH, Schweden).

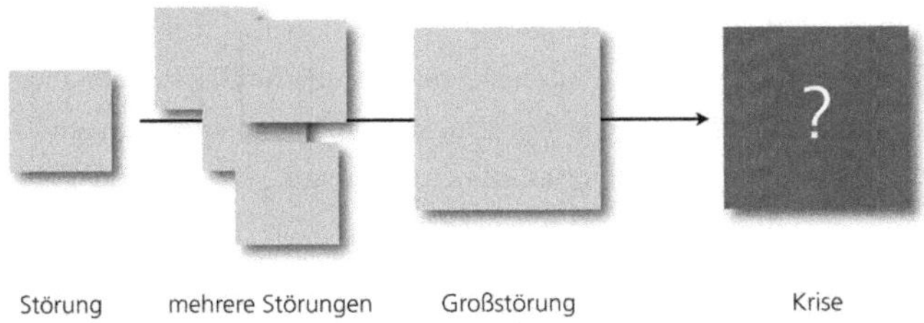

Abb. 3: Entwicklung und Umfang von Krisen

Rückmeldungen der Unternehmen zum ersten Prototyp

Der erste Prototyp des Planspiels wurde beim so genannten Meilensteintreffen, einer Sitzung mit allen am Projekt beteiligten Vertretern, vorgestellt – unmittelbar im Anschluss an eine klassische PowerPoint Präsentation. Mit Hilfe der Präsentation wurden zunächst die Ergebnisse der Recherchen und das besondere Format des Planspiels dargestellt und erörtert. Nacheinander wurden die einzelnen Elemente des Prototypen gezeigt. Die Idee war, möglichst nah an der Realität der betroffenen Beschäftigten zu bleiben und deren Arbeitsumgebung möglichst authentisch abzubilden. So wurde beispielsweise der Grundriss einer realen Trafostation eingesetzt und der Stadtplan einer bekannten Stadtgemeinde verwandt. Der Schwerpunkt des dargestellten Systemausschnittes lag auf dem Bereich der Leitwarte und des Außendienstes. Alle übrigen Akteure sollten über Ereigniskarten oder durch die Spielleitung simuliert werden. Die Arbeitsbereiche selbst sollten, im eigentlichen Spiel, in unterschiedlichen Räumen untergebracht sein, um die Schwierigkeiten in der Kommunikation gut abbilden zu können (siehe Abb. 4).

Die Unternehmensvertreter kritisierten insbesondere die Auswahl der abgebildeten Systemkomponenten und deren Gewichtung. Entscheidend wäre es, die drei Ebenen abzubilden, die im Falle einer Großstörung betroffen sind: Krisenstab, Leitwarte und operative Einheiten. Der Schwerpunkt innerhalb der Abbildung sollte auf der Leitwarte (und seinem Teamleiter) und dem Krisenstab liegen. Die operativen Einheiten könnten auch über Ereigniskarten oder ähnliches abgebildet werden. Kritik wurde auch am gewählten Abstraktionsgrad geübt, hier wünschte man sich eine abstraktere Darstellung. Dieser Wunsch wurde ausdrücklich durch die Vertreterin des Bundesamts für Bevölkerungsschutz und Katastrophenhilfe (BBK) unterstützt und findet sich in der Literatur wieder – steht aber im Gegensatz zu den Erfahrungen unseres Advisory Partners, der TU Delft[5].

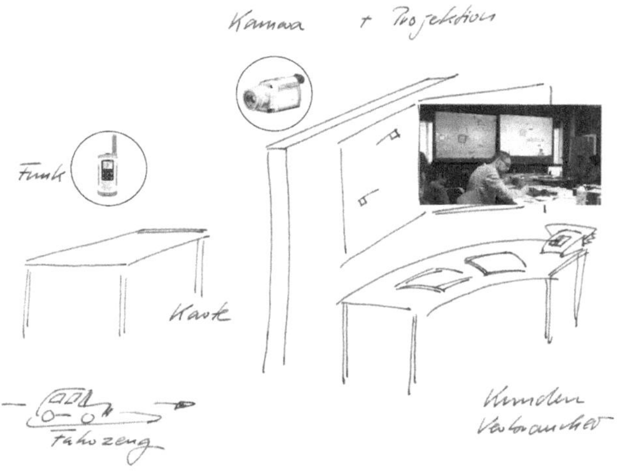

Abb. 4: Skizze des ersten Planspielszenarios

Eine interessante Rückmeldung erhielten wir zum Einbezug bzw. Nicht-Einbezug der fünf Prinzipien von Karl Weick. Zwar waren in den Rollenbeschreibungen, insbesondere des Teamleiters, zwei Prinzipien berücksichtigt worden – dies erschien den Unternehmensvertretern jedoch als unzureichend. Im Gegensatz dazu steht der Anspruch von intrestik und der TU Dortmund, kein Planspiel zu entwickeln, das lediglich die fünf Prinzipien von Karl Weick abstrakt trainiert. Die Prinzipien sind in diesem Sinne auch nicht als erlernbare Vorgaben zu verstehen, sondern als Grundlagen einer resilienten Organisationskultur.

---

[5] Wir vermuten, dass wir an dieser Stelle auf das Phänomen des „unheimlichen Tals“ gestoßen sind. Als „Ucanny Vally“ (Mashiro Miro, 1979) bezeichnet man das Paradox, dass die Akzeptanz von simulierten Phänomenen von dessen Realitätsgehalt abhängt. Allerdings akzeptieren Menschen simulierte Phänomene viel eher, wenn sie künstlich erscheinen, als wenn sie nur „fast perfekt“ sind. In unserem Fall war wohl die Darstellung nicht „realistisch“ genug.

4. Ausblick

Die Stromerzeuger in der Bundesrepublik befinden sich mitten in einem Umbruch, viele prognostizierte Veränderungen sind noch nicht in den Unternehmen angekommen oder können noch abgepuffert werden. Es besteht mit dem Projekt AktOr die Chance, in der Vergangenheit erfolgreiches Verhalten zu beschreiben und dieses auf ein Policy Game zu übertragen und somit für die Zukunft weiter zu entwickeln. Ziel ist es, im Planspiel unterschiedliche Situationen abbilden zu können und dafür gezielt einzelne Variablen, von Spielphase zu Spielphase, zu verändern. Diese Variationen sollen auf den Vorschlägen der Teilnehmer beruhen. So können unterschiedlichste Vorstellungen im Planspiel abgebildet werden und das zugrunde liegende Modell bleibt flexibel. Damit versuchen wir der Gefahr aus dem Weg zu gehen, nur für eine bestimmte Störungssituation zu trainieren und so einen neuen blinden Fleck für die Mitarbeiter zu schaffen. Inzwischen haben wir uns mit den Unternehmenspartnern auf eine Metapher für das Planspiel geeinigt, die das Bedürfnis nach einer „technischen“ Spielumgebung ebenso abbildet wie den Abstand vom eigenen Arbeitsfeld.

Literaturverzeichnis

Bourrier, Mathilde (2009): Das Vermächtnis der High Reliability Theory. In: Weyer, Johannes ; Schulz-Schaeffer, Ingo (Hg.): Management komplexer Systeme. München: Oldenbourg Verlag, S. 119-146.

De Bruijne, Mark; Van Eeten, Michel (2007): Systems that should have failed: critical infrastructure protection in an institutionally fragmented environment. In: Journal of Contingencies and Crisis Management, Vol. 15, S. 18–29.

Deenen, Rutger; Wenzler, Ivo; van Muijen, Sander (2012): Development of Personal Leadership through Simulations. In: Bielecki, Witold; Gandziarowska-Ziolecka, Jagoda; Picos, Anna; Wardaszko, Marcin (Hg.): Bondes & Bridges. Facing the Challenges of the Globalizing World with the Use of Simulation and Gaming. Warsaw: Poltext. S. 175-186.

Duke, Richard (1974): Gaming: The Future´s Language. London: Sage.

Duke, Richard; Geurts, Jac (2004): Policy games for strategic management. Pathways into the unknown. Amsterdam: Dutch University Press.

Geurts, Jac; Caluwe, de Léon; Stoppelenburg, Annemieke (2000): Changing organisations with gaming/simulation. Elsvier.

Greenblat, Cathy (1975): Sociological Theory and the „Multiple Reality“ Game. In: Greenblatt, Cathy; Duke, Richard (Hg.): Gaming-Simulation: Rationale, Design, and Applications. London: Sage. S. 148-161.

Greenblat, Cathy (1988): Designing Games and Simulations. An Illustrated Handbook. London: Sage.

Ellington, Henry; Addinall, Eric; Percival, Fred (1982): A handbook of game design. London: Kogan Page.

EnWG (2005): Online verfügbar unter http://www.gesetze-im-internet.de/enwg_2005 Bundesministerium der Justiz, zuletzt geprüft am 20.11.2013.

Elsberg, Marc (2005): BLACKOUT – Morgen ist es zu spät. München: Blanvalet Verlag.

Jendricke, Uwe (2011): Smart Grid und (Cyber-)Terrorismus – eine Gefahrenanalyse. In: 3. Göttinger Tagung „Aspekte der Versorgungssicherheit Strom und Gas". Bonn: Bundesamt für Sicherheit in der Informationstechnik.

Jones, Ken (1997): Games & Simulations Made Easy. Practical tips to improve learning through gaming. London: Kogan Page.

Maidment, Robert; Bronstein, Russell (1973): Simulation Games. Design and Implementation. Columbus: Charles E. Merrill Publishing Company.

Mori, Masahiro (1970): The uncanny Valley. In: Energy, Volume 7, Issue 4, S. 33-35.

Perrow, Charles. (1992): Normale Katastrophen. Die unvermeidlichen Risiken der Großtechnik. Campus, Frankfurt.

Roberts, Karlene H.; Bea, Robert (2001): Must accidents happen? Lessons from high-reliability organizations. In: Academy of Management Executive, Vol. 15, Issue 3, S. 70-79.

Schulman, Paul; Roe, Emery; van Eeten, Michel, de Bruijne, Mark (2004): High Reliability and the Management of Critical Infrastructures. Journal of Contingencies & Crisis Management, 12(1), S. 14-28.

Stoppelenburg, Annemieke; Caluwe, de Léon; Geurts, Jac (2012): Gaming. Organisatieverandering met spelsimulaties. Deventer: Kluwer.

Weick, Karl E. (1987): Organizational Culture as a Source of High Reliability. In: California Management Review, Vol. 29, No. 2, S. 112-127.

Weick, Karl E. (1993): The collapse of sensemaking in organizations: The Mann Gulch disaster. In: Administrative Science Quarterly, 38, 4; ABI/INFORM Global, S. 628.

Weick, Karl E.; Roberts, Karlene H. (1993a): Collective Mind in Organizations: Heedful Interrelating on Flight Decks. In: Administrative Science Quarterly, 38, S. 357-381.

Weick, Karl E.; Sutcliffe, Kathleen M. (2007): Managing the Unexpected: Assuring High Performance in an Age of Complexity, 1st ed. San Francisco: Jossey-Bass.

Weick, Karl. E.; Sutcliffe, Kathleen M. (2010): Das Unerwartete managen. Wie Unternehmen aus Extremsituationen lernen. Stuttgart: Schäffer-Poeschel.

Wenzler, Ivo (2004): Translating simulation results into real-life performance improvement: a practitioner´s view. In: Kriz, Willy Christian; Eberle Thomas (Hg.): Bridging The Gap: Transforming Knowledge into Action through Gaming and Simulation. Passau: SGmbHSGmbHA, S. 33-41.

Wenzler, Ivo (2008): Is your simulation game blue or green? In: de Caluwé, Léon; Hofstede, Gerd Jan; Peters, Vincent (Hg.): Why do games work? In search of the active substance. Deventer: Kluwer. S. 41-49.

Herausforderungen in der Kriegsursachenforschung

Planspiele und ihre Lösungsansätze

Steven Kawalle

Das internationale Staatensystem zeichnet sich durch einen hohen Komplexitätsgrad aus, wodurch Phänomene wie zwischenstaatliche Kriege schwer analysierbar sind. Ebenfalls liegen häufig nicht genügend zuverlässige Daten über militärische Konflikte und eine ausreichende Anzahl an Fallbeispielen vor. Der vorliegende Artikel zeigt Lösungsansätze, die die Planspielmethode im Umgang mit diesen Problematiken bietet. Zugleich wird verdeutlicht, welche bedeutenden Qualitäten Planspiele für die politikwissenschaftliche Forschung bereitstellen.

The international state system is characterized by a high degree of complexity. Thus phenomena such as inter-state conflicts are difficult to analyze. Futhermore, the analysis is impeded as in many cases data and case studies are rare. This article presents the method of gaming simulation that provides feasable approaches to address the above-mentioned challenges. Moreover, gaming simulations offer significant qualities facilitating the research of political science.

1. Einführung und Hintergrund

1.1 Herausforderungen im Fach der Internationalen Beziehungen (IB)

Soziale Systeme zeichnen sich oft durch einen hohen Komplexitätsgrad aus. Dies gilt in besonderer Weise für das internationale Staatensystem, da es auf einer Vielzahl gruppendynamischer, staatlicher sowie multinationaler Handlungsprozesse basiert (vgl. Haftendorn 1977, S. 298; Duke 1980, S. 364f.; Deutsch und Fritsch 1980, S. 31). Hierin besteht eine der großen Herausforderungen der Kriegsursachenforschung im Fach Internationale Beziehungen, da durch den multivariaten Charakter des Untersuchungsgegenstandes die in der Realität fehlende Möglichkeit, relevante Faktoren isoliert zu betrachten, besonders ins Gewicht fällt. Verallgemeinerbare Theoriemodelle bedürfen einer empirisch aussagekräftigen Anzahl an vergleichbaren Fallbeispielen, welche sich oft nur durch eine Analyse langer Zeiträume zusammentragen lassen. Jedoch ist das Heranziehen weit zurückreichender Fallbeispiele nur eingeschränkt geeignet, da forschungsrelevante Daten (Kriegsopferzahlen, umfassende Wirtschaftsdaten usw.) nur unzureichend dokumentiert oder überliefert sind. Des Weiteren sind repräsentative Kennzahlen (genaue Truppenstärken, militärische und wirtschaftliche Macht von Staaten usw.) prinzipiell schwer zu erfassen bzw. obliegen teilweise staatlicher Geheimhaltung.

Kriege werden von Personen in staatlichen Führungspositionen beschlossen. Aus diesem Grund müssen erklärungsfähige Kriegsursachentheorien Annahmen über das Verhalten von Menschen einschließen. Solche – wie der in der Wissenschaft oft genutzte Rational Choice Ansatz, wonach Menschen rationale, nutzenmaximierende Akteure sind – sind jedoch vereinfachte Modelle, um das komplexe menschliche Denken, Entscheidungsfinden und Handeln fassen zu können. Ihre Aussagekraft ist somit eingeschränkt, da sie nicht das gesamte Spektrum menschlichen Verhaltens abbilden (vgl. Simon 1985). Diesen Aspekt der Unzulänglichkeit greift auch Axelrod auf: „In my view, the reason for the dominance of the rational choice approach is not that scholars think it is realistic. [...] The real advantage of the rational choice assumption is that it often allows deduction.“ (Axelrod 2005, S. 5)

Eine weitere Besonderheit der Kriegsursachenforschung liegt in der Unfähigkeit, Theorien und Strategien in der Realität testen zu können, da ihre Anwendung weitreichende Konsequenzen für Staaten und ihre Bürger hätte. So ist es zum Beispiel unmöglich, die Durchschlagskraft eines nuklearen Erstschlags zu überprüfen, der in vielen Balance of Power Theorien als Option staatlichen Handelns Erwähnung findet (vgl. Waltz 1979; Kaplan 1968).

Die Dynamik des internationalen Systems und die Entwicklung neuer Technologien führen dazu, dass bei genauer Betrachtung jedes politikwissenschaftlich relevante Ereignis singulär wird. Für die auf Empirie basierte Forschung stellt dieses Faktum eine ernstzunehmende Hürde dar.

Zusammengefasst stellen sich für die empirische Kriegsursachenforschung im Fach Internationale Beziehungen folgende Herausforderungen:

1. die Komplexität und Mehrdimensionalität des internationalen Systems zu analysieren,
2. auf unzureichende Forschungsdaten und Fallbeispiele zurückgreifen zu können,
3. aussagekräftige Theorien zu entwickeln und empirisch zu überprüfen, und
4. menschliches Handeln zu erklären.

1.2 Zielsetzung und Begriffserklärung

Ziel der vorliegenden Arbeit ist es, Lösungsansätze für die fundamentalen Herausforderungen der IB-Forschung aufzuzeigen, die von herkömmlichen politikwissenschaftlichen Methoden nicht bedient werden können. Es wird im Folgenden vorgestellt, welchen einzigartigen Beitrag die Planspielmethode für die geschilderte Problematik leisten kann.

Die Verwendung des Begriffs Planspiel ist nicht unproblematisch. Kriz konstatiert, dass der Begriff einem Sammelsurium an Bedeutungen gleichkommt (vgl. Kriz 2005, S. 245). Infolgedessen ist es notwenig, zunächst zu klären, welche Arten von Planspielen für diese Arbeit relevant sind. Planspiele werden in den Bereichen Training, Lehre und Forschung genutzt. Je nach Anwendungsgebiet benötigen sie entsprechende Gütekriterien. Im Fokus dieser Arbeit stehen Planspiele als Forschungsinstrument. Hierfür müssen sie in erster Linie wissenschaftliche Attribute wie Realitätsnähe, Wiederholbarkeits- und Dokumentationspotenzial besitzen. Spielbarkeit und Spielspaßfaktor sind anders als bei den meisten Trainings- und Lehrspielen nachrangig.

Aufgrund des Mangels an deutschsprachiger Literatur zu dem hier behandelten Thema wurden für diese Arbeit größtenteils US-amerikanische Fachartikel herangezogen. Dies erschwerte eine einheitliche Begriffsverwendung, da in der englischsprachigen Literatur zum einen der Begriff Planspiel nicht existiert und zum anderen eine Vielzahl von Synonymen, wie Experiment (Herman, Ozkececi-Taner 2011), Agent-based model (Axelrod 1997), Political gaming (Goldhamer und Speier 1959) oder Gaming Simulation (Kriz 2005, S. 245) genutzt wird. Um einen einheitlichen Bedeutungsinhalt in dieser Arbeit zu gewährleisten, wurden nach bestmöglicher Abwägung nur Forschungsarbeiten herangezogen, die größtmögliche Schnittmengen mit der hier angeführten Planspieldefinition besitzen:

Planspiele sind Spielsimulationen, in denen menschlichen Teilnehmern Rollen zugewiesenen werden, die sie durch selbstständiges Handeln und Interagieren ausführen. Das Verhalten der Teilnehmer wird anschließend nach einem bestimmten Kalkül bewertet (vgl. Kawalle 2011, S. 38). Planspiele werden weiterhin in einem wissenschaftlichen Kontext eingesetzt und dienen nicht nur reinen Trainings- und Lehrzwecken. Dementsprechend müssen sie die Kriterien der Realitätsnähe, Validität, Wiederholbarkeits- und Dokumentationsfähigkeit aufweisen.

1.3 Forschungsstand

Politikwissenschaftliche Planspiele in der IB-Forschung entstanden in den 1940er und 1950er Jahren in den USA (vgl. Mayer 2009, S. 827). Ziel der meist vom Militär oder dem Militär nahe stehenden Thinktanks finanzierten Projekte war es, Neues über politische Situationen und außenpolitisches decision making zu lernen (vgl. Mandel 1977, S. 612). Zudem sollte diplomatisches Handeln, von einer historisch-hermeneutischen auf eine positivistische und quantifizierbare Analyseebene transferiert werden (vgl. Bloomfield, Whaley 1965, S. 854). In diesem Zusammenhang wurde das erste Planspiel 1954 von Herbert Goldhamer innerhalb der RAND Corporation entwickelt. Es beinhaltete ein Modell des internationalen Staatensystems des damaligen Ost-West-Konflikts, in dem menschliche Teilnehmer als Regierungen der abgebildeten Länder fungierten. Die Forscher bezweckten mithilfe der neuen Methode eine Vielzahl möglicher außenpolitischer Strategien der USA zu testen (Goldhamer, Speier 1959, S. 73). Ähnliche Planspiele wie The Political-Military Exercise (Bloomfield und Whaley 1965) und die Inter-Nation Simulation (INS) folgten.

Die INS wurde 1956 von Harold Guetzkow und Richard C. Snyder ins Leben gerufen (vgl. Guetzkow et al. 1963, S. v). Beide zählen heute zu den Begründern der politikwissenschaftlichen Planspielmethode (Mayer 2009, S. 829; Herman; Ozkececi-Taner 2011, S. 819). Guetzkows zentrales Anliegen war die Herstellung von Frieden im internationalen System (vgl. Druckman 2011, S. 336), die seiner Meinung nach nur durch die Entwicklung einer Basistheorie der IB möglich war (vgl. Guetzkow 1950, S. 421), zu der er mit der neuen Forschungsmethode beitragen wollte.

Die INS basiert ebenfalls auf der Darstellung der internationalen Staatenwelt, in der die einzelnen Nationen durch menschliche Entscheidungsträger repräsentiert werden. Den Entscheidungsträgern werden einzelne Rollen zugeteilt – Central Decision-Maker (CDM), External Decision-Maker (EDM), Aspiring Central Decision-Maker – die sie während der Simulation im Sinne eines Free-Form Games relativ offen auslegen können. Grundsätzlich wird jeder Staat von einem CDM geführt, welcher als oberste Autorität alle innenpolitischen sowie außenpolitischen Entscheidungen trifft. Ein oder zwei EDMs unterstehen dem CDM und fungieren hauptsächlich als Diplomaten zur Verwirklichung des Kommunikationsverkehrs mit anderen Staaten. Nach jeder Spielrunde wird die Regierungsleistung des CDMs mit Blick auf die vorgegebenen Ziele bewertet. Bei ungenügender Zielerreichung greift eine Wahrscheinlichkeitsberechnung, die bestimmt, ob der CDM seines Amtes enthoben wird. Bei Amtsenthebung wird die Position des Regierungschefs durch den Aspiring Central Decision-Maker besetzt, der bis dahin die Rolle des Oppositionsführers einnahm (vgl. Guetzkow 1962, S. 84ff.; Noel 1963, S. 43ff.) .

Ziel von Guetzkow und Snyder war es, mittels der Planspielmethode neue Erkenntnisse über das Regierungshandeln von politischen Entscheidungsträgern und dessen Einflussfaktoren zu gewinnen. Der Fokus lag auf dem damals neuen wissenschaftlichen Ansatz des decision-making. Dieser Ansatz geht davon aus, dass staatliches Verhalten im Wesentlichen vom Entscheidungsprozess der staatlichen Hauptverantwortlichen – den Entscheidungsträgern (decision makers) – bestimmt wird. Er stellt die Art und Weise, wie politische Entscheidungsträger relevante Informationen erhalten, verarbeiten und filtern in den Mittelpunkt und misst somit persönlichen Eigenschaften einen hohen Stellenwert bei (vgl. Snyder 1962). INS fand im wissenschaftlichen Diskurs der 50er, 60er und 70er Jahre große Resonanz und wurde von vielen Forschern genutzt und weiterentwickelt (vgl. Bremer 1977, S. 3ff.; Ward, Guetzkow 1979, S. 451) .

Wenngleich die hier skizzierten Anfänge von politikwissenschaftlichen Planspielen als vielversprechend bewertet werden können, blieben sie zunächst dennoch eine Ausnahme (vgl. Druckman et al. 2011a, S. 2f.) . Erst seit Ende des 20. Jahrhunderts war ein ansteigender Gebrauch der Methode zu spüren, der sich bis heute fortsetzt (vgl. Druckman et al. 2011a, S. 3). Diese Aussage stützt auch Garson, indem er schreibt: „After years at the periphery of the social sciences, simulation is now emerging as an important and widely used tool for understanding social phenomena." (Garson 2009, S. 267) Das 2011 herausgebrachte umfassende *Cambridge Handbook of Experimental Political Science* ist der Versuch, Experimenten innerhalb der Politikwissenschaft eine Identität zu geben. Der darin von Hermann und Ozkececi-Taner veröffentliche Artikel *The Experiment and Foreign Policy Decison Making* zeichnet ein Bild, wonach Planspiele als Forschungsinstrument auch im Fach der IB angekommen sind (vgl. Herman, Ozkececi-Taner 2011).

Der hier vermittelte Eindruck, dass Planspiele vermehrt im politikwissenschaftlichen Forschungsprozess Einzug erlangen, kann für den deutschsprachigen Raum jedoch nicht bestätigt werden. Dies lässt sich daran erkennen, dass nur ein sehr geringer Anteil an Planspielliteratur im Bereich der IB von deutschen Wissenschaftlern stammt. Des Weiteren gibt es nur wenige prominente Beispiele politikwissenschaftlicher Forscher, die hierzulande die Planspielmethode nutzen. Stuart A. Bremer, der in den 70er Jahren das Nachfolgemodell der INS zu der Computersimulation SIPER weiterentwickelt hat (vgl. Bremer 1977), gilt als Ausnahme. Zu einem ähnlichen Urteil kommt auch Kriz, der deutlich macht, dass Planspiele überwiegend zur Fortbildung und Beratung eingesetzt werden und keinen primären Forschungszweck haben (vgl. Kriz 2005, S. 244). Ein weiterer Anhaltspunkt für die Nachzüglerrolle Deutschlands kann in der verspäteten Institutionalisierung der Simulationstechnik innerhalb der Wissenschaftscommunity gesehen werden. Erst 2001 wurde mit der *Swiss Austrian German Simulation and Gaming Association* (SAGSAGA) im deutschsprachigen Raum ein Pendant zur *North American Simulation and Gaming Association* (NASAGA) gegründet, die seit 1975 existiert.

Anliegen dieser Arbeit ist es, die Potenziale der Planspielmethode für die Kriegsursachenforschung in den IB zu beleuchten. Zu diesem Zweck wird aufgezeigt, wie der Einsatz der Planspieltechnik den oben genannten empirischen Herausforderungen begegnen und auf diese Weise die Methodenlehre in den IB bereichern kann.

2. Herausforderungen und Lösungsansätze von Planspielen

2.1 Komplexität und Mehrdimensionalität des internationalen Staatensystems

Kriege zwischen Staaten finden nicht im luftleeren Raum statt. Sie sind ein Phänomen innerhalb des internationalen Staatensystems und können somit nicht losgelöst von ihm betrachtet werden. Es entsteht für den Forscher die Notwendigkeit, das internationale Staatensystem Teil seiner Analyse werden zu lassen. Aufgrund der Komplexität ist dies keine leicht zu lösende Aufgabe:

> *„Das internationals System ist ein offenes System, es ist teilweise selbstorganisierend, es weist sowohl Elemente organisierter wie desorganisierter Komplexität [...] auf, d. h. es „signalisiert" nur in bestimmten Segmenten wiederholbare Ereignisklassen, die mit statistischen Methoden bearbeitet werden können (z. B. in bestimmten Bereichen der Ökonomie), es ist morphogen, d.h. es verändert seine Struktur teils in Abhängigkeit von Lernprozessen, teils bewusst, teils zufallsbedingt. Folglich ist die genaue Struktur des internationalen Systems beim gegenwärtigen Stande der Mathematik nicht vollständig und eindeutig beschreibbar[.]" (Deutsch, Fritsch 1980, S. 31)*

Mayer weist zudem auf den multivariaten Charakter und die dynamische Interaktionsstruktur hin: „Real world systems are based on many variables that interact with each other in dynamic feedback relations leading to uncertainty." (vgl. Mayer 2009, S. 846) Das daraus abgeleitete unberechenbare Verhalten des internationalen Systems wirft die Frage auf, ob, und wenn ja, wie das Weltsystem überhaupt analysiert werden kann. Die Frage drängt umso mehr, lässt man Axelrods Ansicht gelten, wonach die Handlungsweisen einfacher Interaktionformen oft bereits schwer vorhersagbar sind (vgl. Axelrod 2005, S. 5).

Kaplan sieht die einzige Möglichkeit dazu in der Fokussierung auf die wesentlichen Parameter, von denen vermutet werden kann, dass sie ausschlaggebend für das Verhalten des Untersuchungsphänomens sind. Im Gegenzug müssten als unrelevant erachtete Faktoren außen vor bleiben, um die Komplexität zu reduzieren. (vgl. Kaplan 1968, S. 389) Der gleichen Meinung ist auch Brody, der daraus Rückschlüsse für die Entwicklung von Simulationsmodellen zieht. Auch er betont, dass es nicht auf eine eins zu eins Abbildung der Wirklichkeit ankommt, sondern vielmehr auf die adäquate Repräsentation ausschlaggebender Komponenten:

> *„A model is a collection of assertions about some reality–past, present, or predicted. It is a set of statements which purports to describe patterns of relationships holding between components–units and variables–of that reality. But a model is less than a total representation of the details of the phenomena of interest to the model builder. Otherwise, the scientist would work directly with the phenomena themselves in their total richness. Model building is an attempt to achieve parsimony in the representation of a range of unique and particular phenomena." (vgl. Brody 1963, S. 191)*

Planspiele sind Modelle dieser Art. Ihr Aufbau ermöglicht es, die Wesenzüge des internationalen Systems abzubilden. Dabei weisen sie den außerordentlichen Vorteil auf, durch den Einsatz von menschlichen Probanden Komplexität – Wertsysteme, Erfahrungen, Gefühle, usw. – einzuschließen. Die Integration von Personen befähigt den Forscher mit Planspielen realitätsnäher als mit anderen politikwissenschaftlichen Methoden zu operieren (vgl. Bloomfield, Whaley 1965, S. 862).

2.2 Unzureichende Forschungsdaten und Fallbeispiele

Aussagekräftige Theorien bedürfen einer empirischen Grundlage. Die dafür benötigte Verfügung über eine ausreichende Anzahl an Fallbeispielen ist jedoch in der Kriegsursachenforschung nicht immer gegeben. Die Wurzeln dieser Problematik liegen in der teilweise schlechten Datenlage und der Einzigartigkeit sozialer Ereignisse.

Fallbeispiele sind nur wissenschaftlich analysierbar, wenn von ihnen eine ausreichende Datenmenge existiert. Bei der Untersuchung von Kriegen, die weit in der Vergangenheit liegen, können Theoretiker jedoch oft nur auf eine unzufriedenstellende Anzahl an Forschungsmaterialien zurückgreifen. Dies bestätigt auch das Forscherteam des *Correlates of War Programms* (COW) mit ihrer Einschätzung, dass die Analyse von Staaten und Kriegen vor 1816 durch den Mangel an zuverlässigen Daten erschwert wird (vgl. Greig, Enterline 2010, S. 5).

Auch wenn für bestimmte Forschungsschwerpunkte eine genügend große Anzahl an Fallbeispielen existiert, stellt sich dennoch die Frage, inwiefern Kriege miteinander vergleichbar und die Ursachen Allgemeingültigkeit besitzen in Anbetracht der ständig wechselnden Struktur des internationalen Systems (vgl. Deutsch, Fritsch 1980, S. 26). Gemeint ist der Kritikpunkt, dass kein Krieg einem anderen gleicht aufgrund der permanenten sich verändernden Machtverhältnisse zwischen Staaten, der Wechsel ihrer politischen Führungen und Systeme, der stetige Weiterentwicklung der Waffensysteme und der Art der Kriegsführung, usw. Auch Kaplan wirft diesen Gedanken auf: „Thus, as we come closer to reality–and this is still at a high level of abstraction–we lose generality." (Kaplan 1968, S. 389) (Siehe ebenfalls zum Thema empirischer Schwächen von Theorien Kawalle 2012).

Planspiele haben bezogen auf die Problematiken des singulären Charakters von Analysefällen und des Datenmangels außerordentliche Eigenschaften, die für die Politikwissenschaft von Bedeutung sind. Mithilfe von Planspielen sind Forscher in der Lage, eine Ersatzrealität zu schaffen (vgl. Kern, Rönsch 1972, S. 11f.), um die in der Wirklichkeit fehlende Anzahl von Daten zu generieren. Ihre Stärke liegt in der Wiederholbarkeit und der daraus resultierenden Möglichkeit, eine große Quantität an Daten zu generieren (vgl. Hürlimann 2009, S. 38; Axelrod 2005, S. 8). Diese lassen sich für den Forscher einfach und schnell erfassen und weisen meist eine höhere Vergleichbarkeit auf als Untersuchungsmaterial realer Systeme. Planspiele sind zudem die einzige Chance, Theorien über Kriegsursachen empirisch zu belegen, wenn die Realität die nötigen Fallbeispiele nicht offenbart.

2.3 Theorieentwicklung und empirische Überprüfung von Theorien

Die ausschließliche Verwendung von in der Realität beobachtbarer Fälle zur Theorieentwicklung und -überprüfung kann in der Kriegsursachenforschung zu empirisch unfundierten Ergebnissen führen. Das liegt zum einen im Mangel ausreichender vergleichbarer Fallbeispiele und zum anderen an der unbefriedigenden Datenlage einiger Fälle begründet. Ein Beispiel: Es lassen sich bis zum heutigen Stand der Forschung nur zwei Kriege – der Erste und Zweite Weltkrieg – auffinden, an denen mindestens vier Großmächte aktiv beteiligt waren und die verlässliches Datenmaterial aufweisen. Weitere Fälle, wie die Napoleonischen Kriege, können aufgrund fehlender, umfassender, heute verwendeter militärischer und wirtschaftlicher Kennzahlen nur unzulänglich analysiert werden (siehe zu dieser Problematik Mearsheimer 2001).

Oft verhindert die Abstinenz genügender Fälle zugleich, Theorien ausgiebig testen zu können. Dieser Sachverhalt ist für politikwissenschaftliche Theorien besonders dramatisch, da aus ihnen Handlungsanweisungen für politische Entscheidungsträger abgeleitet werden, die weltweite Konsequenzen haben können.

In Planspielen können Versuche und Handlungen ohne Risiken durchgeführt werden, wodurch ein kreatives Denken und Ausprobieren begünstigt wird (vgl. Mayer 2009, S. 825f.) . Freies Experimentieren schafft Raum zur Entdeckung neuer Theorien (vgl. Garson 2009, S. 276), die ohne die gewisse Leichtigkeit einer Spielsituation nicht entstünden.

Die flexible Modellierbarkeit von Planspielen hat für die Theorieentwicklung den zusätzlichen Vorteil, einzelne Parameter des Modells über mehrer Durchläufe hinweg verändern zu können und dadurch ihre Auswirkungen auf und Relevanz für das Gesamtsystem zu prüfen (Axelrod 2005, S. 8f.; Druckman et al. 2011b, S. 1; Herman, Ozkececi-Taner 2011, S. 839) .

Darüber hinaus können mit Planspielen viele Prüffälle generiert und somit eine stichhaltige Evaluierung der Theorie vorgenommen werden (vgl. Aldrich, Lupia 2011, S. 158). Bloomfield und Whaley weisen zudem auf die einzigartige Möglichkeit hin, durch den Einsatz von simulierten Szenarien Strategien testen zu können. Somit können politisch schwerwiegende Entscheidungen und Alternativen durchspielt und ihre Auswirkungen verdeutlicht werden (vgl. Bloomfield, Whaley 1965, S. 863).

2.4 Menschliches Handeln und Interaktion im internationalen System

In militärischen Konflikten sind Menschen die zentralen Hauptakteure. Kriege werden von Regierungen beschlossen, erklärt und beendet. Demzufolge müssen Kriegsursachentheorien Annahmen über menschliches Verhalten beinhalten, um militärische Konflikte ausreichend zu erklären. Aufgrund der komplexen, teilweise undurchschaubaren Handlungsweisen von Individuen greifen Politikwissenschaftler in ihren Theorien meist auf die Verwendung von Stereotypen zurück. Zum Beispiel geht Mearsheimer in seiner Theorie des Offensiven Realismus von einem rationalen Menschen mit einem klaren Kosten-Nutzen-Kalkül aus. Diese Annahme überträgt er auf das Verhalten von Staaten und schlussfolgert, dass sie zur Herstellung der eigenen Sicherheit zu jedem Krieg bereit sind, der einen relativen Gewinn verspricht (vgl. Mearsheimer 2001). Der Nachteil der auf Stereotypen basierenden Theoriebildung liegt jedoch im Verlust an Erklärungskraft, da nicht alle menschlichen Wesenszüge erfasst werden.

Diese Problematik kann mit der Planspielmethode umgangen werden, da sie dem Forscher ermöglicht, Personen und somit die gesamte Fülle menschlicher Attribute – Gefühle, Weltanschauungen, Erfahrungen usw. – unmittelbar in das Modell einfließen zu lassen (vgl. Guetzkow 1962, S. 89). Dadurch können ebenfalls Interaktionen von Individuen sehr realitätsnah wiedergegeben werden:

> *„[A]gent simulation can pla[y] a particularly useful role in theory development. Specifically, if one accepts the premise that all macroscopic social phenomena are realized in immediate interactive situations, then it follows that modeling is best done at the level of situated interactions, not relying on analysis of heavily aggregated data. Simulation allows a researcher to define social situations through dynamic interaction of individual-level agents with each other and with data structures representing processes interior and exterior to the system." (Garson 2009, S. 276)*

Der Einsatz von Probanden in Planspielen ermöglicht es, ihr Verhalten unter kontrollierten Bedingungen in bestimmten Situationen zu dokumentieren und anschließend auszuwerten. Hieraus lassen sich neue Erkenntnisse für die Politikwissenschaft gewinnen. So konnte Margaret G. Hermann mit ihrer experimentellen Versuchsanordnung herausfinden, dass persönliche Eigenschaften wie Selbstbewusstsein und

Abwehrhaltung einen Einfluss auf die Entscheidungen von Politikern haben (Hermann 1965). Alex Mintz und Nehemia Geva war es möglich, einen wichtigen Beitrag zur Frage, warum Demokratien keinen Krieg gegeneinander führen, zu leisten. Sie konnten feststellen, dass Ansichten über andere Nationen dafür eine wichtige Rolle spielen. In ihrer Studie versetzten sie Probanden in die Position politischer Hauptverantwortlicher einer demokratischen Nation und beobachteten, dass diese eher dazu neigten, Gewaltmaßnahmen gegen Staaten mit einer kriegerischen Vorgeschichte und/oder kulturellen Unterschieden anzuwenden als gegen friedvolle und/oder kulturell gleiche Nationen (vgl. Mintz, Geva 1993). Mintz konnte mit einem späteren Experiment ebenfalls beweisen, dass die Erfahrenheit militärischer Akteure Einfluss auf ihre Entscheidungsfindung hat (vgl. Mintz 2004).[1]

3. Fazit

In der vorliegenden Arbeit wurden die Schwierigkeiten aufgezeigt, die die politikwissenschaftliche Analyse von Kriegen mit sich führt. Diese resultieren vor allem aus der komplexen Struktur des internationalen Systems, schwer berechenbaren menschlichen Verhaltensweisen und Interaktionen sowie der häufig zu unverlässlichen Datenlage von Fallbeispielen. Theoretiker müssen sich daher Modellen über die Realität bedienen. Es wurde verdeutlicht, dass hier die Planspielmethode bedeutende Beiträge zur Unterstützung der Kriegsursachenforschung liefern kann, da Wissenschaftler mit ihr eine zufriedenstellende Quantität an Untersuchungsfällen und Daten generieren können und dadurch in der Lage sind, die für politische Prozesse relevanten Attribute menschlicher Wesenszüge in Form von Probanden zu integrieren.

In der US-amerikanischen Literatur lassen sich heute viele Studien auflisten, in denen die Planspielmethode Anwendung findet. Die erzielten Erfolge sind aus Sicht des Autors vielversprechend und untermauern die Potenziale, die Planspiele für die politische Forschung haben. Dieser Artikel soll dazu beitragen, dass das positive Signal auch die deutsche Politikwissenschaft erreicht, damit Planspiele auch hierzulande einen wertvollen Forschungsbeitrag leisten können.

[1] Eine gute Übersicht über ähnliche Experimente geben Hermann und Ozkececi-Taner 2011)

Literaturverzeichnis

Aldrich, John H.; Lupia, Arthur (2011): Experiments and Game Theory's Value to Political Science. In: Druckman, James N.; Green, Donald P.; Kuklinski, James H.; Lupia, Arthur (Hg.): Cambridge handbook of experimental political science. New York: Cambridge University Press, S. 156–181.

Axelrod, Robert (2005): Advancing the art of simulation in the social sciences. [S.l.]. Online verfügbar unter http://www-personal.umich.edu/~axe/research/AdvancingArtSim2005.pdf, zuletzt geprüft am 08.09.2013.

Axelrod, Robert M. (1997): The complexity of cooperation. Agent-based models of competition and collaboration. Princeton, N.J: Princeton University Press (Princeton studies in complexity).

Bloomfield, Lincoln P.; Whaley, Barton (1965): The political-military exercise. A progress report. In: Orbis: a quarterly journal of world affairs 8 (4), S. 854–870.

Bremer, Stuart A. (1977): Simulated worlds. Princeton, N.J.

Brody, Richard A. (1963): Varieties of simulations in international relations research. In: Simulation in international relations: developments for research and teaching, S. 190–223.

Deutsch, Karl W.; Fritsch, Bruno (1980): Zur Theorie der Vereinfachung. Reduktion von Komplexität in d. Datenverarbeitung für Weltmodelle. Königstein/Ts: Athenäum (Sozialwissenschaft und Praxis, 8).

Druckman, James N. (2011): Harold Guetzkow's Legacy. In: Simulation & Gaming 42 (3), S. 335–337.

Druckman, James N.; Green, Donald P.; Kuklinski, James H.; Lupia, Arthur (Hg.) (2011a): Cambridge handbook of experimental political science. New York: Cambridge University Press.

Druckman, James N.; Green, Donald P.; Kuklinski, James H.; Lupia, Arthur (2011b): Experimentation in Political Science. In: Druckman, James N.; Green, Donald P.; Kuklinski, James H.; Lupia, Arthur (Hg.): Cambridge handbook of experimental political science. New York: Cambridge University Press, S. 1–17.

Duke, Richard (1980): A Paradigm for Game Design. In: Simulation & Gaming 11 (3), S. 364–377.

Garson, G. David (2009): Computerized Simulation in the Social Sciences. A Survey and Evaluation. In: Simulation & Gaming 40 (2), S. 267–279.

Goldhamer, Herbert; Speier, Hans (1959): Some observations on political gaming. In: World politics: a quarterly journal of international relations 12 (1), S. 71–83.

Greig, J. Michael; Enterline, Andrew J. (2010): Correlates of War Project. National Material Capabilities Data Documentation. Version 4.0. Last update completed:

June 2010. Unter Mitarbeit von Christina Case und Joseph Magagnoli. Correlates of War Project.

Guetzkow, Harold (1950): Long range research in international relations. In: American perspective: a quarterly analysis of foreign policy 4 (4), S. 421–440.

Guetzkow, Harold (1962): A use of simulation in the study of inter-nation relations. In: Guetzkow; Harold (Hg.): Simulation in social science. Readings. Englewood Cliffs/N.J: Prentice-Hall, S. 82–93.

Guetzkow, Harold; Alger, Chadwick F.; Brody, Richard A.; Noel, Robert C.; Snyder, Richard C. (Hg.) (1963): Simulation in international relations. Develpoments for research and teaching. Englewood, N.J: Prentice-Hall.

Haftendorn, Helga (1977): Theorie der internationalen Beziehungen. In: Wichard Woyke (Hg.): Handwörterbuch internationale Politik. 1. Aufl. Opladen: Leske und Budrich.

Herman, Margaret G.; Ozkececi-Taner, Binnur (2011): The Experiment and Foreign Policy Decision Making. In: Druckman, James N.; Green, Donald P.; Kuklinski, James H.; Lupia, Arthur (Hg.): Cambridge handbook of experimental political science. New York: Cambridge University Press, S. 819–844.

Hermann, Margaret G. (1965): Stress, self-esteem, and defensiveness in an internation simulation. Evanston, Ill.

Hürlimann, Mark (2009): Dealing with real-world complexity. Univ, Wiesbaden, Zürich.

Kaplan, Morton A. (1968): The systems approach to international politics. In: New approaches to international relations, S. 381–404.

Kawalle, Steven (2011): Mearsheimer auf dem Prüfstand. Magisterarbeit. TU Brauschweig, Braunschweig. Institut für Sozialwissenschaften.

Kawalle, Steven (2012): Planspiele: eine methodische Alternative im Fach der Internationalen Beziehungen? Ein Fallbeispiel: das Planspiel ISw und die Theorie des Offensiven Realismus. In: Schwägele, Sebastian; Zürn, Birgit; Trautwein, Friedrich (Hg.): Planspiele - Trends in der Forschung. Rückblick auf den Deutschen Planspielpreis 2011. Norderstedt: Books on Demand (ZMS-Schriftenreihe, 3), S. 31–49.

Kern, Lucian; Rönsch, Horst-Dieter (1972): Simulationen internationaler Beziehungen: Ein Überblick. In: Kern, Lucian; Rönsch, Horst-Dieter (Hg.): Simulation internationaler Prozesse. Opladen: Westdeutscher Verlag (Politische Vierteljahresschrift. Sonderheft, 3).

Kriz, Willy (2005): Planspiel. In: Kühl, Stefan; Strodtholz, Petra und Taffertshofer, Andreas (Hg.): Quantitative Methoden der Organisationsforschung. Ein Handbuch. 1. Aufl. Wiesbaden: VS Verlag für Sozialwissenschaften, S. 243–269.

Mandel, Robert (1977): Political gaming and foreign policy making during crises. In: World politics: a quarterly journal of internat. relations 29 (4), S. 610–625.

Mayer, Igor S. (2009): The Gaming of Policy and the Politics of Gaming: A Review. In: Simulation & Gaming 40, S. 825–862.

Mearsheimer, John J. (2001): The Tragedy of Great Power Politics. New York: Norton.

Mintz, Alex (2004): Foreign Policy Decision Making in Familiar and Unfamiliar Settings. An Experimental Study of High-Ranking Military Officers. In: Journal of Conflict Resolution.

Mintz, Alex; Geva, Nehemia (1993): Why don't democracies fight each other? An experimental study. In: The journal of conflict resolution: journal of the Peace Science Society (International).

Noel, Robert C. (1963): Inter-nation simulation participants' manual. In: Simulation in international relations: developments for research and teaching, S. 43–68.

Simon, Herbert A. (1985): Human nature in politics. The dialogue of psychology with political science. In: American political science review 79 (2), S. 293–304.

Snyder, Richard Carlton (1962): Foreign policy decision-making. An approach to the study of international politics. New York, NY: Free Press of Glencoe.

Waltz, Kenneth N. (1979): Theory of international politics. Reading, Mass: Addison-Wesley Pub. Co. (Addison-Wesley series in political science).

Ward, Michael Don; Guetzkow, Harold (1979): Toward integrated global models. From economic engineering to social science modeling. In: Journal of policy modeling : JPMOD ; a social science forum of world issues 1 (3), S. 445–464.

Beiträge auf Planspiel+

Die folgenden Beiträge stehen in vollständiger Form online auf der multimedialen Internetplattform **Planspiel+** (www.planspielplus.de). Sie finden die Beiträge entweder über die Suchfunktion auf der Webseite, durch die Eingabe der angegebenen URLs oder mit Hilfe eines QR-Code-Readers auf einem Smartphone oder Tablet-PCs und den abgedruckten QR-Codes.

Planspiel+ bietet Ihnen aber noch mehr, beispielsweise können Sie die Beiträge kommentieren oder die ausführliche Literaturdatenbank für Recherchen nutzen.

Moot-Court - Planspiele in der juristischen Ausbildung

Daniel Bartschat

Mit diesem Blogbeitrag möchte ich als neues Mitglied des ZMS eine Planspielmethode vorstellen, die ich im Rahmen meiner juristischen Ausbildung kennen gelernt habe: „Moot Court". Mit dem Moot Court wird eine Gerichtsverhandlung im Hörsaal durchgeführt, bei der die Teilnehmenden, in der Regel Studierende der Rechtswissenschaften, einen meist realitätsnahen Fall bearbeiten und einer rechtlichen Lösung zuführen müssen.

Insbesondere das Studium der Rechtswissenschaften an der Hochschule ist wie kaum ein anderer Studiengang von theoretischem Unterricht geprägt. Zwar lassen sich im Literaturstudium immer wieder zahlreiche Beispiele und Szenarien finden, die den Stoff anschaulich werden lassen, letztlich bleiben die Fallkonstellationen aber rein fiktiv. Auch die Gelegenheit, im Rahmen von Pflichtpraktika in staatlichen Einrichtungen oder in niedergelassenen Kanzleien erste Erfahrungen mit den Anforderungen an den juristischen Alltag zu machen, bleibt in der Regel eine reine Beobachtungstätigkeit. So hatte ich den ersten „Echt-Kontakt" mit Mandanten im Rahmen des Referendariats, also kurz vor Ende der sechsjährigen Ausbildung. Zu Recht wundert man sich, wie man die frischgebackenen Juristen nach der Ausbildung dann gleich auf Mandanten und die Gerichtsbarkeiten loslassen kann.

Mit dem Moot Court wird eine Gerichtsverhandlung im Hörsaal durchgeführt, bei der die Teilnehmenden, in der Regel Studierende der Rechtswissenschaften, einen meist realitätsnahen Fall bearbeiten und einer rechtlichen Lösung zuführen müssen. Typischerweise werden die vorhandenen Prozessparteien (Anklage, Verteidigung, Sachverständige, Nebenklage, Staatsanwaltschaft, etc.) auf verschiedene Gruppen verteilt, die sich im Rahmen von Gruppenarbeiten auf den Showdown im Gerichtssaal vorbereiten. ...

http://zms.dhbw-stuttgart.de/
blog/moot-court

Da ist Musik drin – eine vergleichende Betrachtung

Birgit Zürn

Schon seit Längerem entstand die Idee, einen Blog über Planspiel und Musik zu schreiben. Dies hängt damit zusammen, dass ich mich beruflich fast ausschließlich mit Aktivitäten rund um die Lernmethode Planspiel beschäftige, privat als Oboistin in vielen Ensembles und Orchestern musikalisch tätig bin. Gibt es Zusammenhänge zwischen einer Lehrmethode und Musik? Kann ein Bereich vom anderen lernen oder profitieren? Diesen Fragen soll in diesem Beitrag nachgegangen werden.

Musik existiert, seit es Menschen gibt. Erste Knochenflöten fand man vor 35.000 Jahren. Gesang war spätestens für den aufrecht gehenden Homo erectus aufgrund des gesunkenen Kehlkopfes vor fast zwei Millionen Jahren mögliches Kommunikations- und Ausdrucksmittel. Das Spiel existiert ebenfalls schon seit langem, erste Hinweise auf eine frühe Spielzeugkultur geben Funde aus der frühen Steinzeit, die als Beilagen für Kindergräber dienten - speziell bearbeitete Knochen und Steine.

Doch interessiert in diesem Beitrag vor allem der Vergleich für die heutige Zeit. In der Musik unterscheidet man umgangssprachlich die sogenannte E- (ernste) und die U- (Unterhaltungs-)Musik (manchmal wird noch die F-Musik als funktionelle Musik mit einer spezifischen Funktion wie Filmmusik oder Militärmusik hinzugenommen, die hier aber außer Acht gelassen werden soll). Eine solche Klassifizierung ist vor allem auf die Verwertungsgesellschaften und die entsprechenden Rechte auf Tantiemen zurückzuführen. E-Musik gilt als anspruchsvoll, wird häufig synonym zur klassischen Musik verwendet und ist somit förderungswürdiger als die U-Musik. Diese Trennung birgt allerdings einige Ansatzpunkte für Kritik: Ist ein hochkomplexes Freejazz-Stück U-Musik? Und im Gegenzug eine leichte Operette E-Musik? Hierüber wurde und wird viel gestritten. Dennoch hat sich die Aufteilung von E-Musik und U-Musik gehalten. ...

http://zms.dhbw-stuttgart.de/blog/musik

Single-Player-Planspiele oder Planspiele mit realer Konkurrenz? Das Einsatzgebiet sollte entscheiden!

Florian Gaspar

In diesem Beitrag soll eine möglichst ausdifferenzierte Diskussion der Vor- und Nachteile von Planspielen als Single-Player-Varianten im Vergleich zu klassischen Simulationen mit realer Konkurrenz angestoßen werden. Um eine anschließende Diskussion über sinnvolle und weniger sinnvolle Anwendungsmöglichkeiten von Single-Player-Planspielen führen zu können, werden zunächst deren einzelne Vor- und Nachteile isoliert zu betrachtet. Im Rahmen dieser Analyse wird auch speziell die Motivation der Planspieler als Teilnehmer eines „Spiels" ohne reale Mitspieler beleuchtet.

In den letzten Jahren ist beim Einsatz von Planspielen der Trend hin zu Selbstrechen-Varianten, so genannten Single-Player-Planspielen (Marktpartner sind virtuell und vom System vorgegeben) zu erkennen. Viele Hochschulen und Unternehmen setzen dabei insbesondere auf Onlineversionen von Stand-Alone Planspielen. Jüngste Beispiele dazu waren die frei zugänglichen Wettbewerbe von Detecon (Mobile Award) und der Wirtschaftswoche (Management-Cup). Mit relativ geringem administrativem Aufwand konnte hier mit Hilfe von Single-Player-Varianten mehreren Tausend Teilnehmer eine ansprechende Lernumgebung geboten werden. Viele Teilnehmer dieser auf Single-Player-Varianten basierenden Planspiele mussten jedoch feststellen, dass diese kosteneffiziente Methode auch entscheidende Nachteile aufweist, wenn es um die Spiel- bzw. Lernmotivation geht.

Vor- und Nachteile von Single-Player-Varianten

Um eine anschließende Diskussion über sinnvolle und weniger sinnvolle Anwendungsmöglichkeiten von Single-Player-Varianten ...

http://zms.dhbw-stuttgart.de/blog/single-player

Autoren

Kai Berendes

Dr. Kai Berendes is a distinguished expert in the field of strategic corporate planning with a focus on HR and finance. As a management consultant he has been involved in numerous strategic planning projects, some of which have been awarded the German HR Prize (Deutscher Personalwirtschaftspreis) and the ASCO (Association Swiss) winner's certificate. In the "ddn – Das Demographie Netzwerk", he is leading the "strategic workforce planning" working group since its formation 2008. Kai Berendes is currently an executive partner at the software & service provider Dynaplan, where he is working on planning solutions based on the scenario simulation method. He also teaches at the University of St. Gallen (HSG) and is a regular conference speaker. Contact: Kai.berendes@dynaplan.com

Johann Bergmann

Johann Bergmann arbeitet seit 2010 als wissenschaftlicher Mitarbeiter am Institut für Maritime Logistik an der TU Hamburg-Harburg. Der diplomierte Wirtschaftsingenieur beschäftigt sich mit Planung und Prozessen von logistischen Systemen im maritimen Umfeld. Er betreut die Lehrveranstaltungen Hafenlogistik und Projektmanagement und bietet außerdem Planspielseminare an. Im Rahmen seines Promotionsvorhabens untersucht er die Planspielmethode als ein Bildungsinstrument in der maritimen Logistik.

Bettina Binder

Prof. Bettina B.K. Binder studierte technische Betriebwirtschaftslehre an der Universität Stuttgart und promovierte anschließend am Lehrstuhl für Controlling von Prof. Péter Horváth. Nach zehn Jahren in der Unternehmensberatung Horváth & Partners und vier Jahren in der Position der Finanzdirektorin bei einem schwedischen Automobilzulieferer erhielt Frau Prof. Binder einen Ruf an die Hochschule Pforzheim. Dort leitet sie seitdem das Unternehmensplanspiel für Controlling und Logistik von TOPSIM-Managementsimulationen.

Stefan Böhme

Stefan Böhme, M.A., entwickelt als wissenschaftlicher Mitarbeiter am Institut für Werkzeugmaschinen und Fertigungstechnik der TU Braunschweig das Unternehmensplanspiel „Holistic – Planspiel für ganzheitliches Management“ (siehe www.denke-ganzheitlich.de). Als Doktorand an der HBK Braunschweig befasst er sich insbesondere mit Diskursanalyse, Normalismus, Game Studies und weiteren Phänomenen im Zuge der zunehmenden Verdatung unserer Gesellschaft.

Jan Philipp Büchler

Prof. Dr. Jan-Philipp Büchler ist Inhaber der Professur für Unternehmensführung und Global Business Management an der Fachhochschule Dortmund. Seine Forschungsschwerpunkte liegen in den Bereichen Strategisches und Internationales Management. Als akademischer Leiter des interdisziplinären Center for Applied Studies & Education in Management (CASEM) entwickelt er gemeinsam mit Partnern aus Lehre, Forschung und Unternehmenspraxis neue didaktische Ansätze für die Managementaus- und Weiterbildung im Bereich der Fallstudienmethodik und Managementsimulationen.

Tobias Conradi

Tobias Conradi, M.A., forscht als wissenschaftlicher Mitarbeiter im Bereich Medienästhetik / Medienkultur an der HBK Braunschweig zu Unternehmensplanspielen. Seine Promotion über die mediale Repräsentation von Krisen- und Katastrophenereignissen schreibt er im Rahmen des Graduiertenkollegs „Automatismen“ an der Universität Paderborn. Zu seinen Forschungsschwerpunkten zählen: Diskurstheorie, Cultural Studies, Akteur-Netzwerk-Theorien. Letzte Publikationen als Mitherausgeber: „Schemata und Praktiken“ (mit: Ecker, G.;Eke, N. O.; Muhle, F.; München: Fink, 2012); „Strukturentstehung durch Verflechtung. Akteur-Netzwerk-Theorie(n) und Automatismen“ (mit: Derwanz, H.; Muhle, F.; München: Fink, 2012).

Felix Daul

Felix Daul studierte Wirtschaftsingenieurwesen Maschinenbau an der Otto-von-Guericke Universität Magdeburg. Seit 2006 entwickelt er für die TATA Interactive Systems GmbH Unternehmensplanspiele. Mit seiner Abschlussarbeit „Integration von Balanced Scorecards in den Strategiefindungsprozess bei Managementsimulationen“ spezialisierte er sich auf strategische Unternehmensplanspielen und entwickelt diese weiter.

Michael Dietrich

Michael Dietrich, Master in Management (M.A.), Diplom-Betriebswirt (DH), studierte an der Wissenschaftlichen Hochschule Lahr, der Tongji Universität Shanghai und der Dualen Hochschule Baden-Württemberg Karlsruhe. Der Autor ist Abteilungsleiter des Vorstandssekretariats der Sparkasse Pforzheim Calw. Nebenberuflich arbeitet er als Lehrbeauftragter an verschiedenen Hochschulen sowie als Trainer im Bereich Unternehmenssimulationen. Darüber hinaus ist er geschäftsführender Gesellschafter der Doc Setzling GmbH Karlsruhe.

Thorsten Forberg

Dr. rer. pol. Torsten Forberg ist Dozent für Betriebswirtschaft und zertifizierter TOPSIM-Planspieltrainer. Nach der Ausbildung zum Diplom-Betriebswirt (BA) Bank und zum Diplom (Handelslehrer) an der TU Dresden promovierte er dort in Wirtschaftspädagogik. Seine Schwerpunkte in der Beratung liegen in der Existenzgründung und –festigung, ferner arbeitet er als angestellter und freiberuflicher Dozent, Trainer und Berater in Sachsen.

Wolfgang Gruber

Mag. phil. Wolfgang Gruber, geb. 1979 in Schärding studierte Geschichte an der Universität Wien. Seine Schlüsselqualifikationen liegen in Globalgeschichte / Simulationen / Plan-& Rollenspiele und die Hochschuldidaktik. Seit 2009 ist er Universitätslektor an der Universität Wien und der Universität für Bodenkultur, seit 2012 Trainer für Hochschuldidaktik an der Universität Wien, der Universität Innsbruck und der Fachhochschule Technikum Wien und seit 2012 ist er Mitarbeiter im Service- und Kompetenzzentrum für Innovatives Lehren und Lernen der Fachhochschule St. Pölten.

Daniel Gwinner

Daniel Gwinner studiert im derzeit vierten Fachsemester an der Technischen Universität Hamburg-Harburg den Master-Studiengang „Logistik, Infrastruktur und Mobilität". Im Rahmen einer Studienarbeit arbeitete er am Institut für Maritime Logistik an der empirischen Studie zum Einsatz von Logistikplanspielen an deutschen Hochschulen.

Nils Högsdal

Prof. Dr. Nils Högsdal: Prof. Dr. Nils Högsdal vertritt die Lehrgebiete Corporate Finance und Entrepreneurship an der Hochschule der Medien Stuttgart. Im Rahmen seiner Lehre setzt Nils Högsdal stark auf lernaktive Methoden wie Unternehmensplanspiele und entwickelt Blended Learning-Konzepte weiter. Ein Schwerpunkt seines Engagements in Lehre und Forschung liegt im Bereich Entrepreneurship. Er studierte Betriebswirtschaftslehre an der Universität Tübingen und an der Texas A&M University. Dem Studium folgte eine Promotion mit dem Thema „Blended Learning im Management Training". 1999 wurde Dr. Nils Högsdal Gesellschafter bei damals UNICON Management Development GmbH und betreute von 2000 bis 2012 als Geschäftsführer die Planspielaktivitäten unter der Marke „TOPSIM".

Carlos Jahn

Prof. Dr.-Ing. Carlos Jahn ist Leiter des Instituts für Maritime Logistik an der TU Hamburg-Harburg und des Fraunhofer Centers für Maritime Logistik und Dienstleistungen. Seine Forschungs- und Arbeitsschwerpunkte umfassen Planung, Gestaltung und Steuerung von Logistikprozessen und -systemen im maritimen Umfeld. Carlos Jahn engagiert sich in der Planspielentwicklung und führt regelmäßig Planspielseminare in der universitären Lehre und in der beruflichen Praxis durch.

Steven Kawalle

Steven Kawalle schloss 2011 als Magister sein Studium der Politikwissenschaft, Soziologie und Betriebswirtschaftslehre an der TU Braunschweig ab. Seinen Forschungsschwerpunkt legte er auf das Verhalten von Staaten im internationalen System. In diesem Themengebiet entwickelte er ein Planspiel als zugleich pädagogisches, wie auch analytisches (Forschungs-) Instrument, welches er in zahlreichen universitären und schulischen Kursen durchführte. Zurzeit schreibt er seine Promotion über die friedensfördernde Wirkung von zwischenstaatlichen Bündnissen und entwirft dazu ein weiteres Planspiel.

Arne Maibaum

Arne Maibaum studierte an der Universität Duisburg-Essen Soziologie und Psychologie und arbeitet seit September 2012 an der TU Dortmund am Fachgebiet Techniksoziologie. Im Projekt AktOr ist er für die Organisationssoziologie zuständig.

Dominik Meyer-Lomax

Dominik Meyer-Lomax studiert im derzeit vierten Fachsemester an der Technischen Universität Hamburg-Harburg den Master-Studiengang „Logistik, Infrastruktur und Mobilität". Im Rahmen einer Studienarbeit arbeitete er am Institut für Maritime Logistik an der empirischen Studie zum Einsatz von Logistikplanspielen an deutschen Hochschulen.

Magne Myrtveit

Magne Myrtveit (M.Sc., Executive Partner, Dynaplan, Manger, Norway) has more than 25 years of experience in developing software for strategic decision making. As a founder, managing director, and consultant he has gained broad knowledge about problems in areas such as, human resource planning, value chains, energy systems, and markets. Magne Myrtveit is currently an executive partner at the software & service provider Dynaplan, where he is developing the planning & simulation tool Smia. Dynaplan Smia is selected as innovative, impactful, and intriguing Cool Vendor by Gartner in 2013. He taught at the universities of Honolulu and Bergen and is a regular conference speaker. Contact: magne.myrtveit@dynaplan.com

Rolf F. Nohr

Dr. Rolf F. Nohr ist Professor für Medienästhetik / Medienkultur an der HBK Braunschweig. Er ist Projektleiter des Forschungsprojekts „Kulturtechnik Unternehmensplanspiel. Wissenstransformation und Handlungssteuerung an der Schnittstelle von Wirtschaft, Computerisierung und Medialität". Er arbeitet zu Aspekten der game studies, Medientheorie, Bildwissenschaften und Fotografie. Weitere Informationen unter: http://nützliche-bilder.de.

Manuel Pflumm

Dipl. oec. Manuel Pflumm studierte Wirtschaftswissenschaften an der Universität Hohenheim und der Aarhus School of Business. Seine Begeisterung für Planspiele entdeckte er als wissenschaftlicher Mitarbeiter am Lehrstuhl für Strategisches und Internationales Management der Universität Mannheim. Aktuell leitet Manuel Pflumm beim Planspielanbieter TATA Interactive Systems das Entwicklungsteam der TOPSIM-Managementsimulationen. Darüber hinaus ist Manuel Pflumm als Lehrbeauftragter für Strategisches Management, Internationales Management sowie Personalmanagement an verschiedenen Hochschulen im In- und Ausland tätig.

Lorenz Probst

Dr. Mag. Lorenz Probst, geb. 1982 in München studierte Internationale Entwicklung an der Universität Wien mit anschließendem Doktorat der Landwirtschaft an der Universität für Bodenkultur, Wien. Seine Schlüsselqualifikationen sind Innovationssysteme / Entwicklung / Lerntheorien und Didaktik.Er ist Assistant Professor und Lehrkoordinator am Centre for Development Research (CDR) der Universität für Bodenkultur Wien und beschäftigt sich mit der Forschung zu kommunikativer Rationalität, Innovation und Lernprozessen insbesondere im Entwicklungskontext.

Sabine Quarg

Prof. Dr. Sabine Quarg ist Inhaberin der Professur für Unternehmensführung an der Fachhochschule Dortmund. Ihre Forschungsschwerpunkte liegen in den Bereichen Planung und Strategisches Management. Basierend auf langjährigen Erfahrungen im Einsatz von Planspielen, Managementsimulationen und Fallstudien in Hochschulen und Unternehmen entwickelt sie gemeinsam mit Partnern aus Lehre, Forschung und Unternehmenspraxis neue Ansätze für die Managementaus- und Weiterbildung.

Silvia Scheinert

Dr. rer. nat. Silvia Scheinert ist Dozentin für die Fachsprachen Englisch/Deutsch. Sie hat das Pädagogikdiplom mit Englisch als Fremdsprache, das LCCI Further Certificate for Teachers of Business English, Pilgrims/University of Kent, Canterbury, GB sowie ein Diplom in Verfahrenschemie. Sie promovoierte in der Kraftwerkschemie. Sie ist Fachübersetzerin in Chemie/Englisch und arbeitet als freiberufliche Dozentin, Trainerin, Übersetzerin und Dolmetscherin in Sachsen.

Michael Stroh

Michael Stroh, geb. 1979 studierte Hauptschullehramt mit Hauptfach Biologie in Würzburg und Erlangen-Nürnberg. Seit 2009 ist er als Lehrer an Haupt- und Mittelschulen tätig, seit 2011 am Lehrstuhl für Schulpädagogik der Universität Eichstätt-Ingolstadt als Lehrkraft für besondere Aufgaben und als wissenschaftlicher Mitarbeiter. 2011-2012 war er abgeordnete Lehrkraft an der LBV-Umweltstation Altmühlsee im Modellversuch „Lehrer an Umweltstationen" der Bayerischen Ministerien für Umwelt und Kultus.

Thomas Süße

Thomas Süße hat einen Masterabschluss in Organizational Management. Seit 7 Jahren arbeitet er an dem Design und der Entwicklung branchenspezifischer Unternehmensplanspiele für den Einsatz in Wissenschaft und Praxis. Sein Forschungsschwerpunkt als wissenschaftlicher Mitarbeiter an der Ruhr Universität Bochum umfasst aktuell die Herausforderungen des Wandels von Unternehmen der Engineering Branche mit Fokus auf Individuum, Team und Organisation.

Eric Treske

Eric Treske studierte Soziologie an der Ludwig-Maximilians-Universität in München. Er arbeitete in der Personal- und Organisationsentwicklung und war wissenschaftlicher Mitarbeiter am Lehrstuhl für Organisations- und Bildungssoziologie. 2004 gründete er intrestik, das Büro für Organisation und Planspiel. Er analysiert die Regeln, unter denen Menschen heute zusammenarbeiten und lässt Unternehmen damit spielen, wie diese Regeln in Zukunft aussehen könnten. Eric Treske ist Mitglied im Vorstand des internationalen (ISAGA) und deutschsprachigen Planspielfachverbandes (SAGSAGA).

Angela Wenzel

Angela Wenzel studierte Architektur an der Technischen Universität Karlsruhe und war anschließend als Projektleiterin tätig. Seit 2007 ist sie akademische Mitarbeiterin an der Hochschule Pforzheim und betreut die Vertiefung Controlling und als Seminarleiterin die Planspiele im Bereich Wirtschaftsingenieurwesen.

Serjoscha Wiemer

Serjoscha Wiemer studierte Theater- Film- und Fernsehwissenschaft, Sozialpsychologie und Germanistische Linguistik an der Ruhr-Universität. Er promovierte zur Medientheorie und Ästhetik von Videospielen (2011). Als wissenschaftlicher Mitarbeiter an der HBK Braunschweig war er Teil des Forschungsprojekts „Strategie spielen. Steuerungstechniken und strategisches Handeln in populären Computerspielen (am Beispiel von Wirtschafts-, Militär- und Aufbausimulationen)“. Seit 2011 ist er Akademischer Rat a.Z. für Digitale Medien / Mobile Media am Institut für Medienwissenschaften an der Universität Paderborn. Besondere Forschungsinteressen: Theorien und Ästhetiken digitaler Medien, Spiel & Epistemologie, Biomedien. Kontakt: http://homepages.uni-paderborn.de/swiemer.

Weitere Bände der ZMS-Schriftenreihe

Ziel der Schriftenreihe ist die Förderung von Innovationen rund um die Planspielmethode.

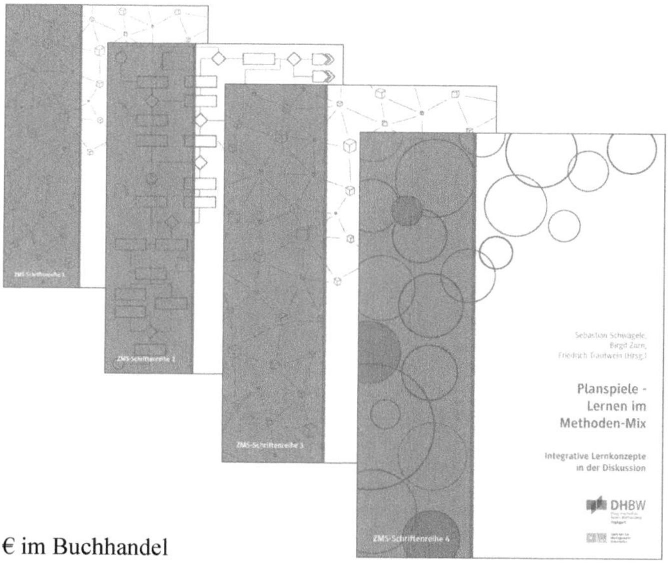

je 24,90 € im Buchhandel

Band 1: Planspiele - Entwicklungen und Perspektiven

Rückblick auf das erste Wettbewerbsjahr des Deutschen Planspielpreises u. a. mit Beiträgen der Preisträger. (ISBN: 978-3-839-18326-7)

Band 2: Planspiele - Qualität und Innovation

Ansätze zur Verbesserung der Qualität von Planspielen und innovative Trainingskonzepte für den Praxiseinsatz. (ISBN: 978-3-842-3634-2)

Band 3: Planspiele - Trends in der Forschung

Preisträger des Deutschen Planspielpreises und Mitglieder der Jury präsentieren Themen aktueller Forschung. (ISBN: 978-3-8448-1750-8)

Band 4: Planspiele - Lernen im Methoden-Mix

Integrative Konzepte zur Kombination verschiedener Lehr- und Lernformen mit der Planspielmethode (ISBN: 978-3-8482-2406-7)